# A Busca do Sentido

**Jean-Claude Coquet,** linguista francês de renome internacional, especializado em semântica literária. Elaborou um método de análise da linguagem na linha dos trabalhos de Maurice Merleau-Ponty e Émile Benveniste. Atualmente, é professor emérito da Universidade de Paris VIII. Escreveu também: *Sémiotique littéraire. Contribution à l'analyse sémantique du discours, Phusis et Logos. Une Phénoménologie du langage.*

# Jean-Claude Coquet
# A Busca do Sentido

A linguagem em questão

Tradução
DILSON FERREIRA CRUZ

SÃO PAULO 2013

*Esta obra foi publicada originalmente em francês*
*LA QUÊTE DU SENS*
*por Presses Universitaires de France, Paris*
*Copyright © Presses Universitaires de France*
*Copyright © 2013, Editora WMF Martins Fontes Ltda.,*
*São Paulo, para a presente edição.*

1ª edição 2013

**Tradução**
*DILSON FERREIRA CRUZ*

**Acompanhamento editorial**
*Luzia Aparecida dos Santos*
**Revisões gráficas**
*Renato da Rocha Carlos*
*Ana Maria de O. M. Barbosa*
**Edição de arte**
*Katia Harumi Terasaka*
**Produção gráfica**
*Geraldo Alves*
**Paginação**
*Studio 3 Desenvolvimento Editorial*

**Dados Internacionais de Catalogação na Publicação (CIP)**
**(Câmara Brasileira do Livro, SP, Brasil)**

Coquet, Jean-Claude
  A busca do sentido : a linguagem em questão / Jean--Claude Coquet ; tradução Dilson Ferreira Cruz. – São Paulo : Editora WMF Martins Fontes, 2013. – (Biblioteca do pensamento moderno)

  Título original: La quête du sens.
  ISBN 978-85-7827-673-7

  1. Análise do discurso 2. Linguagem – Filosofia 3. Semiótica e literatura I. Título.

13-02329                                                       CDD-401.41

**Índices para catálogo sistemático:**
1. Semiótica e literatura : Linguagem :
   Filosofia : Linguística   401.41

*Todos os direitos desta edição reservados à*
**Editora WMF Martins Fontes Ltda.**
*Rua Prof. Laerte Ramos de Carvalho, 133 01325.030 São Paulo SP Brasil*
*Tel. (11) 3293.8150 Fax (11) 3101.1042*
*e-mail: info@wmfmartinsfontes.com.br  http://www.wmfmartinsfontes.com.br*

SUMÁRIO

*Prólogo – O poder da fenomenologia* ............................ 1

PRIMEIRA PARTE

LINGUAGEM E FENOMENOLOGIA

Capítulo I – Cinco pequenas lições de semiótica ........ 29
Capítulo II – Linguística e semiologia ...................... 43
Capítulo III – O um e o todo ...................................... 63
Capítulo IV – Tempo ou aspecto? O problema do devir ....................................................................... 75
Capítulo V – Nota sobre Benveniste e a fenomenologia ........................................................................ 99
Capítulo VI – Temporalidade e fenomenologia da linguagem ............................................................... 111

SEGUNDA PARTE

# PESQUISA E MÉTODO: HISTÓRIA, LITERATURA, POLÍTICA

Capítulo I – O que é um objeto de pesquisa?............. 145
Capítulo II – O sujeito epistêmico e seu discurso ... 159
Capítulo III – O acontecimento de linguagem........ 177
Capítulo IV – Linguística e literatura..................... 193
Capítulo V – Instâncias de enunciação e modalidades ......................................................................... 197
Capítulo VI – Semiótica e história............................ 215
Capítulo VII – Loucura e utopia em *La Ville*, de Paul Claudel............................................................... 233

TERCEIRA PARTE

# VERDADE E REALIDADE

Capítulo I – O discurso da verdade em *Le Moulin de Pologne*...................................................................... 251
Capítulo II – A boa distância segundo "L'homme et la coquille", de Paul Valéry..................................... 271
Capítulo III - O ser e a passagem ou de uma semiótica a outra ......................................................... 285
Capítulo IV – Realidade e princípio de imanência.. 317

*Bibliografia* .................................................................... 341
*Índice dos autores* ......................................................... 351
*Índice das noções* .......................................................... 355

PRÓLOGO
O PODER DA FENOMENOLOGIA

Nunca terminamos de interrogar a linguagem. Ela é "nosso elemento como a água é o elemento dos peixes"[1]. Não se trata, portanto, de um "exterior", de um objeto que possamos nos contentar em observar e descrever. Ela é constitutiva de nossa realidade.

Este é o ponto de vista que apresentarei aqui: o da fenomenologia aplicada à linguística e à semiótica. Sua tarefa é colocar em evidência "a atividade falante", como dizem os linguistas, atividade que não pode ser dissociada da realidade do discurso e de suas instâncias.

Ponto de vista que tem seus títulos de nobreza, pois faz com que se retorne, caso não se tema a vertigem, de Benveniste, o fundador da linguística do discurso, a Aristóteles, talvez o primeiro dos fenomenólogos, como propõe Heidegger, ou até mesmo ao "velho Heráclito", para quem o ato de "significar" tinha primazia sobre o ato de dizer ou de não dizer, de desvelar ou de ocultar. O Senhor do oráculo de Delfos "não afirma nem oculta, mas

---

1. M. Merleau-Ponty, *Signes*, Gallimard, 1960, p. 25.

significa"[2]. Significar está "no fundamento de tudo", não hesita em comentar Benveniste, "no coração profundo da linguagem". É bem posterior o poder concedido à lógica, assim como à retórica e à comunicação, no plano pragmático. Significar não é, pois, um ato puramente intelectual; não depende da simples cognição, pois implica também o "eu posso" do ser como um todo, o corpo e a "carne"; ele traduz nossa experiência do mundo, nosso contato com a "própria coisa".

Para quem segue a história das ciências, é claro que até recentemente não era essa a posição dominante. Por muito tempo, as teses formalistas estiveram na vanguarda – e continuam, de diversas formas, a se impor. Entretanto, ainda que Benveniste (nascido em 1902) e Hjelmslev (nascido em 1899), cofundador com Brøndal do Círculo Linguístico de Copenhague (1931), tenham quase a mesma idade, eles pertencem a paradigmas opostos[3]. O "estruturalismo" surgido nos anos 30 os uniu sem lhes impor uma unidade de pensamento[4]. A etiqueta pode ser enganadora.

---

2. E. Benveniste, *Problèmes de linguistique générale*, II, Gallimard, 1974, p. 229 [trad. bras. *Problemas de lingüística geral II*, 2. ed. Campinas: Pontes, 2006, p. 233, doravante referido simplesmente como *PLG II*]. Sobre a divergência entre Aristóteles e Heráclito, ver B. Cassin, *La Décision du sens*, Vrin, 1989, em particular pp. 40-5. Graças a Heidegger, observa H. G. Gadamer, "Aristóteles começa a nos falar diretamente ao presente", *in* Heidegger, *Interprétations phénoménologiques d'Aristote*, TER, 1992, p. 9.

3. A noção de "paradigma" foi proposta, como se sabe, por T. S. Khun e recobre um conjunto estruturado de conceitos e de técnicas instrumentais compartilhados durante certo período por uma comunidade científica. Apesar de seu autor não recorrer mais a ela, tal noção permanece útil em razão de seu valor operatório.

4. O termo "estruturalismo" foi introduzido em 1929 por R. Jakobson, caso aceitemos a citação feita por E. Holenstein em seu livro *Jakobson ou le structuralisme phénoménologique*, Seghers, 1975, p. 7: "Se quisermos caracterizar brevemente o pensamento mestre da ciência atual em suas

Hjelmslev e Benveniste são, certamente, como Brøndal, linguistas estruturalistas: todos utilizam métodos da análise estrutural[5]. Entretanto, não é menos verdade que Hjelmslev recorre ao *princípio de imanência*: os fenômenos, tal como os acontecimentos, estados de coisas, percepções, movimentos..., reduzidos a termos abstratos, entram em um sistema fechado de relações, ao passo que Brøndal e Benveniste não abrem mão do *princípio de realidade* (daí o peso que um e outro atribuem à "substância").

A língua, objeto abstrato, não partilha do paradigma da linguagem-realidade. Se Hjelmslev tem por modelo o ponto de vista lógico-matemático de Carnap (ainda que chame a atenção para a dificuldade da empreitada ao reivindicar os direitos de uma "sublógica" na análise das línguas naturais[6]), Brøndal, por outro lado, edifica sua teoria da linguagem sobre a oposição entre a "língua-sistema", regida por um princípio de simetria, e o "discurso-intenção", definido por ele como "uma totalidade rítmica, uma ordem no tempo (...) em que cada elemento (...) assume um lugar e desempenha um papel que depende desse lugar"[7]. Nem Brøndal nem Benveniste se satisfazem com o estudo das estruturas formais. Eles fazem parte desses linguistas que, "sem o saber", ou o sabendo, mas sem jamais afirmá-lo explicitamente, "esquadrinham o terreno

---

manifestações mais variadas, não encontraremos expressão mais precisa que 'estruturalismo'."

5. "Para mim, como para o senhor, o método estrutural é o método linguístico", escreve Benveniste a Hjelmslev, em 20 de janeiro de 1949. *In La Correspondance L. Hjelmslev-E. Benveniste* (1941-1949), publicado por Tatsukawa (Universidade Tohoku-Gakuin, Sendai, Japão).

6. H. Parret, "Préhistoire, structure et actualité de la théorie hjelmsléviennne des cas", *NAS*, 38, Pulim, 1995, pp. 12 ss.

7. V. Brøndal, *Essais de linguistique générale*, Munksgaard, Copenhague, 1943, p. 55.

da fenomenologia", delimitado na época contemporânea inicialmente por Husserl, e depois por outros fenomenológos como Pos, Pfänder ou Merleau-Ponty[8].

Seria um exagero posicionar Saussure entre os linguistas tocados pela fenomenologia? É o que faz Merleau-Ponty: "é difícil não pensar em Saussure quando [Husserl] pede que da língua-objeto se retorne à fala"[9]. Um saussuriano só pode apontar o erro do filósofo nesse caso em particular: em nenhum lugar, parece-me, Saussure afirma que é preciso retornar à fala. Todo seu empreendimento é orientado em sentido inverso: o linguista deve se desvencilhar da fala para poder melhor construir a língua-objeto.

Entretanto, Merleau-Ponty se apoia em um dos princípios da linguística saussuriana: um signo isolado (ou, como afirma o próprio Saussure provisoriamente, uma palavra, "espécimes equivalentes dos termos reais de um sistema sincrônico") não tem valor em si, mas somente quando em relação com outros signos (palavras) do sistema[10]; ou ainda, por transposição, no campo da fala: quando dispostos sobre um eixo que chamarei "eixo das consecutividades", os signos estabelecem entre si relações de solidariedade.

É nesse "entre si" que o fenomenólogo aplica sua reflexão: "o sentido só surge (...) na intersecção e como

---

8. M. Merleau-Ponty, *Signes, op. cit.*, p. 132. Lembramos, com o filósofo, que "não é preciso esperar pelo reconhecimento do *Lebensweilt* como primeiro tema fenomenológico para constatar em Husserl a condenação de uma reflexão formal", *loc. cit.* Pfänder, em sua *Logik*, defende o mesmo ponto de vista: "A teoria do conhecimento se liga, necessariamente, à fenomenologia, de um lado, e à lógica, de outro." Ruprecht, *in Sémiotique en jeu*, Hadès-Benjamins, 1987, p. 74.

9. *Signes, op. cit.*, p. 74.

10. Saussure, *Cours de linguistique généreale*, 1964, p. 158 [trad. bras. *Curso de linguística geral*. São Paulo: Cultrix, 1995, p. 134].

que no intervalo entre as palavras." Não basta dizer que as palavras se alinham em fila indiana sobre um mesmo plano, *partes extra partes*. Não se trata, de fato, do "mundo plano dos objetos kantianos da ciência", do qual o estruturalismo estático tem necessidade para constituir e articular suas classes de objetos, mas de um espaço topológico no qual campos de força atuam. As palavras se modificam; elas se precipitam umas sobre as outras, elas interagem; retenhamos essa metáfora: elas são "possuídas a distância (pelo pensamento), como as marés pela lua"[11].

Os ensinamentos de Saussure em Genebra não excluem o que a fenomenologia diz da fala. Se retomarmos por um instante sua comparação entre as duas partes da mecânica (conhecemos sua queda para falar de "mecanismos" quando trata da língua), a estática e a dinâmica, forças em equilíbrio e forças em movimento implicando o fator tempo, estaremos em posição de considerar que há lugar para um tempo sintagmático (eixo das consecutividades) ao lado de um tempo das transformações (eixo das sucessividades)[12]. Estamos bem distantes da posição firmada pelos adeptos do paradigma formalista, incluindo Hjelmslev, para quem a sintagmática é o plano em que se encadeiam relações puras, e a língua, uma forma e nada mais.

É claro que o estruturalismo fenomenológico dos anos 30 integra, ao contrário, "a própria coisa". Troubetzkoy, por exemplo, lembra a importância assumida pelo "material concreto" para todo exame do discurso; a saber,

---

11. M. Merleau-Ponty, *Signes, op. cit.*, pp. 53, 55 e 196.
12. Saussure, *Cours de linguistique générale* (Terceiro curso, 1910-
-1911; notas de E. Constantin), ed. Eusuke Komatsu, Universidade Gakushuin, Tokio, 1993, pp. 323, 325-6.

primeiro os sons; mais fundamentalmente, a substância. Não é preciso renunciar ao "material concreto" – e Troubetzkoy cita a linguagem poética[13]. Essa posição, que é também a de seu conterrâneo, Jakobson, é imediatamente saudada por um husserliano como Gurwitsch, para quem a *"orientação para o concreto"* (o destaque é dele) é, por excelência, o traço definidor, da nova ciência da linguagem. Ela visa, como a fenomenologia, "às coisas tal como são sentidas e vividas, empregadas e manipuladas"[14].

As conquistas de um estruturalismo conceitual – que não é preciso evocar aqui – não devem permitir que se esqueça que, para levar a bom termo seu projeto de descrição de um sistema formal, o linguista adota apenas uma única atitude, a do observador que se mantém a uma distância adequada do objeto que procura analisar[15]. Ora, a observação é um procedimento de projeção; a participação, isto é, a experiência do fato de linguagem, vem em primeiro lugar.

---

13. Em uma carta de 1937, Troubetzkoy nega a acusação de abstração que naturalmente foi de encontro ao movimento fonológico. "Não há nenhum perigo, desde que não se perca de vista o fim de todo o edifício e não se perca o contato com o material concreto. Nada se torna verdadeiramente perigoso a não ser que o prazer de forjar conceitos se torne um fim em si em si mesmo, como é o caso dos glossemáticos dinamarqueses. Mas os fonólogos, que permanecem em contato constante com a dialetologia e o estudo da língua poética, estão a cem léguas de um perigo semelhante, Basta (...) comparar meus escritos com os de Louis Hjelmslev para sentir a diferença". *In* C. Hagège, "Documents", *La linguistique*, 1967, I, PUF, p. 136.

14. Essa citação de A. Gurwitsch foi extraída da obra de E. Holenstein, *Jakobson et le structuralisme phénoménologique*, Seghers, 1975, p. 70.

15. A descrição do objeto se confunde com a descrição de suas funções. Para Hjelmslev, "Nada existe além das totalidades funcionais. O objeto é idêntico à soma de suas próprias funções e das que existem entre suas partes. Eis como se define o objeto". L. Hjelmslev, *Nouveaux essais*, PUF, 1985, p. 76.

A noção de experiência nos coloca no coração do fenômeno discursivo. O problema foi apresentado por Benveniste quando, em 1970, ao tratar do "aparelho formal da enunciação", deparou com o problema da escritura. Há, afirma o autor, dois tipos de enunciação: uma, falada; a outra, escrita. Mas a experiência não está de direito relacionada à primeira; de fato, a enunciação escrita "caminha em dois planos: o escritor se enuncia ao escrever, e, no interior de sua escritura, faz os indivíduos se enunciarem"[16]. Outrossim, a "ficção" só mereceria verdadeiramente seu nome se a instância projetada (os "indivíduos") pertencesse a um outro mundo, diferente do da instância de origem (o "escritor"), o que não é o caso.

Tome-se como exemplo esta declaração absolutamente banal de Duras ao *Cahiers du Cinéma*: "Quando falo, sou Aurélia Steiner." O nome próprio remete a um de seus personagens femininos, ou, como preferiria afirmar Claudel, a uma "pessoa" de seu universo poético. A experiência é de uma identificação corporal. É o corpo, o corpo próprio (*der Lieb*), que, pela voz, assegura a identificação: eu sou a que dá carne por meio de minha voz a Aurélia Steiner. Nesse momento se recobrem as duas instâncias, a de origem (Duras) e a projetada (Aurélia Steiner). A presença do corpo é primeira e nos impede de falar de "ficção"; é "nesse lugar da natureza" como o afirma Merleau-Ponty, que se experimenta e se transmite a experiência do mundo[17].

---

16. *PLG II*, p. 90.
17. Tal ponto de vista coincide com o de Husserl quando o autor observa em *Expérience et jugement* que "o retorno ao mundo da experiência é retorno ao *'mundo da vida'* isto é, ao mundo no qual vivemos agora e sempre, e que constitui o solo dessa operação de conhecimento e de toda determinação científica", PUF, 1970, pp. 47-8.

Permaneçamos ainda um instante com Duras. Quando ela roda *Son nom de Venise dans Calcutta désert*, ela destaca o contraste entre um espaço inicialmente vazio: "Tudo está vazio por toda parte, por toda parte, tudo é vazio", é o mesmo espaço que preenche com alegria a voz de sua atriz, Delfine Seyrig: "E a voz chega, como chega o verão: 'O que você fará esta noite?'" Dito de outra forma, se é levado em conta, como se deve, "o espaço de deslocamento da voz, o corpo e o "intercorpo" constituem a estrutura de base sobre a qual toda significação se apoia[18].

A linguagem poética – o Círculo Linguístico de Praga observou bem – obedece a esse mesmo princípio de realidade. Veja-se uma única citação, dessa vez extraída de *Partage de Midi*; basta pronunciar essa frase poética de Claudel, colocada na boca Amalric, ou ouvir como se sucedem suas sílabas,

"Et je déteste d'être ainsi manié, berné, bercé, brossé, crossé, culbuté"*,

para participar com empatia (*Einfühlung*) de uma experiência singular. É um dos atributos da linguagem produzir de novo a realidade; tal é o ensinamento, frequentemente encoberto, da linguística do discurso[19].

Nesse verso, nada, aparentemente, permite unir, por exemplo, "bercé" e "brossé" além da forma da expressão,

---

18. "Por causa de seu espaço de desdobramento, a voz é igualmente um intercorpo *que toca* o ouvido", H. Parret, *in* "La Voix humaine", *Archivo di filosofia*, 1992, 1-3, p. 43.

* "E detesto ser assim manipulado, ridicularizado, iludido, adulado, escornado, derrubado." (N. do T.)

19. "A realidade é reproduzida pela mediação da linguagem". Benveniste, *PLG I*, Gallimard, 1966, p. 25 [trad. bras. *Problemas de linguística geral I*; 4 ed. Campinas: Pontes, 1995, p. 26, doravante referido simplesmente como *PLG I*].

além dessa "ação a distância" do significante mencionada justamente por Merleau-Ponty. Ele recupera a estrutura rítmica dissilábica (ampliada ao final do verso para trissilábica), o timbre em [e], seis vezes acentuado, o poder de atração das consoantes para modelar o enunciado. É o [b] de "berné" que por prolepse conduz ao [b] de "bercé", depois ao [b] de "brossé", apesar das rupturas de isotopia semântica. Além disso, basta uma ligeira variação dessa ou daquela consoante para que se passe de um universo sonoro a outro. Ao substituir o [n] pelo [s] chega-se a "bercé", a partir de "berné"; ao trocar o [b] pelo [k] chega-se a "crossé", comutado com "brossé" etc. Arquitetura dinâmica, em suma, cujo menor mérito não é colocar em xeque a ideia convencionada em linguística imanentista segundo a qual "significante e significado são absolutamente indissociáveis e não podem, portanto, ser concebidos separadamente"[20]. Entretanto, em nosso caso, é bem a ordem e a materialidade do significante que prevalecem[21].

Observemos: para um formalista, o lugar em que as relações podem ser "concebidas" é o da metalinguagem. Trata-se, na verdade, como bem afirma Hagège, de um "não lugar". Mas a arquitetura sonora do verso de Claudel é de outra ordem; nela, por ela, se experimenta "o aqui absoluto de meu corpo"; ela não faz senão conceitualizar, e, entretanto, ela significa[22].

---

20. C. Hagège, *L'Homme de paroles*, Fayard, 1985, p. 100.

21. Ainda que os pontos de vista sejam diferentes, fenomenologia linguística e psicanálise convergem aqui. M. Merleau-Ponty fala da "quase-corporalidade do significante" e do "material verbal", e Lacan, da "materialidade do significante" e do "material da linguagem". Ver *Signes, op. cit.*, pp. 110-1 e M. Arrivé, *Langage et psychanalyse, linguistique et inconscient*, PUF, 1994, p. 104.

22. M. Merleau-Ponty, *Signes, op. cit.*, p. 221.

Amalric viveu, e sua fala nos incita a viver, por nossa vez, essa agitação do corpo que se impõe a ele e que ele afirma detestar. É verdade que, com a paixão, "estamos no regime da invasão mais do que no domínio do sentido", o que supõe certa estabilidade de julgamento[23]. Mas o que dizer quando a "invasão" é tão completa que não deixa mais lugar para o ato judicatório? Somos novamente levados a esquematizar uma *estrutura da paixão* (da "emoção", como preferem os anglo-saxões). Precisemos com a semiótica discursiva: a invasão testemunha da irrupção de uma instância dotada de uma força que se manifesta sob dois aspectos, externo ou interno, transcendente ou imanente; e o predomínio no debate da presença de uma segunda instância dotada de julgamento ou, em outras palavras, de um "sujeito". Resta o caso inverso, ilustrado em nosso exemplo, no qual é preciso registrar exatamente, em lugar e tempo determinados, a perda do domínio, mas não de toda significação, pois, nós o vimos, a arquitetura sonora significa. Cabe a essa terceira instância dita "não-sujeito" fazê-lo saber[24]. Amalric, como sujeito, "detesta", declara detestar, a posição de não-sujeito em que o colocam as circunstâncias; a saber, o vento, metáfora do desejo, de seu desejo:

"... esse vento louco do qual não se sabe nem quem nem porquê".

---

23. Invasão do ôntico no discursivo, uma invasão que o discursivo não domina mais, observa Ricoeur em *Le Pouvoir comme passion* de A. Hénault, PUF, 1994, pp. 207-8.

24. O prefixo não marca a oposição privativa. O não-sujeito é privado do julgamento que caracteriza o sujeito. Um esquema actancial de três termos subsume as instâncias: primeiro actante, (não-sujeito e/ou sujeito), segundo actante (o mundo objeto), terceiro atuante (imanente e/ou transcendente).

Mas ele viu todo o proveito que podia tirar da posição de não-sujeito quando, no momento da chegada de outrem, no caso, de Ysé, a mulher cobiçada, tal posição facilitou a conquista amorosa. Tal é a significação dessa réplica de Ysé.

"... nem sempre você detestou desse modo
Esse vento louco do qual não se sabe nem quem nem por quê"[25].

A análise sucinta que acabo de apresentar talvez permita que se aprecie melhor a função do "significante", seja como totalidade (a voz), seja como elemento discreto (as consoantes) que entra numa composição (o verso). Desse modo talvez se possa destacar o papel fundamental desempenhado pelo corpo nisso que convencionamos chamar "significação". Merleau-Ponty tinha o hábito de dizer que o "eu posso" do corpo precede o "eu penso" da pessoa. Não somente precede, mas é também, necessariamente, o suporte material da significação.

É um ponto de vista semelhante ao adotado hoje pelo especialista das neurociências, quando conta com a "presença do corpo" e insiste em seu papel no funcionamento do cérebro. A existência, segundo ele, "precede" o pensamento, ou ainda: "a mente respira pelas vias do corpo"[26]. Com o "eu posso" se esboça o "eu penso".

Para registrar essa diferença de base, perceptível, ao mesmo tempo, tanto no plano da evolução ou da gênese quanto no do sistema, a semiótica discursiva propõe que se diferencie a "predicação", associada à atividade do não-

---

25. P. Claudel, *Partage du Midi*, première version, Gallimard, Folio-théâtre, p. 63.
26. Antonio R. Damasio, *L'Erreur de Descartes. La raison des émotions*. O. Jacob, 1995, pp. 14-5, 311.

-sujeito, da "asserção", específica do sujeito. A primeira está ligada ao "eu posso"; a segunda, ao "eu penso". O não-sujeito predica sem assertar; é o modo de significação da arquitetura sonora. O sujeito combina as duas funções; é o modo de significação do indivíduo que refaz e avalia sua experiência do corpo próprio. Dito de outra forma, predicar e assertar são as "determinações explicativas", diria Husserl, do ato de significar. "Comunicar" as pressupõe.

Permanecerei no plano da paixão ou, mais exatamente, da estrutura da paixão, uma vez que ela aparece, em sua extensão, como esquema de base da análise fenomenológica do discurso. Desse ponto de vista, a "paixão" em si mesma não é outra coisa, inicialmente, senão a "disposição" de uma dada instância, não-sujeito ou sujeito, para participar dos acontecimentos do mundo. Definição mínima. Vezin, ao fazer suas anotações de *Être et le temps*, apresenta uma citação de Claudel que ilustra bem a proposta:

"Eis me aqui
Imbecil, ignorante,
Novato diante das coisas desconhecidas."

Esse é o ponto zero da identidade. Como um ser nu, neonato, sem poder ("imbecil"), sem saber ("ignorante"), o Cébes de *Tête d'Or* descobre o mundo a partir do lugar que ocupa ("Eis-me aqui"), e se expõe[27]. O corpo aparece em seu modo do "*hic* absoluto", como o "centro funcional"

---

27. Em suas *Notes à Être et Temps*, Gallimard, 1986, pp. 558-60, Vezin examina a tradução feita por Heidegger em Cerisy, em 1955, de *páthos* e de *Stimmung*: "dis-posição". É preciso seguir a citação de Claudel dessa observação de Heidegger, sempre em Cerisy: "a disposição expõe". Ver *Questions I et II*, Gallimard, 1968, p. 340.

da ação, daquilo que logo será um "eu posso" seguido de um "eu sei", finalmente, de uma afirmação da identidade[28]. Em contraste, a arquitetura sonora do verso de *Partage do Midi*, analisado mais acima, apelava para três termos deslocados da estrutura da paixão: uma força que age em nós (e não sobre nós) e nos faz agir – ou nos impede de agir – sobre o mundo:

{ação, paixão, ação}

A paixão, de fato, não pode mais ser dissociada analiticamente da dupla ação que a enquadra e lhe confere seu estatuto existencial. Assim é afastada a tentação à qual sucumbem muito facilmente os que têm a "paixão" não por um elemento de uma estrutura do discurso – como sustenta a semiótica que defendo –, mas por uma entidade suscetível de entrar em uma taxionomia e que pode ser oposta a outra entidade, a "ação"[29].

Mas, além da "paixão-ação", há outros pares terminológicos que essa posição permite afastar em prol das instâncias enunciantes, tais como "paixão-afeto" ou "paixão-emoção". A tradição filosófica quer assim que a "paixão" suprima o livre-arbítrio ao passo que o "afeto" não faz senão criar-lhe empecilhos (Kant). Do mesmo modo, na literatura anglo-saxônica, em particular em semântica cognitiva, a "paixão" é depreciada em benefício de sua rival substituta, a "emoção", que é relacionada eti-

---

28. E. Husserl, *Méditations cartésiennes*, Vrin, 1992, p. 191.
29. A semiótica objetal e narrativa segue essa tradição "léxico-taxionômica" (H. Parret) quando mantém a dicotomia entre o "ser do sujeito", o "sujeito de estado", e o "sujeito da ação"; apenas o sujeito de estado é, segundo essa semiótica, "afetado pela paixão"; ver A. J. Greimas e J. Fontanille, *Sémiotique des passions*, Seuil, 1991, p. 53 [trad. bras. *Semiótica das paixões*. São Paulo: Ática, 1993, p. 50].

mologicamente à "ação" e elevada ao grau de categoria primitiva. Um autor como Kövecses, no que concerne às frases examinadas, mostra inicialmente o equivalente empírico dos termos – qual diferença entre "emotional speech" e "passionate speech"? – para em seguida relegar a "paixão" ao nível de subcategoria da "emoção" e designá-la como "sexual desire"[30].

Um exame sintático às vezes é suficiente para circunscrever a estrutura da paixão. A via pode parecer oblíqua, mas ela propicia a reflexão sobre a relação de homologia que une o plano do discurso ao plano fenomenológico; *o processo linguístico ao ato que o "re-produz"*, como diz e escreve Benveniste. Do mesmo modo, a linguagem, seria preciso lembrá-lo?, pertence duplamente ao domínio da realidade: o ato de fala é ele próprio realidade e por ele "renascem" o acontecimento e a experiência do acontecimento[31]. O estudo das proposições locativas, tais como o latim *prae* ou o alemão *vor*, tratados paralelamente por Benveniste, ilustra essa relação de homologia. Um exemplo permitirá compreender o mecanismo. A preposição indica que a instância enunciante (mas pode se tratar também de um objeto físico, como se verá) chegou ao ponto extremo do espaço em que ela se move, e, por metáfora, ao ponto extremo de sua paixão. Nós o sabemos, o espaço discursivo não é euclidiano, uma vez que o processo (ato) está centrado no corpo e

---

30. Zoltán Kövecses, *Emotion concepts*, Springer Verlag, 1990, pp. 161-3. O exemplo do autor é "The reverend inflamed the crowd with his passionate speech".

31. Nas páginas dedicadas à função da linguagem, Benveniste utiliza abundantemente os verbos com prefixo re-: recomeçar, recriar, renascer, representar, reproduzir... Ele escreve também (e sublinha): "A linguagem *re-produz* a realidade" ou "A cada vez que a fala manifesta o acontecimento, o mundo recomeça". *PLG I*, pp. 145-6.

em seu movimento. Para retomar Merleau-Ponty, trata-se de um "espaço contado a partir de mim"[32]. Benveniste não aborda a espacialidade de outro modo; há um movimento *prae* do mesmo modo que há um movimento *vor*. A instância ou o objeto se deslocam até os limites do espaço externo – sem ultrapassá-los – ou, por transposição, até os limites do espaço interno que lhe é próprio. É o que significam *prae* e *vor*: "Prae laetitia lacrimae prosiliunt mihi" ou "Vor Freude weine ich". Se traduzirmos por um simples "choro de alegria", obliteraremos totalmente a dinâmica implicada pelas preposições. Com *prae*, indico que a instância está "no limite" da afeição visada, portanto "no extremo". Daí esta segunda tradução, desta vez conforme ao plano fenomenológico: "no extremo de minha alegria, minhas lágrimas irrompem"[33]. Uma força interior à qual a instância não pode resistir a constrange a este ato: chorar. Encontramos assim a sequência:

{ação primeira (a força interior), paixão ("eu"), ação induzida (chorar)}

Retomando ponto por ponto os três termos da estrutura, podemos prosseguir no exame do esquema. Comecemos pela ação induzida. Um dos casos mais significativos é o de sua suspensão. Eis outra citação que mais uma vez destaca a função da preposição locativa; "Neque miser me commovere possum prae formidine": "E, no limite de meu pavor, infeliz que sou, não posso me mover."[34] O fenômeno é bem conhecido. O medo que "tira sua nobreza do ventre", dizia o Calígula de Camus, entrava o corpo; na verdade, o bloqueia. Nenhum jorro de lágri-

---

32. *L'Oeil et l'Esprit*, Gallimard, 1964, p. 59.
33. *PLG I*, pp. 136-7. O exemplo é de Plauto.
34. *PLG I*, *loc. cit.*

mas, nenhum movimento. Tal é o poder dessa força absolutamente interior.

No caso de *vor*, ao se apoiar no corpo que lhe era apresentado pelos gramáticos alemães, Benveniste mostra que outra maneira de as línguas tornarem imediatamente sensível uma força entretanto imanente, ancorada no corpo, é "assimilá-la" a uma força exterior. Ele constrói, assim, um paralelo entre o cinético e o passional, entre o objeto e a pessoa. O princípio unificador é claro: *vor* "indica a posição [eu acrescentaria a disposição] que nos coloca sob o impulso de uma força irresistível que nos impele para a frente"[35]. Assim como o veleiro que, com o vento em popa, toma a direção que lhe é imposta, também a pessoa, movida pela pulsão que a habita, é levada ao "paroxismo da emoção". Aos olhos de Benveniste, há uma "unidade essencial entre dois tipos de locuções": *vor dem Wild segeln* (para o objeto) e *vor Freude weinem* (para a pessoa). Como se vê, a unidade não é simplesmente formal. Primeiro, ela aflora do tipo de preposição (*vor* e não *aus*; *prae* e não *pro*) e da representação do espaço induzida por ela: contínuo, para *vor* e *prae*; descontínuo, para *aus* e *pro*; em seguida, da classe semântica dos verbos de movimento, externo (*segeln*, fazer vela) ou interno (*weinen*, chorar); o externo denotando um impulso, o interno, uma pulsão. Nos dois casos, a força é julgada "irresistível"; na pessoa, ela implica um ato "involuntário" (*unwillkürlich*)[36]. Relembremos a tradição clássica que resume bem este enunciado de Malebranche: "as paixões estão em nós sem nós".

---

35. *PLG II*, p. 143. "O paroxismo da emoção impulsiva [é semelhante] à força propulsora do vento".

36. Benveniste, em seu afã demonstrativo, chega a falar do "movimento involuntário do veleiro"..., *loc. cit.*

Neste momento é tentador não se satisfazer mais com um simples paralelismo e ir em busca de uma causa, fazer, por assim dizer, que a força imanente, específica da estrutura da paixão, seja precedida por uma força transcendente. Cabe a ela "explicar", acredita-se, o fenômeno passional. Por que, por exemplo, a jura blasfematória, na forma "meu Deus!", o que explica essa "jaculação brutal" (e "brutal" quer dizer descontrolada) que a boca deixa passar, a não ser o fato de em uma sociedade fortemente institucionalizada o juramento satisfazer a "um dos desejos mais intensos do homem, o de profanar o sagrado"? Benveniste acompanha Freud até em seu vocabulário[37]. Nota-se ainda uma correlação quantitativa entre imanência e transcendência: a jaculação é tão mais brutal quanto mais insuportável parece a pressão exercida. A uma força transcendente que emana de entidades que a instância discursiva chama Deus, a Lei, o Pai, a Razão, o Progresso, a História, etc., tende-se a opor uma força equivalente de recusa, de "forclusão", para retomar o termo dos linguistas Damourette e Pichon.

Em suma, é ainda o corpo, a instância não-sujeito, que representa melhor o bastião mais certo da autonomia, logo, da liberdade. É bem o que revela o uso da palavra-tabu, essa "existência-proibida", como a denomina Benveniste. Mas o fenômeno é de extensão mais vasta. Ele não consiste apenas na jura que se deixa escapar. Muitas "coisas se encontram ditas antes mesmo que sonhemos com elas"[38]. Ditas por quem?, pergunta Merleau-

---

37. O texto de Freud citado por Benveniste visa ao tabu, "proibição muito antiga, imposta do exterior (por uma autoridade) e dirigida contra os desejos mais intensos do homem", in *PLG II*, p. 260.

38. M. Merleau-Ponty introduz essa citação de Marivaux em seu "Prefácio" a *Signes, op. cit.*, p. 27.

-Ponty. Pelo não-sujeito, certamente, "não por uma mente a outra mente". O sujeito tem, por definição, o domínio do sentido, mas ele não está sempre, a todo momento, em todos os lugares, em condições de fazer saber que ele é o senhor.

É preciso não se deixar iludir pela perspectiva racionalista dominante em nossa cultura. Que se releia a citação de Ricoeur, feita, entretanto, a propósito do pensamento de Nietzsche e Freud: com a paixão, "estamos mais no regime da invasão que no do domínio do sentido". A formulação é esclarecedora. A "invasão" e o "domínio do sentido" se enfrentam como o pejorativo ao melhorativo. Apesar de suas reticências, Ricoeur se posiciona ao lado das posições axiológicas oriundas da tradição filosófica e do cristianismo.

Ora, os exemplos da estrutura da paixão apresentados – e poder-se-ia, evidentemente, multiplicá-los – mostram que a instância é dupla e não simples; que ela se submete a uma força imanente e, secundariamente, a uma força transcendente; que é suscetível, enfim, de se desenvolver no tempo; inicialmente, como não-sujeito; depois, como sujeito.

Talvez uma força imanente nos sustente e, eventualmente, nos exalte. Não deveríamos dizer, observa Merleau-Ponty: "Eu percebo o azul do céu", mas "percebe-se em mim o azul do céu". O "eu" ocupa abusivamente o lugar do "se", o pessoal definido no lugar do pessoal indefinido. Essa é a especificidade da experiência perceptiva. O mesmo acontece com a experiência passional: um "*Se* primordial" constitui o suporte constante[39]. Mas, além do regime temporal, surge "de repente" sobre esse fundo

---

39. M. Merleau-Ponty, *Phénoménologie de la perception*, Gallimard, 1945, p. 249, e *Signes, op. cit.*, p. 221.

permanente a expressão brutal, incontrolada, da paixão. É o que indica sem ambiguidade o termo "pulsão".

Retornemos ao texto de *Partage de Midi*: o que é esse "eu" que "de repente" manifesta, ou melhor, impõe, sua presença?

"Mesa, eu sou Ysé, sou eu."

A resposta nos é dada alguns instantes mais tarde. Esse "eu" não remetia a uma instância sujeito; ele pendia para o neutro, para o impessoal, para o lado dessa "qualquer coisa" que a havia impelido, a ela, Ysé; enfim, esse "eu" tinha, nesse momento do discurso, o estatuto de uma instância não-sujeito, mais um "isso" que um "se".

"Por que é que eu disse aquilo há pouco?
Eu nada sei. Não sei o que me tomou bruscamente
É qualquer coisa repentinamente nova
Alguma coisa totalmente nova
Que me incitou. Nem bem a disse
A palavra, eu fiquei chocada. Será que você sempre sabe o que diz?"[40]

O movimento é, portanto, duplo: cabe à instância corporal, o não-sujeito, predicar e, ao predicar, desvelar sua verdade; depois cabe à instância pessoal, ao sujeito, *se recompor* (exata formulação de um pensamento racionalista!); ela ficou "chocada".

Se é verdade que a estrutura da paixão conhece um duplo regime temporal, ligado tanto à permanência do "*Se* primordial" quanto aos choques da pulsão, a instância sujeito só intervém em nome próprio, isto é, sob a forma pontual de um ato de julgamento em um momen-

---

40. P. Claudel, *op. cit.*, pp. 75 e 80.

to posterior da experiência. Uma defasagem irredutível permanece. É o que se percebe no teatro – retomo Benveniste que cita Térence – quando um ator diz que não pode se dominar, mas aparentemente guarda controle suficiente para analisar seu estado: "Prae iracundia non sum apud me" (no limite de minha cólera não me domino mais)[41]. A quase concomitância da paixão e do julgamento, do sujeito e do não-sujeito, da ausência de controle e do controle que permite o simulacro teatral sem que jamais seja invalidada esta observação paralela do neurologista: "Nossa consciência está irremediavelmente atrasada."[42]

Talvez a discriminação das instâncias repouse fundamentalmente sobre a análise da modalidade que sobressai às demais, denominada "metaquerer": aqui presença, lá ausência de julgamento[43]. Ela também depende, se nos colocarmos no plano da dêixis, de uma ordem de aparição singular. Ainda que formem um par, o não-sujeito só pode se manifestar se o sujeito lhe dá lugar e vice-versa.

A atividade analítica do sujeito admite ainda um terceiro critério, que lhe fornece a "timia" das instâncias. O termo genérico *timia*, articulado pelo jogo dos prefixos em distimia e eutimia, leva à categorização dos afetos conforme toquem o sujeito ou o não-sujeito[44].

---

41. *PLG I*, p. 147.

42. A. R. Damasio, *op. cit.*, p. 302.

43. J.-C. Coquet, "Les modalités du discours", *Langages 43*, 1976, pp. 68-9, e *Le Discours et son sujet*, 1, Klincksieck, 1984 (2. ed. Méridiens--Klincksieck, 1989) pp. 13 ss.

44. No verbete "Thymia", o *Trésor de la Langue Française* não cita a eutimia. Na verdade, esse dicionário destaca apenas os estados julgados patológicos, chamados ainda hoje pelos psiquiatras, na linha de Hipócrates e Galieno, "problemas persistentes de humor".

A experiência da paixão varia, pois, segundo o estatuto da instância. Apoiemo-nos novamente no terceiro segmento da estrutura, a ação induzida. Quando se reporta ao não-sujeito, ela tende ao excesso, ao passo que quando se reporta ao sujeito mantém-se na *justa medida*. Uma barreira é ou não transposta. A primeira instância experimenta gozo ou sofrimento; a segunda, euforia ou disforia. De uma a outra, os modos de sentir são totalmente diferentes. Um exemplo: se relermos a *Autobiografia* bastante conhecida de Teresa de Ávila, veremos que ela insiste na perda da capacidade de julgamento. Durante sua experiência da "transverberação", ela fica "entorpecida", ela "enlouquece"; "sua alma não sabe nem o que tem nem o que quer"; "todo [seu] corpo é alquebrado". No limite do "sentimento", para retomar a paráfrase de Benveniste, ela é incapaz de agir, de mover-se, como se tivesse tornado cataléptica[45]. Ela passa a preencher, então, as condições do que denomino não-sujeito. Resta conhecer sua timia. Segundo o texto, ela sentia, ou acreditava sentir, a penetração "até as entranhas" de uma lança cuja ponta era de fogo. Mas a esse sofrimento, e é esta a originalidade da transverberação, sucedia "a deflagração de um grande amor divino": sofrimento, gozo; nessa ordem. "A dor era tão viva que eu exalava esses gemidos de que falei, e a suavidade dessa dor imensa é tão excessiva que não se pode desejar que ela seja amenizada."[46]

---

45. Ao analisar "As emoções e sua percepção" Damasio cita *Darkness visible* de W. Styron: "O pensamento racional tem estado geralmente ausente de meu espírito durante esse período [de sofrimento], e daí a catalepsia. Não encontro palavra mais justa para descrever esse estado, feito de torpor e de impotência", *op. cit.*, p. 192.

46. Teresa de Ávila, *Oeuvres completes*, traduzidas para o francês por M. Auclair, Desclée de Brouwer, 1964, pp. 206-9. Em *Le Château intérieur*, ela relata ainda essa perda de controle que condiciona a percep-

Agora, peguemos, ao contrário, um esquema de ação como "correr" e examinemo-lo sob o duplo ponto de vista do não-sujeito paixão e do sujeito-paixão. Quando uma instancia se vê em uma situação que sente como insuportável, sendo ela o não-sujeito, ela se afastará o mais rápido possível. É o que acontece com o Calígula de Camus. Eu já o citei por sua análise do fenômeno do medo, "esse belo sentimento, que não tem nenhuma impureza, que é puro e desinteressado; um dos raros que tiram sua nobreza do ventre". No momento em que sua irmã, que era também sua amante, morre, Calígula foge. Ao tocar o cadáver "com dois dedos", ele tem uma reação de pavor. Qual paixão é mais natural, dizem os Antigos, que o medo da morte? "Ele deve ter se sentido paralisado e então fugiu." Sua corrida para fora do palácio, "em meio à tempestade", para onde retornará somente após quatro dias, com o olhar perdido, os cabelos encharcados, as pernas enlameadas, boquiaberto, testemunha claramente sua angústia. Nele não há nenhum processo avaliativo, mas talvez uma pulsão de morte o constranja a agir como age[47].

O sujeito-paixão proporciona um outro caso para o esquema de ação "correr". De fato, tal actante não perde o controle sobre seus atos, mas, ao contrário, os coordena para atingir com mais segurança o "alvo" que fixou para si. Refiro-me a uma narrativa tão conhecida quanto a da transverberação de Teresa de Ávila; a parábola do filho

---

ção do par sofrimento-gozo. A "alma ferida" – sem que ela saiba por quem nem como – "se lamenta para seu Esposo, algumas vezes mesmo em voz alta, com palavras de amor que ela não pode reter", p. 956. Essa é exatamente a marca do não-sujeito.

47. A. Camus, *Caligula, op. cit.*, pp. 42 e 82. Tomo de empréstimo algumas notações figurativas da versão manuscrita de 1939, citada nas pp. 192-3.

pródigo (Lucas 15,1-32). Assim como a percepção da morte por meio do toque provoca em Calígula o sofrimento (e não a disforia), também a percepção de que o filho caçula, julgado perdido (*perierat et inventus est*), está vivo, provoca no pai a euforia (e não o gozo). É essa alegria dos reencontros que suscita uma corrida que pode ser considerada em desacordo com a conveniência[48]. Mas é preciso voltar ao desenlace da parábola. Evidentemente, a paixão inicialmente experimentada não está relacionada à euforia, mas à disforia: ao perceber o filho ao longe, "ele foi tomado de compaixão" (*misericordia motus est*). Ora, a compaixão não é simplesmente um fenômeno de "intropatia" (segundo a tradução feita por Ricoeur para a *Einfühlung* dos fenomenólogos); ela é também sentida como uma força imanente. Ela leva o pai a correr, por identificação, em socorro de seu filho, que ele imagina sofrer[49]; daí as três ações articuladas pelo texto e relacionadas seja ao movimento seja ao toque: "ele correu, o abraçou e o cobriu de beijos".

Farei uma última observação concernente à retomada analítica do sujeito. É provável, eu já o disse, que jamais exista concomitância entre a paixão e o julgamento, ainda que o simulacro teatral possa levar a crer que sim: os dois tempos, o da experiência e o do julgamento, não podem se sobrepor. No entanto, o ato judicatório possui mais esta propriedade notável de favorecer a *catarsis*: ao elucidar a estrutura da paixão, o sujeito assegura o domí-

---

48. "A precipitação era indigna de um chefe de família", observa um comentarista da parábola, Bovon, *in Exegesis*, Delachaux et Niestlé, Neuchâtel, 1975, p. 47.

49. Aqui remeto aos textos de Lévi-Strauss que comentam o conceito de "piedade, identificação com o outro", particularmente em Rousseau: "J. J. Rousseau, fondateur des sciences de l'homme", retomado em *Anthropologie structurale*, II, Plon, 1973, p. 50.

nio sobre o não-sujeito. Isso significa, por exemplo, colocar um termo ao sofrimento, ou ao menos suspendê-lo, o que já é melhor que transportá-lo para um universo plácido de representações. Citarei aqui uma das análises que Proust faz da cisão do sujeito. Após ouvir, inopinadamente, o pequeno trecho da sonata de Vinteuil, que reaviva seu amor por Odette, "repentinamente foi como se ela tivesse entrado", Swann experimenta, por contraste, um "formidável terror" ao chocar-se contra as portas sempre fechadas desse "mundo misterioso", onde ele havia conhecido a alegria; "ele reviveu tudo":

> "E Swann percebeu, imóvel diante dessa felicidade revivida, um desgraçado que lhe causou compaixão, pois não o reconheceu de imediato, tanto que teve que baixar os olhos para que não vissem que estavam repletos de lágrimas. Era ele próprio.
> Quanto compreendeu, sua piedade cessou."

É entre não-sujeitos que se realiza a "fusão afetiva"[50]. A piedade os une. Mas ela cessa quando o sujeito reencontra seu papel judicante: a partir do momento em que o não-sujeito é reconhecido, a piedade efetivamente perde seu lugar. Swann tem todo o tempo de que necessita para retomar as "expressões abstratas 'tempo em que eu era feliz', 'tempo em que eu era amado'". É da alçada da "inteligência" selecionar os "trechos" do passado que lhe convêm[51].

---

50. Outra tradução da *Einfühlung* proposta por Ricoeur *in* A. Hénault, *Le pouvoir comme passion*, *op. cit.*, p. 198. Retomando a *Cinquième Méditation* de Husserl, *in O si mesmo como um outro*, Campinas: Papirus, s.d., p. 389, Ricoeur destaca o caráter "pré-reflexivo" da "transferência pela qual minha carne forma um par com outra carne". É esse o caso de Swann com Odete, depois de Swann consigo.

51. M. Proust. *A la recherche du temps perdu*, I, Gallimard, 1954, pp. 345-7.

Ao se evidenciar uma estrutura da paixão surgem ao menos três consequências. Graças a ela, compreende-se melhor a especificidade do discurso: força, corpo, ação primeira e ação induzida, timia, catarse tornam-se valores discursivos. O conceito de "disposição", de significação "anterior à lógica" (Merleau-Ponty), de "receptividade", diz ainda Valéry, é, desse ponto de vista, central[52].

Por outro lado, a "fenomenologia do sujeito falante", noção proposta por Paul Ricoeur, mas, em meu entendimento, ainda redutora, estende o campo de experiência da paixão ao não-sujeito e a um terceiro actante que chamarei imanente. Assim, ampliada e remodelada, ela corrobora a primazia do discurso na elaboração de uma teoria da significação. Nesse ponto me baseio na posição de Benveniste definida em 1962 e resumida neste aforismo: "Nihil est *língua* quod nom prius fuerit in *oratione*"[53].

O discurso, enfim, tal como aparece determinado pela estrutura da paixão, ocupa uma posição intermediária. Ele é delimitado, no que diz respeito à justa medida, pela linguagem "normalizada" (Benveniste) e, quanto ao excesso, pela linguagem patológica, na qual são encontrados os fenômenos de dissociação (*split personality*) que foram relatados por Jakobson e estudados recentemente do ponto de vista que é também o meu por pesquisadores como Bouguereuau, Darrault e Klein[54]. De um lado, o ser projetado, objetivado; de outro, "o ser-além-do-mun-

---

52. As reflexões de P. Valéry sobre "a muito notável palavra 'disposição'" se encontram em *Cahiers I*, Gallimard, 1973, p. 914, e *Cahiers II*, Gallimard, 1974, p. 508.

53. *PLG I*, p. 140: Não há nada na língua que já não estivesse anteriormente no discurso.

54. Jean-Luc Bouguereau, "La Schizophrénie, une maladie d'amour?", *Langages 111*, 1993; I. Darrault et Klein, *Pour une psychiatrie de l'ellipse*, PUF, 1993.

do (Binswanger). Favorecido por essa dupla interface, por esse meio-termo, o discurso, relacionado às instâncias enunciantes, comporta todas as instruções de que o analista necessita para conduzir de um modo outro a busca pelo sentido. Todos se convenceram: o sentido: "essa cabeça de Medusa", colocada, por assim dizer, "no centro da língua" continua a "fascinar os que a contemplam"[55].

---

55. *PLG I*, p. 135.

PRIMEIRA PARTE
# LINGUAGEM E FENOMENOLOGIA

CAPÍTULO I
# CINCO PEQUENAS LIÇÕES DE SEMIÓTICA[†]

## I – Recomendações

De verdade, isso que o senhor faz é o quê? Aí está uma coisa que sempre me deixa embaraçado. Se eu fosse bombeiro, oficial do exército, ou pior, romancista, daria a resposta rapidamente, sem constrangimento. Ao menos é nisso que acredito. É verdade que não sou nem bombeiro nem oficial (exceto em meus afazeres na universidade) nem mesmo escritor. Quer dizer, não de fato... E não é por nada. Eu sei que é uma profissão invejável. Eu gostaria muito de ser romancista. Há um programa de rádio em que apresentam uma visão panorâmica dos livros. Observem: o maior elogio com que se pode adornar um livro é dizer a seu respeito: "Pode-se lê-lo como se fosse um romance." Livro de economia, manual de física quântica: "Pode-se lê-lo como um romance." O dicionário... é um romance. Há um, excelente por sinal, que seu secretário de redação qualificaria de "embaixador discreto da cultura". Já é sedutor. Sobretudo o "discreto". Mas se for acrescentado que é o "grande romance das palavras", já posso vê-los todos calmamente na porta da livraria. Se, além disso, for dito que "As palavras são os heróis. Um grande romance lhe conta suas aventuras",

---

[†] Poesie 34, 1985, pp. 91-6.

então, está feito: Vocês já compraram. Boa noite, tédio, como se dizia anos atrás nos arredores de Paris.

Mas quantos rodeios ainda será preciso fazer para responder à mesma questão: "O que é isso que o senhor vende?"

Um dia tentei dizer que era linguista. Não aconselho. Mas se você quiser complicações com a família, sobretudo se são do interior, então não há nada melhor. O que mais você faria para humilhar seu interlocutor? Você os deixou constrangidos, você os despreza. É evidente.

Fale mais claramente. Diga que o senhor ensina espanhol, ou inglês ou italiano, quem é que sabe?

Sim, mas... de forma alguma! Minha fluência nessas línguas é pior do que a de um aprendiz de cabeleireiro.

Mas o que é que o senhor tem contra os aprendizes de cabeleireiro?

Nada, nada; absolutamente nada. É talvez por causa do meu nome, Jean-Claude*. É inconsciente.

Então, o que faz o senhor?

Bem... eu me ocupo da linguagem de uma maneira geral, de seu funcionamento, de sua significação.

E é preciso de alguém para se ocupar disso? Pagam-lhe para isso? E para que serve?

É verdade que se a França fosse um Estado liberal eu estaria desempregado. Pior para mim. Mas eu vou dizer-lhes, mesmo que isso agrave minha situação – é que eu tenho que ser franco: eu não sou apenas linguista, sou semioticista.

É, eu sabia, foi demais. Não tenho mais amigos, nem auditório.

---

* Em francês, *coquet*, sobrenome do autor, designa um tipo de dândi, alguém bastante preocupado com sua aparência, que busca vestir-se com apuro e, por exemplo, manter os cabelos bem cuidados. (N. do T.)

## II – Em que se fala da linguagem em ação, das ideias e do corpo

Vocês já sabem o que faço. Eu lhes disse ontem e vocês não querem perguntar de novo. A confissão custou-me caro. Eu lhes suplico. Mas, apesar de tudo, eu gostaria de fazer uma alusão ao caso, tomando hoje outro caminho. É que sou tímido. Em minha atividade cotidiana (eu me exprimo com dificuldade, lentamente), analiso o que se passa quando as pessoas se encontram. Caso elas conversem, claro. Eu as surpreendo no momento em que, como se diz, colocam a linguagem em ação.

"Todo nosso enlace só é uma questão."

Bela frase, não? Ou antes, belo alexandrino. Vocês podem contar: doze pés. Pouco importa, para dizer a verdade, pouco importa o que as pessoas dizem: o que conta é o enlace e a questão.

A troca de ideias a boa distância um do outro para não haver constrangimentos (tal é a regra ocidental), sim, é claro, isso pode ter algum interesse. Assisti outro dia a uma espécie de debate em se que se confrontavam inteligências profundas. Era espantoso. Se isso lhes diz qualquer coisa. Lá estavam, face a face, Jean Hyppolite e Julien Benda*, além de alguns outros. A confrontação é uma forma aguda de diálogo. Mas aqui o poeta, Rimbaud, vocês adivinharam, faz o elogio de um enlace, de um encontro

---

\* Jean Hyppolite (Jonzac, 1907-Paris, 1968). Filósofo francês e historiador de filosofia. Editou para o francês diversas traduções de obras de filósofos alemães (Hegel, Feuerbach, Husserl, Scheler e Heidegger e outros). Teve grande influência sobre Lacan e outros intelectuais.

Julien Benda (Paris, 1867-Fontenay-aux-Roses, 1956). Crítico, filósofo e escritor francês conhecido principalmente por *La Trahison des clercs*, obra de 1927. (N. do T.)

de corpos. Nada de distância! Não falamos mais para convencer, de uma mente a outra, mas muito mais para nos reconhecermos. É você?

"E eu gostaria de erguer-me, e não posso, de outro modo
Eu te tomaria nos braços e te enlaçaria como a uma questão!"

Após Rimbaud, Claudel. E é bem disso que se ocupa o semioticista. Cá estamos: o semioticista é uma nova espécie de linguista. Ele não se interessa simplesmente pelas palavras, pelas expressões, pelas imagens, pela metáfora e pela metonímia! Isso está fora de moda! Agora ele se interessa pelo que engloba tudo isso, pelo que lhe dá forma; enfim, pelo discurso, pela linguagem em ação. Ele deve se posicionar onde se colocam questões sobre a identidade. É sua tarefa inicial. Quem é você? O que faz? Para que eu saiba, por minha vez, o que sou, o que faço, o que tenho a fazer. Minha vida passada, mas também meu futuro.

Vou repetir esta parábola persa que me permite delimitar meu propósito. Ela é antiga, do século IX, mas pode nos acompanhar ao final dos tempos:

"Após ter jejuado sete anos na solidão, o Amigo foi bater à porta de seu Amigo.
Uma voz do interior perguntou:
– Quem está aí?
– Sou eu, respondeu o Amigo.
E a porta permaneceu fechada.
Após sete outros anos passados no deserto, o Amigo voltou a bater na porta.
E voz do interior perguntou:
– Quem está aí?
– É você!
E a porta se abriu."

## III – Um romance de palavras, apesar de tudo

A linguagem é cheia de armadilhas; nosso discurso é cheio de armadilhas. Vocês conhecem a história do narciso do outono ou a do micróbio. Talvez existam centenas desse tipo, mas eu participei da primeira. Conheço-a bem. Nunca têm fim os tormentos do linguista, do analista do discurso, enfim, do semioticista. Seria preciso alertar imediatamente aquele que crê que a linguagem é simples; ou melhor, unívoca, para ser mais preciso. Vocês franzem a testa? Não se precipitem, afirmando que a substituição de uma palavra comum por um termo considerado erudito só agrada aos pedantes, aos Trissotins\* que as utilizam de alguma forma. O vocabulário deve se adaptar tão exatamente quanto possível a seu objeto. A imagem deve ser clara, diria o fotógrafo. Eis que a linguagem é afligida por um movimento perpétuo.

Quanto ao narciso de outono, foi o poema de Apolinário que pendurou o guiso no pescoço do gato. Lá se lê que no outono as vacas pastavam nos campos floridos de narcisos; que a Amante é semelhante a essa flor venenosa e que, perto da mulher amada, o Amante corre grande risco de se envenenar, exatamente como as vacas que ruminam a flor mágica. Em suma, o narciso de outono é uma figura da agressão e da morte. E para que o perigo seja mais evidente basta multiplicar os símbolos. Os narcisos, diz o Amante:

"... são as cor de tuas pálpebras
Que se agitam como flores agitadas no vento demente."

---

\* Personagem de *As sabichonas* (*Les femmes savantes*), de Molière. Trissotin era um farsante, que se passa por grande erudito e tenta se casar com Henriette, que amava Clitandre. (N. do T.)

Os narcisos, a mulher e a demência, mesmo combate, como se dizia há pouco tempo nas faculdades. Triste destino reservado ao Amante, sobretudo quando se lembra o fim do poema. As vacas envenenadas deixam o campo "para sempre". É o dobre dos sinos. Mas o que fazer para escapar aos narcisos que cobrem o campo e

"... que são como mães
Filhas de suas filhas..."?

Onde se refugiar para se furtar ao Mesmo cem vezes, mil vezes, repetido? É com isso que os homens têm sonhado tanto. Graças ao narciso, o tempo foi abolido. Não há mais geração. Os botânicos chamam a flor de *Filius ante patrem*, o filho antes do pai. Estranho... Agora falam de clonagem, de multiplicação vegetativa indiferenciada. Onde está a mãe, onde está a filha, impossível decidir. Observou-se nos Estados Unidos um clone de quase 50 mil faias que ocupam mais de 80 hectares... É o cúmulo da identidade! Que vitória se poderia esperar num combate contra uma multidão, de alguma forma, eterna? E uma multidão idêntica! E uma multidão de um único sexo, que faz tudo tremer, é preciso dizer sem mais, ao lado das mulheres, caso acreditemos no poeta! O terror!

Então não seria melhor, já que vamos morrer, voltar ao "micróbio", que tem uma vida curta? Nessas condições temos boas chances de escapar à sua eventual nocividade. É meu dicionário que o afirma: sua vida é curta e a forma da palavra macaqueia o grego. Mas não nos alegremos tão cedo. O lexicógrafo reflete pouco, comparado ao linguista. Já o cirurgião-biólogo que propôs o negócio no final do século XIX, aplaudido por Pasteur, não almejava um lugar entre os conhecedores da língua de Eurípedes nem tampouco havia concedido a seu rebento, num instante de desatino, sempre temido entre os cirurgiões, uma "vida curta". Não. O cirurgião não é o lexicógrafo. Ele queria agenciar dois radicais gregos para gerar essa simples acepção: "organismo vivo microscópico". Esse novo termo da língua científica nada nos diz sobre a expectativa de vida do micróbio, e menos ainda da nossa.

Feitas as contas, se tivermos de escolher entre essas duas fantasias, a do poeta e do lexicógrafo, eu preferiria me deixar conduzir, como vocês, talvez, até a Cólquida*, o país da Medeia, a célebre envenenadora, a ilustre feiticeira do Oriente.

## IV – Uma escolha a ser feita: Agnes ou a Prússia

É preciso levar a sério o poder da fala. Assim, não se pode desconsiderar aquele oficial prussiano apresentado por Maupassant em um conto bastante curto, intitulado "Dois amigos". Durante a guerra, os homens sonham com a paz; durante a paz, comemoram.

Era um lindo dia, aquele de 1871. Além do mais, era a primeira vez no ano. Os parisienses sitiados pelo exército da Prússia sonhavam em retomar suas atividades do domingo: a pesca com anzol... Esse desejo, duas antigas práticas, os dois amigos realizam. Munidos de um salvo-conduto atravessam a linhas e vão se instalar, de costas para o sol, às margens do Sena, diante da ilha Marante. Eles estavam atentos para não serem pegos de surpresa. A pesca seguia tranquila; enchiam seus puçás de cadozes

---

\* Em francês, o Narciso de outono é conhecido como *colchique*, em referência à Cólquida. (N. do T.)

e mugens, quando, de repente, sentiram uma presença às suas costas. Os prussianos apontavam as armas para eles. Eram prisioneiros. O oficial, uma espécie de "gigante peludo", lhes propôs um acordo: poupo suas vidas se vocês me derem a senha de que necessitam para entrar novamente em Paris; caso contrário, os executo. Era um embuste, um falso contrato. O verdadeiro contrato supõe o encontro de pessoas para a troca em igualdade de condições. Ora, justamente, o oficial o diz com precisão: "É a guerra." Ele tem autoridade para aplicar as leis vigentes.

"Para mim, vocês são espiões enviados para me vigiar. Eu os prendo e os fuzilo. Vocês fazem de conta que pescam com a finalidade de melhor poder dissimular seus projetos. Vocês caíram em minhas mãos, pior para vocês; é a guerra."

O "para mim" é explícito: em outros tempos, relações de camaradagem poderiam ter sido estabelecidas. Mas na situação atual basta que esse oficial diga: "É a guerra" para que o destino dos prisioneiros se torne, *hélas!*, previsível.

Quando superabundante, o poder é exercido sem violências físicas inúteis. O que faltava, ao contrário, era uma encenação completa que desse prazer aos soldados e a seu chefe. Nossos amigos não tinham senha para entregar, pois não haviam recebido uma. Portanto, se calam. Para que dizer que seus bolsos continham um salvo-conduto, talvez nominal? Além disso, o oficial não tinha nem mesmo procurado revistá-los. Era um jogo de cartas marcadas. Eles podiam incitá-los à traição por uma protelatória difamatória, para um divertimento que se ofereciam os mais fortes. O inimigo só podia ser cruel. Eles bem o sabiam. O oficial "sempre calmo", "sempre sereno", diz o texto, fumando "um grande cachimbo de porcelana", representava dignamente "esse povo desconhecido e vitorioso" que arruinava a França, a esfaimava e massacrava as mulheres e as crianças. O oficial havia dito: eles seriam fuzilados. Eles o foram.

O poder da autoridade é, portanto, facilmente verificado. Sua palavra é a verdade. Há também os sorridentes, que só se revelam quando é tarde demais, depois da coisa feita. Giraudoux afirmava assim em sua peça, *L'Apollon de Bellac*, que as pessoas se tornavam realmente belas quando lhes era dito que elas o eram. O fenômeno interessou inicialmente aos psicoterapeutas. Foram eles que me deram a receita. Mas quem a desdenharia? Agnes, uma jovem tímida, esperava ser recebida pelo diretor do Escritório dos Grandes e Pequenos Inventores onde procurava uma colocação. Ela se sentia bem pouco à vontade. Foi nesse momento que um jovem que, como ela, se encontrava na sala de espera lhe revelou seu poder de transformação. Para comprová-lo basta, dizia ele, que você o exerça sobre o funcionário rebarbativo, depois sobre o secretário-geral pretensioso e arrogante. Sucesso chama sucesso. "O que é que você lhes fez?", se inquieta inicialmente o presidente-diretor geral. "Esta instituição que presido estava imersa até hoje de manhã na tristeza, na preguiça e na grosseria. A senhora a tocou e eu já não a reconheço mais." As reformas são profundas no momento em que atingem até os lares. Eis o testemunho irrecusável; um novo credo: "As mulheres estão na terra para dizer aos homens que eles são belos. E as que mais devem dizer aos homens que eles são belos são as mais belas. E são essas, além disso, que o dizem." O presidente-diretor geral conclui dirigindo-se, forçosamente irritadiço, à sua esposa: "Agnes me diz que sou belo. É ela que é bela. Você me repete que eu sou feio. Eu nunca duvidei: você é um horror."

A sabedoria é, em suma, conhecer apenas as Agnes e nenhum oficial prussiano.

## V – Francoise Segan, a Americana, e Teresa de Ávila: em defesa do não-sujeito

As mais belas transformações de identidade talvez sejam as que nos são impostas. Outro dia, pouco depois do salão do automóvel, eu acompanhava Françoise Sagan*. Ela dizia: "Quando se vai muito rápido há um momento em que tudo se põe a flutuar nessa canoa de ferro; é quando se atinge o topo da onda, o alto da vaga, e de onde se espera regressar mais por graça da correnteza que em razão de nossa destreza. O gosto pela velocidade nada tem que ver com o esporte. Ainda que esteja presente no jogo, no perigo, a velocidade não se separa da alegria de viver e, consequentemente, da obscura esperança de morrer, que sempre a acompanha." Eu disse a mim mesmo, por minha vez, que era preciso tentar e que para obter sucesso deve-se aceitar perder, ou melhor, se esforçar para perder, todo autocontrole. Não ter mais que, por um livre ato de julgamento, consentir no que eu fazia; aí estavam a via e a virtude. Para experimentar dessa alegria de viver de que ela gabava, eu tinha apenas que – é mais fácil dizer que fazer –, tinha somente que me entregar ao jogo, ao acaso. E se obtivesse sucesso eu experimentaria, talvez cegamente, mas ainda assim experimentaria, a alegria de passar do elemento terra para esse outro elemento primordial, a água, o mar. Eu flutuaria (mas será

---

\* Françoise Sagan (Carjac, 1935-Honfleur, 2004), escritora francesa ligada à *Nouvelle Vague* e apreciadora de carros esportivos e velozes. (N. do T.)

que flutuaria mesmo, uma vez que não teria consciência?), no alto da onda, no alto da vaga. O desfecho não era realmente previsível. A corrente poderia ser favorável. Mas eu tinha aprendido a lição: "A velocidade é um elã de felicidade", forma que a alegria assume antes que mudemos sua natureza em razão de nosso tolo desejo de posse. E depois, vocês notaram, para que exista alegria de viver, é preciso também que a morte a acompanhe. Para gozar a vida é preciso também colocá-la em jogo.

Triste acompanhamento, dirão vocês, mas vocês podem interiorizar tudo. O perigo é então menos evidente. Vocês terão menos medo. Eu penso de novo na lição dos psicoterapeutas da qual lhes falei ontem, a propósito do *Apollon de Bellac*. A "intervenção" como eles dizem, talvez lhes pareça um pouco vulgar (se passa no mundo corporativo dos Estados Unidos), mas ela tem seu interesse para quem quer obter transformações de identidade, seja a própria ou a dos outros. Uma jovem mulher, assistente da diretoria, foi se queixar de seu chefe. Ela sempre se esforçava para tudo fazer corretamente, mas o chefe se mostrava bruto, agressivo, e ela pensava em pedir demissão. Retorno ao relatório dos psicoterapeutas: "Sem lhe explicar as razões subjacentes, nós ordenamos à moça que esperasse o próximo incidente e, imediatamente após o ocorrido, chamasse seu superior em um canto e lhe dissesse com um ar visivelmente constrangido qualquer coisa como: 'Já há muito tempo que eu queria dizer-lhe, porém não sei como – é um pouco estúpido, mas quando o senhor me trata dessa maneira, fico muito excitada; não sei por que, talvez esteja relacionado a meu pai', e depois deixasse o local bem rápido, antes que ele pudesse responder." Na verdade, o que importa é que ela não dirá nada. Não valia mais a pena, pois a jovem mulher declarou na sessão seguinte ao dia de sua decisão, "a conduta de seu chefe mudou subitamente, e desde então ele passou a ser sempre educado e afável".

Transformação fictícia ou real? Da própria jovem e seu superior, ou apenas dela? A essas questões, responderemos como o filósofo: *verum factum*: a verdade é o que eu constato. A evocação do gozo e da pena que o acompanha, ou melhor, que o comanda (era preciso inicialmente enfrentar as regras do código social) foi suficiente para colocar seu universo em ordem. Aqui a reflexão fracassou, sua ausência saiu-se vencedora. Viva as pulsões.

Se vocês consentirem, eu alçarei voo colocando-me ao lado de uma terceira mulher, elevada aos altares e ilustre nas artes e nas letras: Teresa de Ávila. O escultor italiano Bernini representou-a no momento em que ela conhecia a alegria de viver e a obscura esperança de morrer que tal felicidade traz consigo. Um anjo – caso eu acredite em asas – sorridente e descontraído, de vestimentas descuidadas, se apronta para transpassá-la com uma flecha. Ela afasta as pregas de uma espécie de manta bem grande na qual está envolta. Fecha os olhos; sua boca está entreaberta. Ela parece totalmente desfalecida. Teresa escreverá em seguida (certamente, é o grande momento de sua vida): o anjo "cravava [sua lança] em meu coração e a enterrava até as entranhas". Então, sofrimento insuportável? Sim, não há por que duvidar. Mas sofrimento necessário antes do gozo. A experiência da proximidade da morte antes de uma vida exuberante: "A dor era tão grande que me fazia gemer; tão excessiva a suavidade advinda dessa grande dor que não havia mais o desejo de que ela se extinguisse nem que a alma se contentasse com menos que Deus."

Pensando bem, o que nos contam essas mulheres, é que é preciso abandonar o discurso e seu sujeito. Então, e somente então, experimentaremos, segundo elas, graças a elas, as delícias indizíveis, as supremas delícias do não-sujeito[1].

---

1. Três das cinco crônicas, encomendadas pela Radio France, "Subjectif", França-Cultura, foram transmitidas em 29 de abril, 2 e 3 de maio de 1985 (primeira, quarta e quinta).

*Crônica 1*: Refiro-me a uma campanha publicitária do dicionário *Le Petit Robert*.

*Crônica 3*: Lévi-Strauss é o autor da nota sobre o clone. Ver *Le regard éloigné*, Plon, 1983, p. 293.

*Crônicas 4 e 5*: É o livro de Watzlawick, Weakland e Fish, *Changements*, coleção "Points", Seuil, 1975, que chamou minha atenção sobre o *"coup de Bellac"*, pp. 154-6.

CAPÍTULO II
# LINGUÍSTICA E SEMIOLOGIA[✢]

O título é problemático, creio, para muitos[1]. Inicialmente, pode-se hesitar na maneira de interpretar o "e" que liga os dois termos: linguística *e* semiologia. O que pensar da "compatibilidade dos cônjuges", para responder a uma formulação interessante da *La Grammaire d'aujourd'hui*[2]? Não seria melhor falar de disjunção, de englobamento ou de hierarquia, conforme o caso? Evoquemos brevemente nossas reminiscências, pois a história é antiga. A semiologia, para Saussure, constitui o ramo das "ciências que se ocupam dos valores arbitrariamente fixados"[3]. A esse título ela engloba a linguística, ciência particular. E se, apesar de tudo, a semiologia parece depender da linguística, isso se deve, nós o sabemos

---

[✢] *Actes sémiotiques, Documents* 88, 1987, INaLF-CNRS, pp. 5-20.

1. Não para todos. *Linguistique et sémiologie* é o título de uma excelente revista publicada desde 1976 pela Universidade de Lion II. O texto de apresentação do primeiro número é omisso sobre esse ponto.

2. *La Grammaire d'aujourd'hui* de M. Arrivé, F. Gedet, M. Galmiche, Flammarion, 1986. Ver o item "coordenação",

3. Godel, *Les Sources manuscrites du Cours de linguistique générale de F. de Saussure*, Genève-Paris, Droz-Minard, 1957, p. 275.

bem, a razões factuais: a "língua" é o sistema semiológico mais bem conhecido e que serve de modelo metodológico.

E, já que adotamos algumas referências históricas, observemos também que em 1964 Barthes propunha dividir o domínio da linguística, pois, assegurava, era preciso que uma disciplina analisasse "as grandes unidades significantes do discurso". Na verdade, a operação consistia no estabelecimento de um corte entre, de um lado, o frástico, objeto da linguística, e, de outro, o transfrástico, o "discurso", objeto da semiologia. Além disso, essa divisão em domínios incitaria o pesquisador, fosse ele antropólogo, psicanalista ou estilista, dizia Barthes, a elaborar um conceito unitário, o de "significação"[4].

Esse é, em suma, o caminho percorrido por Benveniste a partir de 1962, ano em que publica seu artigo sobre "Os níveis de análise linguística". Buscando definir as unidades da língua por meio de sua capacidade de se tornarem parte integrante de uma unidade de nível superior, Benveniste se apoia na entidade "frase" cuja função integrativa é nula: "Com a frase um limite é transposto, entramos em um novo domínio", o da comunicação, cuja expressão é o "discurso"[5]. Valendo-se de um critério semântico, Benveniste opõe, então, dois domínios da língua, aliás, não explicitamente ordenados: a mesma unidade "frase" é dotada de um "sentido" quando pertencente a uma linguística do signo, e de um "referendo" (sic), de uma "referência de situação", quando pertencente a uma linguística do discurso. Assim fica evidente a importância que Benveniste atribuía – ao contrário da maioria dos

---

4. R. Barthes, "Présentation des recherches sémiologiques", *Communications 4*, 1966, p. 2.
5. *PLG I*, p. 137.

linguistas – ao "conceito de significação". Os dois modos de significância que logo serão propostos por ele, o semiótico e o semântico, fornecerão um novo testemunho de tal preocupação.

Entretanto, antes de analisar esse ponto, gostaria de responder a outra questão suscitada pelo título que me foi proposto, "Linguística e semiologia". O termo "semiologia" é o mais apropriado ou "semiótica" seria melhor? Por muito tempo, "semiótica" foi uma simples variante de "semiologia". Para se certificar, basta reler os artigos de Benveniste, "A forma e o sentido na linguagem" (1967) e "Semiologia da língua" (1969), nas quais se encontram indistintamente os sintagmas "consideração semiótica" e "consideração semiológica". No mesmo artigo de 1969, "sistemas semiológicos" e "sistemas semióticos" são intercambiáveis. No momento em que Benveniste instaura na língua a "divisão fundamental" da semiologia entre "semiótica" e "semântica", ele ainda escreve (um lapso?): "Em semiologia, o que o signo significa não tem de ser definido", ao passo que ele deveria ter dito "em semiótica..."[6].

Como quer que seja, pode-se pensar que, para Benveniste, nessa época, uma tripartição relativamente estável se estabelecia: a semiologia da língua possibilitava que fosse "revelada tanto uma ordem semiótica (reservada ao signo e ao sentido) quanto uma ordem semântica (reservada ao discurso e à comunicação)". Entretanto, é essa tripartição que, de uma forma reticente, Benveniste aceita abandonar no momento da criação do Círculo Semiótico de Paris, ainda em 1969. Tendo aceitado ser seu presidente, ele ressaltou que "semiologia" e "semiótica" tinham adquirido para ele uma acepção técnica: o uso falou mais,

---

6. Os dois artigos são retomados em *PLG II*.

e "semiótica" acabou prevalecendo[7]. A verdade é que em 1966 Jakobson já havia organizado, sob os auspícios da Unesco, um colóquio semiótico em Kazimierz, Polônia; que uma Associação Internacional de Semiótica *(International Association dor Semiotic Studies)* havia sido criada nessa ocasião, e que em 1968 o próprio Benveniste havia participado com Kuryłowicz de um simpósio internacional de semiótica em Varsóvia*.

Parece-me que a *La Grammaire d'Aujourd'hui*, já citada, extrai com exatidão lições dessa situação. "Em sua definição extensiva", afirma ela, "a semiótica é o estudo dos sistemas de significação" e não dos sistemas de signos[8]. Quanto à *semiologia,* seu objeto é a descrição dos "sistemas exclusiva e intencionalmente utilizados com fins comunicativos: por exemplo, o código de trânsito (...), os microssistemas de símbolos da vida cotidiana, (...) os sistemas de números etc.". Alguns trabalhos de Buyssens, Prieto ou Mounin ilustram bem essa escolha.

Mas, mais que um problema de terminologia sempre em aberto, e para não estender minha proposta, a semiótica que aqui desperta minha atenção é aquela cujo objeto é o "discurso". É verdade, não se pode ignorar a existência de outras semióticas, em particular as dos lógicos e dos filósofos. Assim, logo se pensa no inventor do pragmatismo, Charles Sanders Peirce, mas seu papel é, ainda hoje, controverso. Os linguistas proclamam sua grandeza. Para Jakobson, ele é o "mais profundo investi-

---

7. Escolhido por Benveniste para ser secretário do Círculo, lanço mão aqui de minhas recordações.

* J. Geninasca lembrou-me que a Association só foi fundada oficialmente em Paris três anos mais tarde, em 1969. Eu lhe agradeço essa precisão.

8. Apesar de C. Hagège, *L'Homme de paroles*, Fayard, 1985, p. 47.

gador da essência dos signos"; para Benveniste, ele está no mesmo nível que Saussure. Mas ele se interessa pela linguagem, ele que "conhecia a linguística apenas em sua forma filológica"[9]? Certamente, sim, responde Jakobson: "No dia em que decidirmo-nos a estudar cuidadosamente as ideias de Peirce sobre a teoria dos signos, dos signos linguísticos em particular, nos daremos conta do sério aporte que elas proporcionam às pesquisas sobre as relações entre a linguagem e os outros sistemas de signos."[10] Benveniste, ao contrário, depois de qualificá-lo de "gênio" sustenta que ele não formula "nada de preciso ou específico" concernente à língua. Mais grave ainda: "ele jamais se interessou pelo funcionamento da língua [isto é, do 'discurso'], nem mesmo lhe deu atenção"[11]. Poder-se ia retorquir que a pragmática que tem Peirce como fundador se ocupa, também ela, do "discurso". Entretanto, dizer com Récanati que ela "leva em consideração a produção das ocorrências em contextos de enunciação determinados" não invalida as observações de Benveniste: o ponto de apoio de Peirce pode muito bem ser a palavra ou a frase; a língua não é seu objeto, a língua dos linguistas estudada sob sua dupla forma sistêmica e processual[12]. Eu seguiria de bom grado Hagège quando, temendo "a imersão da linguística no oceano da *pragmática*", ele faz este alerta: "Engajamo-nos em uma via incerta quando começamos a construir categorias conceituais sem preocuparmo-nos em encontrar, na trama material

---

9. Faço menção aqui a *Théorie et pratique du signe* (Payot, 1979 p. 7), livro de G. Deledalle, leitor assíduo dos oito volumes dos *Collected papers*.

10. R. Jakobson, *Essais de linguistique générale*, Minuit, 1963, pp. 27-8 e 79.

11. *PLG II*, p. 44.

12. F. Récanati, "Le développement de la pragmatique", *Langue française*, 42, 1979, p. 8.

discursiva, traços, quaisquer que sejam eles, que sirvam como pontos de referência e garantias."[13]

Resta definir o que o semioticista entende por "discurso". Ele não se refere à tradição retórica, ligada à pragmática. Não se trata tampouco de um simples avatar da "fala" (para Martinet, o discurso é os "atos de fala"), nem de um sistema interfrástico, como para Harris, autor do célebre *Discourse Analysis*[14]. A semiótica discursiva se situa na linha de Benveniste e, acrescento, igualmente de Saussure, ponto que quase não é destacado. Entretanto, ao afirmar que *"o discurso é a linguagem colocada em ação* (...)", Benveniste é fiel às lições do mestre de Genebra e se apoia nas "duas funções igualmente ativas em nós concernentes à linguagem": uma, de classificação, corresponde claramente, parece-me, ao modo do semiótico em Benveniste; a outra, de produção sintagmática, ao modo do semântico[15]. É ao recorrer a essa segunda função[16] que "A língua entra em ação como discurso", destaca Saussure. Desse ponto de vista, o discurso é, portanto, uma atividade linguageira que não pode ser reduzida a simples atos de fala.

Avançamos, assim, pouco a pouco, na elaboração do conceito. O "discurso" é exatamente o produto de uma operação que postula a existência de um agente de execução, de um actante que enuncia sua relação com o mun-

---

13. C. Hagège, *op. cit.*, pp. 221 e 233.
14. A. Martinet, *Éléments de linguistique générale*, Colin, 1960, p. 30. Para um histórico dessa noção, ver *L'École de Paris*, Hachette Université, 1979, pp. 30 ss.
15. A citação de Benveniste foi extraída de um artigo de 1958, *PLG I*, p. 284. A posição de Saussure é analisada por Godel, *op. cit.*, p. 171.
16. F. Saussure, Msfr. 3691, citado por Wunderli, *Saussure-Studien...* Tübingen, 1981, p. 272.

do[17]. Efetivamente, "a língua não é criada senão em vista do discurso"; esse é o postulado de base enunciado por Saussure no mesmo fragmento de manuscrito citado mais acima. Prefiro denominar esse agente de "actante enunciante" a chamá-lo de sujeito da enunciação, para tentar contrapô-lo ao efeito de oralidade sempre presente, e ao de racionalidade, que está relacionado, o que quer que façamos, à noção de "sujeito"[18].

Embora Benveniste quase sempre se situe na perspectiva da oralidade, mantenha, em geral, o discurso nos estreitos limites do diálogo e associe a enunciação à alocução, como faz a maior parte dos linguistas de sua geração, lhe ocorre de estabelecer a existência semiótica das "grandes unidades", certamente comparáveis às "grandes unidades significantes" que Barthes mencionava em 1964[19]. Entretanto, foi preciso aguardar pelos trabalhos de Greimas para que se tivesse uma ideia mais precisa do que podiam ser, formalmente, essas grandes unidades. Na França, com certeza o ponto de partida se dá na década de 1960, com a análise do trabalho de Propp (1928) por Lévi-Strauss e Greimas. Todos se lembram que para o pesquisador russo a narrativa era constituída por uma série de funções (abstratos de ações, observa com perti-

---

17. "Na enunciação, a língua é empregada para que um determinado relacionamento com o mundo" seja expresso. *PLG II*, p. 84.

18. Subscrevo esta nota da *La grammaire d'aujourd'hui*: "Uma das grandes dificuldades oriundas da introdução do conceito de enunciação é o estudo dos traços do processo de enunciação sem que se caia na tentação de estabelecer o sujeito da enunciação como entidade livre e senhora de si (o sujeito é tomado por sua língua na mesma medida em que faz uso dela"), p. 259.

19. Como em uma entrevista com Guy Dumur, em 1968. *PLG II*, p. 36.

nência Ricoeur[20]), dispostas sempre na mesma ordem e em número limitado, assim como eram limitados o número de participantes da ação e, acrescentamos, o tipo de relações lógicas subjacentes (conjunção, disjunção, inversão, permutação, transformação...). As descobertas de Propp permitiam colocar em evidência, segundo o *Dicionário de semiótica*, "o princípio paradigmático de organização narrativa"[21]. Se há, por exemplo, uma relação binária tal como "falta/liquidação da falta" é preciso ver aí, além de um "axioma de base", para retomar uma expressão de Ricoeur[22], a manifestação de um jogo formal em que as posições inicial e final da cadeia sintagmática são os locais de uma "inversão" de conteúdo (caso queiramos admitir que a liquidação da falta implica a presença de objetos de valor, assim como o inverso, isto é, a falta, implica sua ausência). Nessa "partida"[23], os "sujeitos de fazer" tornam-se, então, "simples operadores destinados a executar um esquema preestabelecido de transferência de objetos"[24]. O ideal, parece-me, seria prever coerções narrativas suficientes que fossem concernentes às ações, aos actantes e ao cálculo lógico para que se possa dizer, a

---

20. P. Ricoeur, *Temps et récit*, II, Seuil, 1984, p. 56.
21. A. J. Greimas e Courtés. *Dicionário de semiótica*. São Paulo: Cultrix, 1989, p. 298.
22. P. Ricoeur, *op. cit.*, p. 57.
23. Como se sabe, o texto de Propp se tornou conhecido inicialmente por meio de sua tradução inglesa, de 1958. "Parte" é a tradução do termo *"move"* (em russo, *xod*). É a escolha de Lévi-Strauss. "Parte", afirma o autor, tem "esse duplo sentido de divisão principal de uma narrativa" (daí a tradução francesa por "sequência", na edição da Seuil de 1970) e, em francês, de "partida de jogo de cartas ou de xadrez". "La Structure et la Forme", *Cahiers de l'Institut de Science économique appliquée*, 99, 1960, p. 13. Sobre o problema de tradução de *xod* ver também Ricoeur, *op. cit.*, p. 62, nota 1.
24. A. J. Greimas e J. Courtés, *op. cit.*, p. 299

exemplo de Propp: "a estrutura do conto pede que..."[25]. A formulação parece-me exemplar e própria para seduzir um linguista formado na escola de Hjelmslev[26]. "O que permite organizar o discurso", afirma ainda Greimas (note-se o emprego de "discurso"), "não é tanto a sucessão de funções (...), mas a projeção a distância de termos pertencentes à mesma estrutura". Decididamente, "é o paradigmático que organiza o sintagmático"[27].

Na ótica greimasiana, o discurso é apenas uma organização sintagmática de enunciados construídos. Insistimos no conceito de organização. Como Propp, que "condensava" o conto (e existe apenas um único conto em sua hipótese) em uma série de curtas frases (sujeito, verbo, complemento) do tipo $x$ dá $y$ a $z$, Greimas, por sua vez, "condensa" o discurso em uma sequência de enunciados ditos "enunciados de fazer" e "enunciados de estado". Essa sequência não corresponde a uma sucessão aleatória, mas a uma ligação lógica; isto é, necessária, de cada enunciado ao seguinte, ou antes, a seu antecessor. O que Greimas procura colocar em evidência, de fato, é uma "ordem de pressuposição lógica às avessas"[28]. Tal ato não pode ser efetivado a não ser que um outro o tenha precedido; essa performance pressupõe aquela competência. Em uma estrutura polêmica, em que dois actantes se enfrentam (um sujeito e um antissujeito), a atribuição ou a privação do objeto de valor supõe o sucesso de um à custa do outro, e uma fase preliminar de oposição. Greimas

---

25. V. Propp, *Morphologie du conte*, Seuil, 1970, p. 49.
26. No princípio era Hjelmslev, declara Greimas em "Une conversation" reproduzida por *Versus*, 43, Bompiani, Milan, 1986, p. 44.
27. A. J. Greimas, "Entretien avec Ruprecht" *RSSI*, 4, 1, Toronto, 1984, p. 9.
28. A. J. Greimas e J. Courtés, *op. cit.*, p. 297.

enxerga essa articulação tripartite como o cerne do enunciado de fazer, denominado por ele, em continuidade a Propp, a "prova". O *Dicionário de semiótica* propõe esta definição: "Do ponto de vista de sua organização interna, a prova é constituída pela concatenação de três enunciados que, no nível discursivo, podem se exprimir como confrontação, dominação e consequência (aquisição ou privação): esse eixo das consecuções pode ser substituído pelo das pressuposições, o que faz surgir uma espécie de lógica de 'às avessas' (a consequência pressupõe a dominação, a qual pressupõe, por sua vez, a confrontação), de tal forma que, se em uma dada narrativa a consequência é a única a ser manifestada, ela autoriza a catalisação[29] da prova em seu conjunto."

Com o *Dicionário de semiótica*, Greimas e Courtés nos deram a melhor síntese possível da semiótica "objetal". O "ele" é seu emblema, esse "ele", que "talvez" seja, como afirma Greimas de forma bem-humorada, "ao lado do cavalo, uma das maiores conquistas do homem"[30]. Qual então o estatuto do "sujeito"? Não é ele uma instância à qual o discurso deva ser relacionado, mas um operador de transformações em um enunciado de fazer (*x* faz com que...) ou um lugar de conjunção ou de disjunção em um enunciado de estado (*x* está conjunto com, ou disjunto de tal objeto de valor...). A significação em Greimas depende de um esquema preestabelecido e não da posição ocupada, defendida, buscada pelo sujeito em determinada jogada. Questão de focalização, talvez; entretanto, em uma semiótica "subje-

---

29. Isto é, a completar a cadeia textual (o verbo é formado por meio de "catálise", termo hjelmsleviano).

30. Citado em "Bibliographie", *Recueil d'hommages pour A. J. Greimas*, Benjamins, Amsterdam, 1985, p. LXVIII.

tal", cada discurso é centrado. Eu diria, seguindo Piaget, que "a natureza do sujeito é forjada de modo que constitua um centro de funcionamento e não para ser o coração *a priori* de um edifício acabado", que a significação do discurso é também função de seu centro, a saber, de sua instância enunciante[31]. Eu proporia, portanto, uma definição do conceito de discurso apropriada ao ponto de vista da semiótica discursiva: é uma organização transfrástica relacionada a uma ou várias instâncias enunciantes.

Farei ainda menção a Benveniste para registrar as relações entre essa semiótica e a linguística (em particular, a gramática comparada). A aproximação só parecerá paradoxal se esquecermos um aspecto do método presente em Benveniste: mesmo quando estuda os fenômenos morfológicos ou sintáticos, o autor os recoloca em "um contexto descritivo mais amplo, que permite compreendê-los melhor"[32]. Dito de outra forma, o discurso tem valor explicativo. Isso equivale ao que Benveniste chamou de disposição semântica para orientar a perspectiva de toda a análise. É o que eu gostaria de mostrar agora ao recordar inicialmente o percurso histórico do futuro no românico e no francês, tal como Benveniste o traçou em seu *Curso* no Collège de France em 1965 e 1966, e resumiu em seu artigo de 1968, sobre "as transformações das categorias linguísticas"[33].

As grandes linhas da passagem do futuro latino ao futuro românico, e do futuro românico ao futuro francês são suficientemente conhecidas para que não seja neces-

---

31. J. Piaget, *Le Structuralisme*, PUF, 1968, p. 123.
32. *PLG II*.
33. *PLG II*, pp. 126 ss.

sário insistir nesse ponto. O que, por outro lado, a meu ver, deveria suscitar nosso interesse são as condições nas quais uma forma e um sentido se impuseram. Evoquemos rapidamente os fatos: a forma perifrástica, infinitivo + habēre, nessa ordem, investida de uma significação inesperada (a obrigatoriedade da realização de um acontecimento) nasceu em um meio cristianizado, fora de Roma, em Cartago, no século III de nossa era. "Ela nasceu entre os escritores e teólogos cristãos a partir de Tertuliano."[34] Podem-se recordar alguns exemplos. Lá onde a Vulgata, mais de um século depois, escreverá: "sicut ovis ad occisionem ducetur", Tertuliano traduzirá: "tanquam ovis ad victimam adduci habens"; o cordeiro não escapará a seu destino; ele será degolado. Essa noção de predestinação "nenhuma forma nominal do paradigma verbal do latim podia exprimir (...) [essa noção que] era, ao mesmo tempo, nova em relação aos 'tempos' clássicos do verbo e necessária no quadro conceitual em que ela se produzia"[35]. Dessa significação específica nada restou no futuro do românico: "daras" é "tu darás" e não "tu és predestinado a dar".

Os cerca de oitenta exemplos de Tertuliano analisados por Benveniste estão relacionados a uma época, a um meio, e se ligam a um tipo de discurso, o enunciado histórico. É uma forma narrativa na qual ninguém fala; os acontecimentos são expostos sem que aquele que os relata participe deles. Não há, portanto, nesse plano, "instância do discurso", pois não há alocução[36]. Entretanto, uma instância enunciante é apresentada. Mais um

---

34. *PLG II*, p. 134.
35. *PLG II*, p. 135.
36. Benveniste introduziu a noção de "instância de discurso" em um artigo de 1956; ver *PLG I*, p. 277.

exemplo para fixar as ideias. A profecia de Daniel; "civitatem exterminabit", relacionada ao passado, se transforma, com Terteliano, em: "praedicavit quoniam ista civitas exterminari haberet" (ele predisse que esta cidade, Jerusalém, seria destruída). Em uma profecia, a palavra do profeta se apaga diante da instância que o coloca em cena. O centro de referência não é, portanto, Daniel, e menos ainda o outro sujeito sintático, a cidade; é o "ele" pressuposto pela construção passiva. Deve-se dotar esse *terceiro actante* implícito do *poder* transcendente reclamado por tal ato – a ruína da capital do povo hebreu – e conceder à voz de seu delegado, o profeta, o benefício de dizer a verdade. O que é predito se realizará necessariamente. Notemos que no exemplo escolhido o futuro enunciava uma experiência. Caso privilegiado: a profecia havia se realizado, Jerusalém fora destruída em 70 pelo exército de Tito. A predestinação fora confirmada.

Se admitirmos que todo discurso é centrado, que uma instância enunciante pode ter outras marcas linguísticas além das dos pronomes do diálogo, que é preciso, portanto, prever o lugar de um terceiro actante, o "ele", definido negativamente como a ausência de "pessoa" e positivamente pela modalidade do *poder* (um poder transcendente, portanto irreversível), somos levados a reconsiderar o esquema actancial da semiótica objetal[37]. Ainda aqui, o trabalho de Benveniste é estimulante. Em seu *Curso*, ele traçava um paralelo entre a transformação do futuro (uma forma e um sentido novos) e a oposição de duas classes nominais na mesma categoria de nomes de agen-

---

37. Pode-se aproximar esse terceiro actante da "pessoa de universo" dos linguistas guillauminianos. Ver J.-C. Coquet, *Le Discours et son sujet*, I, Klincksieck, 1984, pp. 61 e 169.

te[38]. Duas funções distintas correspondiam a duas formas diferentemente acentuadas; por exemplo, em sânscrito, dátar e dātár, ou, em grego, com uma variação vocálica, δώτωρ e δοτήρ. A ideia de Benveniste era que as línguas, por meio de procedimentos diferentes, faziam valer tanto o objeto (futuro perifrástico latino e românico, nomes de agente dātár ou δοτήρ) quanto o sujeito (futuro simples, nomes de agente dátár ou δώτωρ). De um lado, o futuro perifrástico indica a noção de predestinação ("habēre com o infinitivo tem por função indicar a predestinação do objeto designado para ser como tal"); de outro, o futuro simples, a noção de intenção, que só pode se referir ao sujeito[39]. Uma forma perifrástica como o sânscrito dātásmi (eu darei), produto de uma sintagmatização do nome oxítono dātár e do verbo ser, "não equivale à forma normal em – sya-. [Esse futuro] marca menos o advir que a necessidade daquilo que *deve* se produzir. É um futuro de certeza que os gramáticos da Índia chamavam śvastanī 'amanhã'"[40]. Encontramos aqui o problema que os futuros perifrásticos se esforçaram por resolver: eles enunciam paradoxalmente uma experiência, ao passo que o "futuro é por natureza incerto"[41]. Essa significação só pode lhe ser atribuída, parece-me, se o agente do processo se dividir: um é o agente explícito, gramatical; o outro, frequentemente implícito, é o que chamo terceiro actante

---

38. Benveniste retomava em 1965-66, em uma perspectiva mais geral, a das transformações do signo linguístico, seu trabalho de 1948, *Noms d'agent et noms d'action en indo-européen*, A. Maisonneuve.

39. *PLG II*, p. 135.

40. Benveniste, *Noms d'agent et noms d'action en indo-européen*, p. 17.

41. R. L. Wagner, Pinchon, *Grammaire du français*. Hachette, 1962, p. 347.

e que convém dotar de uma modalidade particular, de um *poder* "transcendente, portanto, irreversível." É apenas nessas condições que um acontecimento que está para acontecer é assimilado a um dado experimental, a um dever já ter ocorrido.

A análise dos nomes de agente abre ainda uma nova perspectiva, que dessa vez interessa ao actante sujeito e aos critérios de sua determinação. Ao mesmo tempo, ela permite encontrar o que, em semiótica discursiva, distingue, no interior do *primeiro actante, sujeito* de *não-sujeito*. As diferenças morfológicas dos nomes de agente (variação de tom, de timbre vocálico...) são também, de acordo com Benveniste, marcas de oposições semânticas. O agente do tipo dắtar ou δώτωρ, por exemplo, corresponde a um actante "'pessoal'" e "'singular'" por definição (é um determinado ato que é destacado como predicado possessivo de um determinado sujeito)"[42]. A mesma formação que em grego fornece os nomes próprios é adequada para denominar uma prática, uma experiência, relacionadas a um agente particular situado no tempo e na história. Novo processo de objetivação, dessa vez em favor de um sujeito, e não mais do terceiro actante. A testemunha, ἵστωρ, por exemplo, sabe por conhecimento adquirido. O que ela viu, viu naquele momento, naquele lugar: "eu vi"[43]. Benveniste nota que o grego apela a uma outra raiz e ao sufixo em -τήρ, ὀπτήρ para um agente "consagrado por destinação, atitude ou necessidade" à observação; ὀπτήρ é o vigia, o espião; o que está em discussão não é tal ato objetivado (ele viu), mas uma função, uma atividade de alguma forma profissional. "Um

---

42. E. Benveniste, *op. cit.*, p. 62.
43. E. Benveniste, *Le vocabulaire des institutions indo-européennes*, II, Minuit, 1969, p. 173.

δώτήρ é definido como "aquele que deu ou que doa"; o sujeito possui e domina seu ato, mas um δώτήρ "está fadado a doar", por função, atitude ou predestinação"[44]. O actante pessoal é um sujeito; o actante funcional, um não-sujeito[45]. O sujeito tem o domínio de seu ato (critério do julgamento), o não-sujeito é apenas o agente de uma função. Tanto o herói proppiano quanto o sujeito greimasiano são guiados por um esquema narrativo e representam não-sujeitos. Eles estão fadados a realizar programas repetitivos. Em um plano totalmente diferente, mas a analogia merece ser registrada, o mesmo se dá com a "concha" estudada por Paul Valéry. Seu desenvolvimento ao longo da vida é regrado minuciosamente. Eis ainda um "ser que conhece somente sua lição"[46].

No momento de concluir, eu gostaria de insistir uma última vez na importância conferida por Benveniste às estruturas discursivas. Ele não chega ao ponto de elaborar claramente uma organização transfrástica à maneira do semioticista. Esse mérito é de Greimas, que o fez. Mas ele o invoca. Em contrapartida, Benveniste não tem equivalente quando se trata de definir e de diversificar o que ele chama as "instâncias do discurso". Retomemos nossa obra de referência, *Noms d'agent et noms d'action en indo--européen*[47]. Um problema de vocabulário (por que δοτήρ,

---

44. E. Benveniste, *Noms d'agent et noms d'actions...*, p. 62.
45. De fato, uma das formas possíveis do não-sujeito; ver Coquet *Le Discours et son sujet*, I, pp. 67 e 104.
46. J.-C. Coquet, "La bonne distance", *Actes sémiotiques, Documents* 55 INaLF-CNRS, aqui mesmo, pp. 271 ss.
47. O título, que Benveniste explica no Prólogo, mantém a perspectiva do indo-europeu. Esse livro, afirma o autor, é a continuação do volume publicado em 1935 sobre as *Origenes de la formation européene*. O projeto parece-me, entretanto, visar mais à linguagem do que a essa ou àquela língua em particular, como testemunha a argumentação de cada

o não-sujeito, quando se espera δώτωρ, o sujeito?) nos convida a propor a relação de autonomia/heteronímia que me parece anteceder a toda articulação de instâncias enunciantes. Eis os dados: o primeiro actante é, em princípio, autônomo. Ele exclui ou não supõe a existência de uma instância superior, a do terceiro actante. O sujeito assume, portanto, sua própria história, operação para a qual o não-sujeito é incapaz. Mas as fronteiras entre autonomia (primeiro actante) e heteronímia (terceiro actante) são frágeis. O *Prometeu* de Ésquilo o demonstra, por assim dizer. Prometeu dá o fogo aos mortais; ele é, portanto, δώτωρ. No entanto, ele próprio se apresenta como agente de uma função: seu papel era dar o fogo aos homens. Ele se pretende δοτήρ e quer ser percebido como tal. Fazendo a transposição para as categorias da semiótica discursiva, eu diria que ele escolheu aparecer a outrem como não-sujeito. A partir daí, ele desliza para a esfera do terceiro actante, que tem como uma de suas figuras usuais a do "destino": "toda sua confissão respira à consciência de sua missão e proclama sua fé em seu destino". Assim se explica, afirma Benveniste, que ele não

---

capítulo ou esta citação: "A existência de dois tipos de nomes de agente não está (...) ligada a uma determinada família de línguas nem a uma estrutura linguística definida. Ela pode se realizar em condições históricas bastante variadas, cada vez que se quiser opor, na designação do sujeito que age, modos de ação sentidos como distintos" (p. 61). É por isso que sou menos sensível às críticas apresentadas por Watkins em sua contribuição "L'apport d'Émile Benveniste à la grammaire comparée" que a seus elogios. A obra, segundo ele, é "o mais belo livro de gramática comparada escrito no século XX (...). O domínio dos dados, a segurança do método, a amplitude da visão, a limpidez e a elegância da argumentação atingem uma espécie de perfeição. O livro, sem dúvida alguma, merece ser chamado de obra-prima, o ápice do estruturalismo clássico europeu". *E. Benveniste aujourd'hui*, Bibliothèque de l'Information grammaticale, Paris, 1984, p. 7.

preserve o termo δώτωρ, mas δοτήρ. "Prometeu se coloca como fatalidade (...) ele aparece tal como ele se quis: um homem investido de uma missão, um "doador de fogo"[48].

Um último exemplo realçará o papel das conjunções predicativas integrantes. Como, de fato, Benveniste trata a aparente aporia que faz que termos como αἰδώς, *fides*, *pudor* sejam, ao mesmo tempo, os significantes tanto de "honra" quanto de "vergonha"? Se nos basearmos apenas na taxionomia, não haverá solução; encontraríamos fantasias (Milner afirma; "a linguística falaciosa e fantasiosa") de Abel denunciadas pelo próprio Benveniste em seu artigo de 1956 sobre "a função da linguagem na descoberta freudiana"[49]. Ao contrário, a aporia se resolve por ela própria, se substituirmos o termo ambivalente em situação de discurso. Assim, αἰδώς "enuncia o sentimento coletivo do homem e as obrigações que daí resultam para o grupo", escreve Benveniste. Mas quem "enuncia"? Ou antes, que instância enunciante tem autoridade para editar tais regras de comportamento, senão a Polis, outra figura abstrata do terceiro actante? Além da instância enunciante, cuja importância já destacamos suficientemente, é preciso supor uma organização da narrativa tal que possa tornar αἰδώς adequado a situações diferentes, mas logicamente relacionadas, exemplo de coerência discursiva! O termo supõe o estabelecimento de um código de honra; uma ruptura do contrato inicial; um sentimento de vergonha experimentado por aquele ou aqueles que o infringiram, finalmente pela polis inteira; um esforço coletivo ("mobilizar o sentimento de todos", afirma Benveniste) para restabelecer a integridade do corpo

---

48. Benveniste, *Noms d'agent et noms d'actions...*, pp. 49-50.
49. Ler a bela defesa de C. Abel feita por M. Arrivé, *Linguistique et psychanalyse*. Méridiens/Klincksieck, 1986, pp. 112-8.

social. Enfim, αἰδώς subsume quatro sequências discursivas que relatam: o contrato, a infração, a vergonha experimentada, a reparação.

A meu ver, o tema que me pediram que abordasse justificava a menção aos trabalhos de Benveniste e aos procedimentos utilizados por ele. Contudo, é preciso ir além de um concurso de circunstâncias. A perspectiva histórica nos ajudará. Hjelmslev e Greimas elaboraram esquemas do que poderia ser uma teoria semiótica *geral*. A importância de sua obra fez que todas as tentativas de colocar em cena uma semiótica do discurso fossem ofuscadas durante certo tempo. Com Benveniste e o lento reconhecimento de suas proposições pelos pesquisadores, sobretudo a partir de 1970 (quantos estávamos à sua volta no Collège de France, em 1965? No máximo, uma dúzia.), essa semiótica "subjetal" pode, ou melhor, pôde constituir-se. Todavia, tratando-se ainda aqui do "conceito de significação", não há lugar para proclamar certezas, mas, muito ao contrário, como pede o bom método, para apresentar problemas.

## CAPÍTULO III
## O UM E O TODO⁺
*Brøndal e o papel da quantificação na semiótica da Escola de Paris*

O interesse pela medida, pelo número, constitui, a rigor, uma tradição. Eu gostaria de examinar apenas um ponto: o uso que inicialmente foi feito da noção de *quantidade*, primeiramente por Vigo Brøndal, um dos fundadores da linguística contemporânea, em um artigo de 1937; depois, por Greimas em três textos, datados de 1963, 1966 e 1976. Como se sabe, os dois autores estão ligados pelo fato de, em sua reflexão, Greimas ter-se apoiado nas páginas de Brøndal dedicadas a *omnis* e *tōtus*. A seguir apresentarei alguns exemplos do papel da quantificação em semiótica subjetal e discursiva.

Recordemos as posições de cada um, pois elas são determinantes para o caso que nos ocupa. Brøndal não considerava que o estudo dos sistemas linguísticos pudesse se reduzir ao das propriedades formais. Para ele, "as categorias e os tipos de relações [são] em si uma base insuficiente[1]. É por isso que Larsen fala, com razão, da

---

⁺ *Travaux du Cercle linguistique de Copenhague*, vol. XXII, "Linguistique et sémiotique: actualité de Viggo Brøndal", 1989, pp. 53-60.

1. S. E. Larsen, *Langages 86*, p. 10.

"anti-imanência" de Brøndal. Basta reler o número 1 das *Acta linguistica*, de 1939, para ser instruído acerca de uma oposição que sempre vem à tona. É importante, afirmava Brøndal, "fazer a distinção entre as propriedades formais de um sistema e sua matéria ou substância, que, estando totalmente adaptada à estrutura dada (uma vez que faz parte dela), não é relativamente menos independente. O estudo das categorias reais, conteúdo ou base dos sistemas, será não menos importante que o da estrutura formal". A esse esboço de programa, que em seguida faz referência às "meditações penetrantes de Husserl sobre a fenomenologia, Hjelmslev responde asperamente cerca de dez páginas adiante: "O mecanismo linguístico é esgotado pela descrição das relações e correlações e de suas funções mútuas."

A análise da quantidade dependerá, portanto, da perspectiva escolhida. Ou o sistema é fechado e autossuficiente ou ele é aberto e com um ponto de fuga: a "substância". É a tese de Brøndal. Larsen a resume da seguinte maneira: "nenhuma análise do problema do sentido pode ser feita com a economia de um conceito explícito de objeto", finalmente, da relação com a "realidade"[2].

Deixarei de lado as considerações sobre a etimologia, sempre arriscadas, e limitar-me-ei à oposição estabelecida entre *ominis* e *tōtus*. Em suma, ela está fundada na ideia, simples, de que as línguas adotam ou um enfoque descontínuo, ou um enfoque contínuo. Assim, *tōtus*, uma vez que representa uma "grandeza inteira", é um "termo integral", uma quantidade finita. Se retomarmos a série *ūnus, sōlus, tōtus* nos veremos às voltas com "três integrais": dois extremos e um intermediário", cada qual

---

2. S. E. Larsen, *loc. cit.*, p. 97.

apresentando os "contornos" que o individualizam. Não há comunicação entre tais quantidades: são "blocos inteiros". Com *omnis* entra-se numa série numérica cuja originalidade não pode ser concebida a menos que se introduza a noção de contínuo. Não se trata mais de territórios contíguos, mas do movimento que permite passar de uma posição a outra. Não uma posição, mas o próprio movimento. As formulações de Brøndal são significativas. Eu as recordarei: na série numérica constituída de *nēmo, quis, alius, omnis* "nós descemos" de *quis* até *nēmo* e "subimos" por *alius* até *omnis*. "A série substitui os simples contornos das integrais por uma construção interior." O movimento iniciado por *nēmo* se conclui com *omnis*. A ideia de um percurso que atinge seu termo aproxima, portanto, *omnis* dos ordinais tal como estes são tratados nas línguas antigas. Seu estatuto parece-me análogo. "O ordinal designa propriamente o elemento de uma série numérica que ele conclui e 'preenche'; é, portanto, o último termo, que é o único especificado por uma formação particular... "[3]

Comparemos agora as abordagens: para um hjelmsleviano como Greimas, referir-se aos ordinais pressupõe o fechamento. A série ordinal é fechada. Ela é representada pela oposição:

primeiro *vs* último[4].

Ao contrário, talvez não seja por acaso que Brøndal tenha escolhido símbolos "aproximativos" do aberto, especifica ele, para indicar o percurso entre *nēmo* (simbolizado por 0) e *omnis* (simbolizado pelo infinito, ∞).

---

3. E. Benveniste. *Noms d'agent et noms d'actions en indo-européen*, p. 145.

4. A. J. Greimas, *Actes sémiotiques*, p. 25.

Eu suma, do ponto de vista do integral *tōtus*, temos uma quantidade finita; já o numérico *omnis*, assim como o ordinal, é uma quantidade "completiva"; é o "elemento que realiza uma série continua"[5].

Se passarmos, agora, aos níveis superiores, à *frase*, depois ao *discurso*, encontraremos os mesmos princípios. Assimilar a morfologia à sintaxe, como fazia Hjelmslev, seria perder a oposição entre descontínuo e contínuo. Cada vez que tratamos de sistemas, estamos no descontínuo e no intemporal; é assim com a fonologia e com a morfologia. Encontramos o contínuo e o tempo com os "conjuntos rítmicos" oferecidos pela fonética e pela sintaxe. As "totalidades" analisadas são dotadas aqui e lá de um estatuto totalmente diferente. "O discurso, nesse caso, é uma totalidade rítmica, uma ordem no tempo", destaca Brøndal. Essa atenção ao *devir* é um traço comum às teses da Escola de Praga (1929), de Brøndal, e da semiótica subjetal e discursiva – distinta da semiótica objetal e narrativa, de obediência estritamente hjelmsleviana. Aqui é preciso prestar atenção às formulações que poderiam ser ambíguas, caso não se tomasse cuidado. Tem-se o hábito de dizer que a linguagem se articula em dois planos: paradigmático e sintagmático. Entretanto, quando os adeptos da Escola de Praga definem – de modo feliz! – a *"predicação"* como *"ato sintagmático fundamental"*[6], ou quando a semiótica subjetal e discursiva se apoia no "enfoque sintagmático", é claro que o analista tem em mente não uma simples sucessão de símbolos, mas uma organização *temporal* e espacial relacionada a uma ou várias instâncias enunciantes. "Ao adotar o enfoque sintagmático, [ele] integra as dimensões do tempo e do espaço e se dá

---

5. E. Benveniste, *op. cit.*, pp. 149-50, 155.
6. *Dictionnaire de linguistique de l'École de Prague*, p. 6.

os meios de seguir os avatares de uma identidade *em processo*."[7]

Agora nos falta precisar como Brøndal integra o sujeito ao discurso. Pela predicação, claro, assimilada por ele a um movimento. Ao contrário de Hjelmslev, Brøndal afirma que "uma teoria linguística que fosse edificada apenas sobre a relação (comparar a tendência nesse sentido entre os lógicos como Carnap) seria assintática (...). A própria predicação ativa (o movimento de um interlocutor e de um sujeito em direção a um objeto e a um predicado) seria deficiente. O pensamento cessaria, se congelaria, morreria"[8]. Consequentemente, somos levados a crer que é a orientação do sujeito em relação ao objeto (prospectiva ou retrospectiva, como recorda a semiótica subjetal), o percurso executado para aproximar-se do objeto e atingi-lo (se for possível) e o tempo ("esse grande obstáculo a toda racionalidade"!) exigido por essa manobra que formam os parâmetros de compreensão do discurso. "O discurso, uma intenção", propõe Brøndal rapidamente como título de parágrafo. Se adotarmos essa perspectiva, parecerá natural conceder um estatuto privilegiado ao "objeto objetivo"[9]. Constatamos, ainda uma vez, que existe uma relação entre esse objeto terminal e a quantidade completiva representada por *omnis*.

É interessante acompanhar as investigações de Greimas. Sabe-se o papel desempenhado por Hjelmslev em sua reflexão teórica; uma de suas fórmulas o resume bem: "No princípio era Hjelmslev." Entretanto, Brøndal tam-

---

7. J. -C. Coquet, *Le discours et son sujet*, I, p. 68.
8. V. Brøndal citado em *Langages 86*, p. 50.
9. Equiparado ao conceito de objeto intencional em Husserl, precisa Larsen, na p. 10 – ver também a p. 96. Pode-se aproximar do estatuto do objeto para C. S. Peirce.

bém teve sua parcela de influência sobre seu trabalho: ainda que Greimas não tenha integrado "os seis termos articulados da estrutura binária" em seu esquema constitucional, ele mostrou seu interesse por eles (em particular, pelo termo complexo) e, sobretudo, ao menos em três ocasiões, tirou partido do artigo sobre *tōtus* e *omnis*.

Em seu artigo de 1963, Greimas se vale da primeira oposição de Brøndal entre *integral* e *universal* e lhe dá esta forma:

"o integral  vs  o universal
totus  vs  ominis
tudo (o homem)  vs  todos (os homens)".

Greimas acrescenta imediatamente: "O integral se define, sempre de acordo com Brøndal, como a apreensão da totalidade sob dois aspectos ao mesmo tempo:

a) como grandeza discreta, distinta de tudo o que ela não é (*ūnus*);

b) como grandeza inteira, apreendida globalmente em sua indivisibilidade (*totus*)."

Doravante Greimas está munido de dois "traços distintivos" (o discreto e o inteiro), que, afirma ele, "podem ser encontrados de forma isolada ou combinados". A abordagem é interessante, dizíamos nós, pois permite que se apreenda, de forma crua, como o projeto greimasiano (ou hjelmsleviano) transforma em "relação" estática, indispensável para formar uma combinatória, o que para Brøndal tinha um caráter totalmente diferente. Trata-se, para Greimas, de "esgotar as últimas possibilidades da concepção brøndaliana de totalidade". O esforço de redução conduz a esta proclamação de vitória: "basta-nos depreender cinco traços significativos dos quais [os oitenta indefinidos inventariados] são combinações".

Greimas chega mesmo mais longe: "Esses traços significativos, considerados como termos de estruturas binárias, se reduzem ainda a três categorias semânticas:

> todo *vs* parte
> coleção *vs* unidade
> grandeza discreta *vs* grandeza inteira".

Se retomarmos a descrição greimasiana e seu processo de "hjelmlevisação"[10], ficaremos espantados em seguida com a passagem de *omnis* ao plural. Greimas até escreve *omnis* como Brøndal, mas tudo se passa como se, escrevendo *omnis* lêssemos *omnes*. É que ele julgou o plural indispensável para apresentar a categoria do universal: "O universal, nós o vimos, se opõe ao integral de alguma forma como o plural ao singular:

> *todos* os homens  *vs*  todo o homem."

Brøndal não efetuou essa transformação de número, pois esse não era seu objeto. Isso não impede Greimas de invocá-lo: "O integral se define, sempre de acordo com Brøndal..." Era preciso destacá-lo, mesmo que Brøndal não opusesse o plural ao singular, mesmo que ele não definisse o integral como grandeza discreta e inteira, mas somente como grandeza inteira. Greimas nada diz, aliás, sobre a delicada distinção introduzida por ele entre "integral", termo englobante, e "inteiro", termo englobado. É difícil apreender, por ausência de definições, em que *ūnus* não é igualmente uma grandeza inteira (ela é apreendida exatamente em sua indivisibilidade), como *tōtus* uma grandeza discreta (ela é precisamente distinta do que ela não é).

---

10. P. Aa. Brandt, *Actes sémiotiques*, p. 7.

Voltemos à oposição brøndaliana entre *omnis* e *tōtus*. *Omnis* é um termo numérico, discreto: "*Omne* difere de *toto;* nam *omnis* refertur ad quantitatem discretam, uti, vocant, hoc est ad numerum...", destaca "o grande latinista italiano" Forcellini, citado por Brøndal. O que importa é que, na série integral, estejamos em presença de um objeto indivisível: "totus pertinet ad continuum et integrum corpus". Nada se pode retirar ou acrescentar. É um "bloco inteiro", ao passo que na série numérica "quatro pontos, simbolizados aproximativamente por 0, 1, +a ∞" (*nēmo, quis, alius, omnis*), "opera-se por subtração tanto quanto por adição". Isso é compreensível, uma vez que os termos discretos dessa série são orientados em função de uma "construção interior". De *quis* "descemos" até *nēmo*, "sobe-se" por *alius* até *omnis*.

As formulações utilizadas por Greimas alguns anos mais tarde no *Semântica estrutural* são menos ambíguas? Poder-se-ia pensar assim em razão da leitura da página 160, em que nosso autor considera que a articulação da categoria "totalidade" em

"discretização *vs* integralidade"

foi concebida "de acordo com Brøndal". Na verdade, em 1966 Greimas propõe uma análise diferente da de 1963. Não é mais o caso de uma integralidade que se define "como apreensão da totalidade sob dois aspectos ao mesmo tempo", o discreto e o inteiro, mas de uma oposição necessariamente clara. A "mensagem" é constituída de ao menos um "actante", unidade discreta, e de um "predicado", unidade integrada.

Estamos por isso mais próximos de Brøndal? Não. Trata-se sempre de estabelecer uma combinatória; em 1963, semântica e morfológica; em 1966, sintaxe ("a combinatória sintática" é o título do capítulo em que Greimas apresenta sua concepção de "mensagem").

Um último exemplo: dez anos depois, em 1976, em um artigo sobre discurso jurídico, referindo-se a seu artigo de 1963, Greimas utiliza novamente "o corte em unidades e totalidades descontínuas" para apresentar um "modelo lógico" de um "ser quantitativo", o actante coletivo (uma montadora de automóveis, uma classe de escola etc.)[11]. Encontramos nas "unidades" e "totalidades" a articulação brøndaliana de quantidades finitas integrais, *ūnus* e *tōtus*, exatamente as mesmas que Greimas dá como exemplo de grandeza discreta e de grandeza inteira, o integral subsumindo uma e outra. Ora, aqui, unidade e totalidade não servem mais para compor o integral, mas o "universal", isto é, o actante coletivo, definido por Greimas em 1963 como uma coleção que constitui uma classe fechada que se refere a grandezas discretas[12]. Visto que Greimas opõe a totalidade integral à totalidade universal, seria conveniente que nos fosse explicado como os traços distintivos – o discreto e o inteiro, *ūnus* e *tōtus*, cuja ambiguidade não foi eliminada – e suas estruturas englobantes (o integral em 1963, o universal em 1976) permanecem invariantes diante de tais transformações...

A opção taxionômica seguida por Greimas em suas análises da quantidade (definição dos indefinidos [1963], do par actante-predicado [1966] ou do actante coletivo [1976]) talvez o tenha levado a não ver o proveito que se podia tirar dos quantificadores na representação dos

---

11. A. J. Greimas, *Sémiotique et sciences sociales*, p. 97.
12. A. J. Greimas, *Actes sémiotiques*, p. 25. Uma correção do esquema está por ser feita. É preciso substituir "quantitativos" por "qualitativos".

enunciados elementares. Nós os consideraremos, afirma ele, "como operadores que modificam os actantes", nada mais. Em 1966, o "um", o "todo" não tinham, portanto, a seu ver, senão um papel "reduzido" na descrição semântica[13]. Eu gostaria de opor a esse ponto de vista a opção sintática própria da semiótica subjetal e discursiva. Nessa perspectiva, toda organização transfrástica é reportada a uma instância enunciante. Brøndal diz mais ou menos o mesmo: todo "discurso" (chamado por ele de "discurso-orientação") é orientado a partir de um "sujeito"[14].

Parece-me que os quantificadores podem levar seu socorro para a definição de sujeito, a qual difere de uma disciplina a outra e mesmo de uma semiótica a outra. Basta analisá-los como suportes de predicados[15]: $x$ é tudo, $x$ é nada, $x$ é qualquer um que etc. O papel dos quantificadores é, evidentemente, especificar as identidades. Uma regra geral, que pode ser modelizada a partir do grupo de Klein, implica, aliás, que é sempre possível por involução passar do geral ao particular e vice-versa. "Os enfoques generalizante e particularizante dependem da estrutura linear da gradação (...). Se o actante sujeito está voltado para o polo da indeterminação (o *todo*, o *nada*), ele vê no objeto singular a metonímia de todos os objetos; orientado no sentido inverso [para o polo da determinação, o *este*], ele dá ao objeto seu caráter singular por diferenciações sucessivas"[16]. Avancemos um passo a mais: a análise modal nos explica como constituir se-

---

13. A. J. Greimas, *Sémantique structurale*, p. 157, *Remarque III* [trad. bras. *Semântica estrutural*. São Paulo: Cultrix, 1976, p. 205, *Observação III*.]
14. V. Brøndal, *Essais de linguistique générale*, p. 56, e *Langages 86*, pp. 12, 50 e 96.
15. Ver a posição de G. Lakoff lembrada por P. Aa. Brandt, *op. cit.*, pp. 9 e 10: "Quantifiers are predicates."
16. Coquet, *Le discours et son sujet*, I, p. 100.

quências quantificadas. Segundo sua posição em relação ao objeto, o sujeito adota um enfoque generalizante ou um enfoque particularizante. Considerem-se, por exemplo, estes tipos de enunciados, em posição prospectiva: *x* pretende uma identidade total (positiva ou negativa); em posição retrospectiva: *x* assume uma identidade parcial (positiva ou negativa). Ou ainda em função de programas a serem realizados (futuro), ou já realizados (passado): *x* se apropriará da totalidade de objetos visados (ou do objeto visado), ou ainda *x* adquiriu tal objeto singular[17]. Enfim, o número de programas também não é indiferente. Estereótipos, por exemplo, são analisáveis em processos predizíveis; portanto, finitos. O esquema narrativo da semiótica objetal se apresenta, assim, sob a forma de uma sequência: contrato, qualificação, ação, sanção. Esses quatro conjuntos de significação são eles próprios passíveis de serem decompostos em um número limitado de programas. Nota-se, então, um processo de triplicação iterativo: há três "percursos narrativos", três "provas", três "enunciados discursivos" para cada prova etc.[18] Os agentes, uma vez que só executam aquilo para o que foram programados, são assimiláveis à sua função. Dito de outra forma, para a semiótica subjetal e discursiva, tais agentes são figuras da categoria do não-sujeito ou ao menos de uma de suas formas. Em situação oposta, o sujeito assume seu dizer e seu fazer. Submetido a uma história transformacional, ele não é redutível a uma função, e os programas em que está

---

17. Para a justificação e a análise desses enunciados canônicos, ver *ibid.*, pp. 26, 39, 91-2 e 100. Acrescento que um jogo com os quantificadores permite também articular determinados discursos de verdade (ver pp. 172-3.).

18. Ver *Dicionário de semiótica, op. cit.*, pp. 297-8 e 359.

engajado não são predizíveis. Ele escapa, portanto, ao inventário[19].

Não insisto no desenvolvimento próprio da semiótica subjetal e discursiva. Ele é independente, factualmente, de Brøndal e de Greimas. Mesmo assim, eu gostaria de destacá-lo, apenas para registrar as ressurgências.

Quando Greimas lê Brøndal analisando a categoria da quantidade, ele age como um hjelmsleviano preocupado em depreender os traços distintivos e formar uma combinatória. Mas a escola de Paris não se reduz à semiótica objetal e narrativa. Ela pode se colocar sob o patronato de Brøndal cada vez que estiver atenta ao discurso, ao sujeito, ao advir, enfim, à completude.

É a lição de *omnis*.

---

19. Coquet, *op. cit.*, p. 206.

## CAPÍTULO IV
## TEMPO OU ASPECTO? O PROBLEMA DO DEVIR[*]

À questão: tempo ou aspecto? os gramáticos das línguas clássicas responderam, lembremo-nos, afirmando que a temporalidade se manifesta por meio de dois modos distintos, ordenados diacronicamente, ao menos nas línguas indo-europeias: em primeiro lugar, por meio do aspecto, em seguida, por meio do tempo.

Cabe à categoria do aspecto, afirmam eles, a responsabilidade pela "duração" do processo. Em grego antigo, a morfologia do verbo está alicerçada nesta articulação: o "tema do presente" deverá ser usado se o ponto de vista for o da duração; se esta não constituir um traço pertinente, então o melhor será o "tema do aoristo". Posso, portanto, coordenar dois atos que em francês pertencem à mesma temporalidade do presente e representar esse encadeamento em grego por dois verbos, um dos quais estará no presente e o outro no aoristo: "Zeus afugenta (presente φοδεῖ) até mesmo o homem valoroso e

---

[*] *Le Discours aspectualisé*, Presses Universitaires de Limoges/Benjamins, 1991, pp. 195-212; *Le language comme défi*, Presses Universitaires de Vincennes, 1991, pp. 49-64; *Temps et discours*, Presses Universitaires de Louvain, 1993, pp. 31-46.

lhe toma a vitória (ἀοείλετο)." Passemos dessa citação de Homero para um exemplo tirado de uma gramática escolar. Em meu ponto de vista[1], se a duração logicamente necessária à efetivação do processo não for pertinente, é o aoristo que utilizarei caso queira traduzir este presente francês: "O tempo apaga (διέλυδε) muitas coisas."

Entretanto, um fato poderia perturbar a análise. Na verdade, o aspecto engloba tanto a morfologia do verbo quanto a semântica da palavra. Dito de outra forma, o processo pode ser caracterizado duas vezes, e mesmo de uma maneira contraditória. Embora o tema do aoristo abstraia a duração, quando nossa escolha recai sobre um verbo considerado "não conclusivo" por Jaspersen, reintroduzimos o que havíamos excluído. "Afugentar" e "apagar" estão em oposição morfologicamente: o tema de um é o presente; o do outro, o aoristo. Entretanto, eles são semanticamente idênticos: "apagar" e "afugentar" são "não conclusivos", pois o processo em ambos os casos pode durar. Por outro lado, dois aoristos idênticos morfologicamente podem ser semanticamente contrários: "apagar" é "não conclusivo", ao passo que "tomar" é "conclusivo", pois o processo não pode ser continuado.

Mais que realçar a pertinência da noção da duração, a categoria do aspecto em grego antigo nos permite destacar a noção topológica de limite. Os dois planos são distintos. Considerar o processo como delimitado implica a utilização do tema do presente (como em "afugentar"). Transponhamos para o domínio temporal: para o observador implicado no processo, a duração é limitada pela circunstância: o combate. Ao contrário, considerar o processo como não limitado implica a utilização do tema do

---

1. A. Meillet e J. Vendryès, *Traité de grammaire comparée des langues classiques*, Champion, 1948, p. 175.

aoristo (como em "tomar" ou "apagar"); a duração efetiva do processo e seu tempo de realização não são levados em conta. Ao delimitado corresponde uma duração demarcada; ao não limitado, uma duração indeterminada ou ainda: naquele, a presença da medida; neste, sua ausência[2].

Por outro lado, dizem-nos, a manifestação da temporalidade pela categoria do tempo indica que a língua estabeleceu um sistema de conjugação (construção que Meillet descreve como "um fato de civilização"); operação formal, logicamente necessária para que os processos possam ser dispostos em um eixo de simetria, anterior ou posterior a um ponto de referência. Esse tipo de tempo, chamado de "crônico" por Benveniste, é demarcado; portanto, mensurável. É o tempo quantitativo dos calendários; "o cômputo dos intervalos [$y$] é fixo e imutável"[3].

Quando introduzimos as noções de limite, de métrica, de eixo, de intervalo, corremos o risco de espacializar o tempo, portanto, de imobilizá-lo[4]. Isso pode causar espanto, uma vez que a topologia, que tem cedido essas noções livremente, deve descrever os fenômenos *dinâmicos* durante os quais o tempo, o tempo "físico" (Benveniste), não se interrompe: uma deformação contínua, por exemplo. A compreensão das línguas naturais e, em particular, do fenômeno da enunciação, de suas instâncias, supõe que os problemas dessa ordem estão resolvidos.

Examinemos o caso do verbo *tornar-se*. O tratamento que lhe é dado é revelador da posição adotada. Considere-se este enunciado aparentemente elementar proposto

---

2. Aoristo significa não demarcado. Os gramáticos escolheram o tempo adequado.

3. E Benveniste, *PLG II*, p. 72.

4. O perigo tem sido assinalado frequentemente; há pouco o foi por Parret: "Os linguistas se esquecem naturalmente do tempo", *in La Linguistique fantastique*, Denoël, 1985.

por Desclés e Guentcheva: "Sócrates tornou-se grande."[5] Para os autores, trata-se de um "processo simples" em que a passagem, ao se efetuar a partir de uma situação estática inicial (domínio do "ainda não..."), é orientada para uma situação estática final (domínio do "não... mais..."). Uma análise topológica desse tipo é exaustiva? Qual *tornar-se* está em questão quando o predicado está disjunto de uma de suas propriedades, ao que parece, específica, a saber, a *evolução*? Ora, a topologia também nos convida a refletir sobre o *contínuo* suposto, por exemplo, na passagem de uma cor a outra ou na transformação de um cubo em esfera ou na diferença que deve ser estabelecida entre a disjunção, que marca o descontínuo, e a separação, que registra o contínuo, ou ainda sobre a aproximação e o afastamento. O limite e a invasão, a fusão etc.

Um texto de Merleau-Ponty me servirá de ilustração. Ao explorar dois modos temporais opostos, um relacionado à prática do fotógrafo e outro à do pintor, o autor nos lembra que temos de escolher entre contínuo e descontínuo: "A fotografia mantém abertos os instantes que a pressão do tempo fecha imediatamente; ela destrói a ultrapassagem, a usurpação, a 'metamorfose' do tempo, que a pintura, ao contrário, torna visível, pois os cavalos [do *Derby d'Epsom*, quadro de Géricault] trazem em si o 'sair daqui, chegar lá' [Michaux], por terem um pé em cada instante." Eles podem, assim, correr sobre a tela "em uma postura, contudo, que nenhum cavalo a galope jamais teve"[6].

Essa é, parece-me, finalmente, a perspectiva mais justa. Mais que de uma semiótica do descontínuo, é preciso,

---

5. J.-P. Desclés e Z. Guentcheva, "Fonctions discursives", *in Le texte comme objet philosophique*, Beauchêne, 1987, p. 119.

6. M. Merleau-Ponty, "L'Oeil et l'esprit", *Les Temps modernes*, nº 184-5, 1961, p. 222.

portanto, se munir de uma semiótica do contínuo. O tempo do descontínuo, tempo crônico, quantitativo, é facilmente analisável em intervalos; o do contínuo, tempo do *devir*, qualitativo, é, analiticamente, inseparável do instante de discurso e remete, por isso, ao modo temporal denominado "tempo linguístico" por Benveniste.

A semiótica de primeira geração é uma semiótica do enunciado. Assim sendo, ela se ocupa do tempo do descontínuo. Os procedimentos de "normalização" colocados em prática e preconizados no momento de sua fundação, nos anos 1960, impunham essa escolha. Para objetivar o texto – por isso a denominação "objetal" que propus associar a essa semiótica – era necessário "eliminar" tudo o que parecesse ter relação com um "tempo subjetivo". Leio no *Semântica estrutural*, de Greimas (1966): "A eliminação concerne a todas as indicações temporais relativas ao *nunc* da mensagem. Todavia, o texto conservará o sistema de não concomitância temporal construído sobre um *então* sem relação direta com a mensagem." Em função desse "então" se distribuem logicamente os programas narrativos que lhe são anteriores ou posteriores. Intervêm em seguida "a medição do tempo em períodos". E cá estamos novamente às voltas com os intervalos e com o aspecto. De fato, os processos constitutivos dos programas só serão reconhecíveis, lembra o *Dicionário de semiótica* (1979), se forem articulados em "aspectos"[7]. Daí esta declaração, no mínimo paradoxal: "Ao situar o processo no tempo, dir-se-á que a aspectualização é uma sobredeterminação da temporalidade e que o processo, mesmo sendo temporal, só é reconhecível graças

---

7. A. J. Greimas e J. Courtés, *Sémiotique. Dictionnaire raisonné de la théorie du langage* [trad. bras. *Dicionário de semiótica*. São Paulo: Cultrix, 1989, p. 29].

às suas articulações aspectuais", principalmente o incoativo, o durativo e o terminativo. O tempo assim normalizado é o único que permite "localizar os diferentes programas narrativos do discurso". Dito de outra forma, estamos diante de um tempo "aspectualizado" ou "enuncivo" ou ainda "objetivo", e por isso o parâmetro do contínuo é necessariamente excluído. O "durativo", desse ponto de vista, não deve provocar ilusões. Ele é apenas o "intervalo temporal" compreendido entre os dois limites inicial e final. É nesse período que se efetuam "as transformações sofridas entre um estado inicial e um estado final", "a passagem de um equilíbrio a outro". Como, por outro lado, não há nada além de um marco temporal, o "então" da narração, o analista elimina toda referência ao sujeito do discurso, que é assimilado ao enunciador e desqualificado por sua "mobilidade".

A semiótica objetal se dedica, portanto, à descrição dos "estados" e de suas transformações. Sua sintaxe, que conhece apenas dois tipos de "enunciado elementar"; enunciado de junção, construído com o verbo *ser*, e enunciado de transformação, construído com o verbo *fazer*, não apresenta nenhum enunciado construído com o verbo *tornar-se*. Como observa, com justiça, Pottier: "o *ser* e o *fazer* parecem ser suficientes para a descrição dos acontecimentos do mundo, em uma perspectiva essencialmente descontínua"[8]. Que análise então propor, se permanecermos no plano da sintaxe frástica, para os verbos de "modificação" (Wagner) ou de "evolução" (Pottier), tais como "dissipar-se", "empalidecer", "adormecer", "deslocar-se" etc.? Não há outra solução a não ser a assimila-

---

8. B. Pottier, "Un mal-aimé de la sémiotique: le devenir", *in Recueil d'hommages pour A. J. Greimas*, J. Benjamins P. C., Amsterdam, Philadelphia, 1985, pp. 500-1.

ção da mudança ao *fazer*, à transitividade. Assim, no caso de um enunciado como: "o deslocamento de Pedro", o *Dicionário*, em seu verbete "transitividade", propõe a equivalência: "Pedro desloca a si próprio." Ora, se se admite que "o deslocamento de Pedro" é a nominalização de "Pedro se desloca", deve-se afastar toda a possibilidade de substituição semântica entre um evolutivo ("se deslocar"): "Pedro se desloca", e um transitivo ("deslocar"): "Pedro desloca a si próprio." É o que observa Pottier no artigo já citado: "um simples evolutivo não pode ser glosado por uma construção ativa". Apresentemos um segundo exemplo: a "nostalgia", estudada a título de semântica lexical por Greimas, remete, segundo os dicionários de uso, a "um estado de melancolia"[9]. Mas qual análise propor desse "estado"? Qual permanência podemos reconhecer nele, quando a "melancolia" é estranhamente glosada pelos dicionários como "estado daquele que se abate", e "abatimento", por sua vez, é definido como "enfraquecimento por definhamento gradual"? O *fazer* é, portanto, convocado de novo por Greimas, ou antes, uma sucessão de semas aspectuais após a conversão do *fazer* em processo. É o estado último da transposição na semiótica objetal. Em todos os casos, o estado de desfalecimento seria definitivo, registrado por dois aspectos concatenados:

duratividade → detensividade[10].

---

9. A. J. Greimas, "De la nostalgie. Étude de sémantique lexicale", *Actes sémiotiques, Bulletin 39*, 1986; retomado em *Hommage à B. Pottier*, I, Klincksieck, 1988, pp. 343-9. Esse artigo constitui uma espécie de resposta à crítica de Pottier citada anteriormente.

10. Observemos ainda que, segundo o *Dicionário*, os dois aspectos não estão no mesmo nível, uma vez que a "detensividade" sobredetermina a relação entre o incoativo e o durativo (a "tensividade" sobredetermina

A questão retorna: como é possível dar conta de um processo *evolutivo* (um "esgotamento gradual"), portanto contínuo, por meio de uma sequência aspectual, isto é, por uma *justaposição de intervalos*?

Aliás, é provável que a aporia pela qual se encontra cercada a semiótica objetal seja devida em particular ao fato de ela ter assentado a articulação contínuo-descontínuo sobre a oposição *ser-fazer*. Segundo o *Dicionário*, de fato – e nisto ele segue a lição dos lexicógrafos –, "o termo *estado* pode ser homologado ao contínuo". O dicionário francês *Le Petit Robert*, referência habitual de Greimas, também define estado como a "maneira de ser (de uma pessoa ou coisa) considerada no que ela tem de durável", e o opõe a *tornar-se*. Quanto ao descontínuo, prossegue o *Dicionário*, ele introduz a ruptura no contínuo, ele é "o lugar da transformação", o lugar da modificação dos estados, o lugar do *fazer* que assegura a passagem de um estado a outro. Essa também é exatamente a definição do *Petit Robert*: o *devir* é "a passagem de um estado a outro".

O ponto de vista da semiótica de segunda geração é inverso: a categoria do descontínuo subsume os estados das coisas e a do contínuo, seu *devir*. Desenvolvi a tese em *Le Discours et son sujet* (1984): se reportássemos a identidade actancial a um processo de formação, não poderíamos prescindir do *devir*. Isso é próprio da visão sintagmática: delimitar os processos de identificação de forma tal que sejam seguidos de mais de perto, isto é, até a abolição do limite, da história transformacional do actante. Pode-se lembrar aqui tanto a preocupação de Bachelard que, ao descrever justamente *La Formation de l'esprit scientifique*, declara que "o *ter* e o *ser* nada são diante do *devir*", quanto

---

a relação entre o durativo e o terminativo). A posposição da detensividade constitui, portanto, um duplo problema: ausência de hierarquia aparente entre os aspectos e abolição da relação entre incoativo e durativo.

a linguistas, como Pottier, que, ao dirigir-se a Greimas, espera ansioso pelo momento em que o *"devir* seria (...) a base necessária de todo programa narrativo" e no qual, consequentemente, o estado seria apresentado como "uma redução artificial do semioticista, consciente e provisória"[11].

Ora, todos sabem que nos anos 70 ocorreu um furacão epistemológico que facilitou a integração do devir. Em síntese, os problemas da enunciação tomaram a dianteira em relação aos do enunciado. Os artigos de Benveniste – que nessa época melhor representava a linguística estrutural na França[12] –, "A natureza dos pronomes" (1956), "Da subjetividade na linguagem" (1958), preparavam essa mudança de foco, mas ela só se efetivaria a partir de dois outros artigos destinados a uma grande repercussão: um de 1965, "A linguagem e a experiência humana"; outro de 1970, "O aparelho formal da enunciação". As noções de base passavam a ser as de *discurso*, de *instância* e de *tempo*. De fato, para Benveniste, o tempo juntamente com a pessoa são as "duas categorias fundamentais do discurso". Elas são "necessariamente conjuntas" (1965, p. 67). Assim, sob tal patrocínio, se constituiu – com ajustes, claro – uma semiótica discursiva e subjetal. No que diz respeito à categoria de pessoa, por exemplo, a semiótica discursiva não pôde adotar totalmente a perspectiva do linguista. Não é aos dêiticos da língua natural, aos embreantes manifestos, que ela deve visar, mesmo que seja para discernir, como faz Benveniste, a instância linguística formal, dos pronomes "eu" e "tu", da instância do discurso, mas, muito mais, a partir de marcas formais, de *centros* de discursividade, ela deve visar às instâncias enunciantes, situadas no nível mais abstrato

---

11. *Loc. cit.*

12. Refiro-me a um julgamento de Lévi-Strauss em *De près et de loin*, Éd Odile Jacob, 1988, p. 96.

dos actantes. Consequentemente, o discurso passa a ser concebido como uma organização transfrástica relacionada a uma ou mais instâncias enunciantes. O problema crucial não consiste mais em opor enunciado e enunciação, nem mesmo em libertar a enunciação de suas ligações com a oralidade, mas em situar e caracterizar os centros de referência que são as instâncias enunciantes[13]. Por outro lado, uma vez feito esse remanejamento, a semiótica discursiva conserva tal e qual o segundo ponto de ancoragem: o tempo, mais precisamente o presente, pois, escreve Benveniste: "O presente é propriamente a fonte do tempo. É essa presença no mundo que apenas o ato de enunciação [eu diria, ato de predicação][14] torna possível" (*PLG II* [1970], p. 85). Presente, presença: essa relação diz tudo acerca da dívida do linguista para com a fenomenologia. O "real" se torna presente para nós a partir da e pela predicação, assim como é presente no momento da e pela percepção. Em decorrência desse fato, somos parte integrante do mundo que nos cerca. Não só pela percepção, mas também pela predicação, nós nos conjugamos ao mundo. Na língua, ensinava Benveniste no Collège de France em 1967, "tudo é predicação, tudo é afirmação de existência". Ao unir passado e presente, o linguista reintroduz a "realidade" como parâmetro necessário ao exercício da linguagem, ao passo que ela havia sido cuidadosamente excluída pela tradição saussuriana, se não pelo

---

13. Sobre os problemas levantados pela semiótica de segunda geração, ver J.-C. Coquet "L'être et le passage ou d'une sémiotique à l'autre", *TLE*, 6, Presses Universitaires de Vincennes, 1988; neste livro, pp. 301 ss.

14. Analiticamente, o ato de predicação é constitutivo da instância enunciante, mas ele deve ser acompanhado do ato de asserção para que passemos do não-sujeito ao sujeito (ou ao terceiro actante); ver nosso artigo citado, pp. 301-10.

próprio Saussure[15]. Formando uma entidade com a instância que o manifesta, esse presente permanece implícito. É um "presente contínuo, coextensivo ao nosso próprio presente" (1970, p. 83). Assim, a categoria do contínuo torna-se essencial à análise do discurso. Ela subsume a instância, centro da discursividade, e o par presente-presença que lhe é associado. A reunião desses fatores torna possível a experiência do tempo. Pode-se, assim, escapar à confusão entre experiência do tempo e conceito de tempo.

Com o conceito de tempo, entramos novamente no domínio do descontínuo. A articulação se faz, portanto, mais uma vez, segundo a divisão contínuo/descontínuo ou, segundo a terminologia de Benveniste, entre tempo linguístico e tempo crônico. Ao recordarmos as palavras de Meillet – a conjugação é um fato de civilização –, percebemos que isso certamente quer dizer que a construção de um paradigma verbal (e a conceitualização pressuposta) constitui um notável progresso da sociedade. No interior do sistema, toda forma é delimitada por outra: o passado, pelo presente; o presente, pelo futuro. A estrutura é coerente, mas o presente, localizado por objetivação no mesmo plano que os outros tempos que o cercam simetricamente, perdeu toda sua especificidade nessa operação. Ou então esta outra visão simétrica que não confere um caráter mais específico ao presente: as formas de anterioridade ou de posterioridade se subordinam às formas de mesmo nível temporal; por exemplo, um anterior de presente a um presente: "após escrever seu texto, ele sai". A sucessão não tem caráter temporal

---

15. Sobre as funções ativas da linguagem e a entrada em ação da língua como discurso, segundo Saussure, ver nosso artigo "Linguistique et sémiologie", *Actes sémiotiques, Documents*, nº 88, INaLF-CNRS, 1987; neste exemplar, p. 51.

em si, mas a referência à estrutura já conhecida passado-
-presente-futuro permite a integração no paradigma temporal. Assim, qualquer que seja a hipótese, o "tempo" é considerado não só homogêneo, isto é, composto de segmentos de mesma natureza, dispostos em uma linha, mas também simétrico; como que flechado, orientado, em geral do passado para o presente e do presente para o futuro. Seu estatuto é, portanto, exatamente o de uma unidade de razão. É um tempo "objetivado"[16].

Uma organização assim acabada não deixa de causar inquietação. Ela tem o jeito de artefato de uma cultura cuja instância, o centro organizador, é o "esquematismo lógico" denunciado por Nietzsche: a Razão. Mas, claro, a figura do *terceiro actante* não é a única imaginável[17]. Basta que nos voltemos para outras línguas para observar combinações bem diferentes. Em seu artigo de 1965 (p. 75), Benveniste, apoiando-se em Sapir, cita o caso de um dialeto da língua chinook (Noroeste da América do Norte) na qual se instituiu um forte desequilíbrio entre o passado (três formas) e o futuro (uma forma). Somos tentados a pensar que tal sistema verbal carrega traços de um juízo de valor sobre o tempo; "Impossível conhecer o tempo sem julgá-lo", afirmava Bachelard. A prevalência do passado tem esse particular; de fato, nessa sociedade indígena três tempos são reconhecidos: um para o passado imediato, outro para o passado longínquo e um último que

---

16. Ver as propostas paralelas de Bordron sobre uma representação tridimensional do tempo (o presente, o eixo de simetria passado/futuro, eixo de sucessão), *in* "Transivité et symétrie du temps. Préliminaires à une sémiotique du temps", *Travaux du Cercle linguistique de Copenhague*, vol. XXII, 1989.

17. O terceiro actante é por definição dotado de um *poder* transcendente; ver nosso artigo citado, p. 296; aqui mesmo, a nota 14 da p. 84 e adiante, p. 90.

talvez seja o que tem maior poder de atração, pois manifesta uma tensão em direção à origem. A língua de fato criou uma forma para registrar o passado mítico; em outras palavras, para situar o acontecimento no "tempo em que ainda não se distinguiam homens e animais"[18].

Mas não é necessário se pôr diante de um idioma falado às margens do rio Columbia para encontrar sistemas regulados semanticamente por um terceiro actante "mítico". A história da formação do futuro nas línguas românicas e, particularmente no francês é, desse ponto de vista, bastante instrutiva. Sem entrar em detalhes já apresentados alhures, digamos que a forma do futuro se estabeleceu em uma época bem definida (começo do terceiro século de nossa era), inicialmente em Cartago, em um meio cristão no qual o proselitismo era muito atuante. Concorrendo com a forma estabelecida, um novo futuro, perifrástico, se impunha, uma vez que a noção de predestinação "era ao mesmo tempo nova em relação aos 'tempos' clássicos do verbo e necessária no quadro conceitual em que se produzia". Esse novo futuro é simetricamente oposto ao passado chinook: ele mantém a tensão em direção ao fim, assim como o outro o fazia em relação à origem. Os dois remetem a um universo de crença. Para Tertuliano, tradutor da Bíblia em latim, tratava-se de fazer compreender a boa-nova: o homem não estava mais abandonado sobre a Terra; a nova fé completava a antiga. A predicação dos apóstolos se estenderá a toda a Terra; estava escrito: "in omnem terram *exire habebat* praedicatio apostolorum". Se os primeiros textos estavam no passado, a partir de agora se podia constatar o que havia sido anunciado. O futuro visa a um mundo em que as coisas acon-

---

18. C. Lévi-Strauss. Didier Eribom, *De Prés et de loin*, Éd Odile Jacob, 1988, p. 193.

tecerão como devem acontecer, como já acontecem; os homens, filhos de Deus, se recolherão à casa do Pai[19].

Há outros fenômenos análogos que não resultam da descrição sincrônica ou diacrônica das línguas, mas da tipologia dos discursos. Há vários relatos de narrativas que não passaram pela "mó da Razão"[20], mas por uma de suas formas mais pregnantes e inquietantes: a ideologia. Acontece, como se sabe muito bem, que a figura do terceiro actante da semiótica discursiva organiza e governa a reflexão histórica e política. Citarei dois exemplos que têm a vantagem de nos levar a refletir sobre a operação subjacente de avaliação e sobre a prevalência do futuro; dito de outra forma, sobre a assimetria do sistema. Nos dois casos, trata-se de um modelo de sociedade política. Sua origem, desenvolvimento e também, algumas vezes, seu fim são conhecidos. É uma situação confortável e, talvez, confortável demais. É preciso, portanto, contar com a possibilidade de ela repentinamente mostrar-se enganosa. Em meados do século XIX, quando escrevia *L'histoire de la formation et des progrès du Tiers État*, Thierry pensava que seria mais fácil apresentar seu fim – dado que ele acreditava que praticamente o tinha vivenciado – que sua origem. Thierry teve a oportunidade de "ter sob [os] olhos o fim *providencial* [destaque meu] do trabalho de gerações que se iniciou no século XII". A Revolução de 1789 havia desempenhado seu papel de modo imperfeito, ela poderia ter triunfado se não tivesse se desviado de seu rumo. Em todo caso, ela "ilumina as revoluções me-

---

19. E. Benveniste, *Cours* du Collège de France, 1965-1966; *PLG II*, pp. 134-6; J.-C. Coquet, *Le Discours et son sujet*, I, Klincksieck, 1984, pp. 62-3; "Linguistique et sémiologie", *Actes sémiotiques, Documents 88*, 1987. Aqui mesmo, pp. 53 ss.

20. Tomo emprestada a expressão de Claude Lévi-Strauss, *op cit.*, p. 165.

dievais". Mas Thierry tinha em mente a Revolução de 1830 e a monarquia constitucional que ela havia instituído com o fim parecer a consequência "lógica" das revoltas comunais do século XII. O autor acreditava que assim havia terminado a história política da França. Mas quando junho de 1848 chegou, sucedendo ao "Matin de juillet", o historiador, escreve F. Hartog, ficou "abalado como cidadão e como historiador" por essa catástrofe que varreu o postulado de uma vida e de uma obra". Seu modelo de inteligibilidade não integrava esse tipo de República[21].

É a mesma instância que está em jogo no segundo exemplo. O mito fundador dessa vez está situado no fim do século XIX, em 1871. Segundo Lênin, a Revolução de Outubro de 1917 encontra sua origem na Comuna de Paris. Ele credita à Paris dos operários a antecipação do poder dos Sovietes. Rougerie lembra que "o revolucionário russo dançou na neve quando o poder dos Sovietes superou em apenas 24 horas o da Comuna de Paris, e que ele dorme em seu mausoléu enrolado na bandeira de um dos batalhões da Guarda Nacional que se insurgiu em 1871". Quanto ao termo, se ainda não foi atingido, a partir de agora é previsível. Stalin, que apresenta uma visão de conjunto do processo em *Les Questions du léninisme*, data sem dificuldade os dois primeiros estágios: 1871 e 1917. Stalin deixa o terceiro subtendido: "a Comuna de Paris foi o embrião [da forma política buscada e enfim encontrada]". É no quadro da República dos Sovietes que "deve ser realizada a emancipação do proletariado, a vitória completa do socialismo"[22].

---

21. F. Hartog, "L'oeil de l'historien et la voix de l'histoire". *Communications* 43, 1986, p. 59. A Revolução de 1830 "deu um passo lógico no desenvolvimento de nossa história", escreveu Thierry.

22. J. Rougerie, *Procès des Communards*, Gallimard, "Collection Archives", 1978, pp. 12-3.

Quer se trate da análise linguística ou do discurso ideológico, o recurso ao terceiro actante não pode provocar ilusões por muito tempo. Se um efeito de objetivação foi bem obtido, não é menos verdade que toda instância depende do discurso. Por outro lado, a manipulação é muito evidente para que esqueçamos que o tempo crônico, cujo correspondente formal é a conjugação, é subordinado ao tempo linguístico. Longe de serem mutuamente exclusivos, um determina o outro. É a experiência do tempo que "estrutura os sistemas concretos e, notadamente, a organização formal dos diferentes sistemas verbais (Benveniste, 1970, p. 75), e, acrescento, os diferentes tipos de discursos. O passado e o futuro não são, portanto, senão "visões sobre o tempo, projetadas para a frente e para trás a partir do ponto presente" (*Ibid.*).

Ao substituir o *primeiro actante*, isto é, o par sujeito/não-sujeito pelo terceiro actante, trocamos as condições da experiência temporal[23]. No discurso ideológico era o terceiro actante que determinava o lugar e a trajetória do primeiro actante. Ao tomar por centro o primeiro actante e o presente que lhe é associado, não somente mudamos de perspectiva, mas instituímos uma relação de autonomia[24]. Um comentário de Santo Agostinho sobre o texto bíblico me parece bastante esclarecedor a esse respeito pelo fato de se referir, no mesmo enunciado, aos dois polos temporais do tempo linguístico e do tempo crônico. Na fórmula bem conhecida "Sum qui sum" (Sou Aquele

---

23. Em *Le Discours et son sujet*, I, Klincksieck, 1984, que está, em parte, fundado nessa ambivalência, o sujeito é dotado de "julgamento", ao passo que o não-sujeito é desprovido dessa competência. Ver "L'acte d'assertion", nota 14, p. 84.

24. O primeiro actante não é necessariamente tributário do terceiro actante na semiótica discursiva e subjetal. Ver "Le mithe de Prométhée", *in Le Discours et son sujet*, I, p. 51.

que Sou), o tempo só pode ser contínuo; não é possível colocar aqui ou ali um limite nem marcar uma orientação. O tempo é, então, como diriam Benveniste ou Merleau-Ponty, coextensivo ao ser; semioticamente, coextensivo à instância enunciante. É preciso concluir que o tempo crônico foi abolido? Não, responde Deus: "Para não desesperar a fraqueza humana, acrescento: 'Sou o Deus de Abraão, de Isaque, de Jacó'." A hierarquia entre os tempos é bem evidente. Não é por uma questão contingencial que o tempo crônico é evocado. Fraqueza humana, afirma Deus; facilidades oferecidas pelo cálculo, dirá, por sua vez, o matemático[25]. O "Sou Aquele que Sou" (deixaremos de lado o jogo metafísico dessa declaração de identidade) tem a vantagem de nos lembrar que o discurso comporta o primeiro actante como instância enunciante; que esse tipo de instância está inserido no presente e que o terceiro actante não é senão uma projeção do primeiro[26].

Fazer desse actante um centro organizador do discurso nos leva de alguma forma a reduzir nosso ponto de vista ou a adotar o seu. Para retomar uma expressão familiar de Husserl, eu diria que nosso problema agora é observar o "campo de presença" do primeiro actante e sua extensão. Apresentarei três exemplos cujas análises deveriam iluminar o estreitamento relativo desse campo e, simultaneamente, a passagem do actante sujeito ao actante não-sujeito. Seguiremos inicialmente uma nota de Bachelard que diz respeito ao "dinamismo do pensamento". Um predicado como /compreender/, que condensa

---

25. Santo Agostinho, *Les Dossiers H*, Éd. L'Age d'Homme, 1988.
26. Benveniste o destaca: "inserir" não quer dizer "situar": "Uma coisa é situar um acontecimento no tempo crônico, outra é inseri-lo no tempo da língua", *PLG II* (1965), p. 74.

um conjunto de processos cognitivos, dispõe de duas orientações, com desequilíbrio à direita, em direção ao futuro. De um lado, /compreender/ "resume um passado do saber"; de outro, /compreender/ é "o próprio ato do devir do espírito". Tal como o explorador, o sujeito epistêmico tem sua linha de ação. Apoiado em um saber adquirido e confiante em seu "pensamento progressivo" ou "discursivo" (um valor de diligência está relacionado à reflexão), ele se coloca lá, onde se apropriará de um novo saber. "O elã indutivo é o próprio vetor da descoberta", afirma ainda Bachelard. O devir, quando associado ao futuro, em vez de sê-lo ao presente, à passagem, alimenta facilmente a fé. Nesse ponto, Bachelard é hegeliano, da mesma forma que Nietzsche. Não voltarei a esse ponto, mas antes insistirei no limite do campo de presença e na relação do sujeito com o mundo que lhe é próprio. Reintroduzir a noção de demarcação não implica, além disso, uma medida do espaço (e um retorno por meio dessa via ao tempo espacializado); trata-se, na verdade, de marcar o duplo limite do desenvolvimento temporal imposto ao sujeito epistêmico, e fazê-lo precavendo-se contra as visões redutoras de uma intencionalidade concebida como unidirecional.

Ao postular o primado da percepção, portanto ao situar-se em um nível da análise fenomenológica diferente do de Bachelard, Merleau-Ponty o repete ao precisar as condições da experiência: é o corpo, "meu corpo", que agora serve de referente. Ele mantém as coisas em círculo a seu redor: "em cada movimento de fixação, meu corpo enlaça simultaneamente um presente, um passado em um porvir, ele secreta o tempo, ou melhor, ele se torna esse lugar da natureza onde, pela primeira vez, os acontecimentos, em lugar de se empurrarem uns aos outros no ser, projetam em torno do presente um duplo horizonte de passado e de futuro, e recebem uma orientação histórica"[27]. O ato de compreender engaja um horizonte de passado e um horizonte de futuro, e incumbe o corpo do exercício de uma função de conhecimento.

Agora estamos prontos para examinar o segundo exemplo, extraído, assim como o próximo, da obra de Marcel Proust, à qual Merleau-Ponty recorre com frequência – o que não chega a surpreender. Quando o corpo se desloca – mas basta um movimento de olhos –, as formas se modificam, os volumes se transformam. Os objetos perdem seus contornos e suas propriedades. Eles entram no mundo das qualidades sensíveis, instáveis, e frequentemente impalpáveis. Eles escapam à apreensão imobilizadora, ainda que ela seja meramente perspectiva. Essa é a experiência descrita pelo narrador quando, no domingo, seguindo seus pais, "que levavam seu missal", ia da entrada da igreja à cadeira que lhe era reservada. O antigo senhor de Guermantes, tal como o vitral o representava – "minha crença em Gilbert, o Mau, me havia feito amar a Senhora de Guermantes" –, se metamorfoseava ao sabor de um raio de sol e de seu trajeto na nave do templo, semelhante a "um vale habitado por fadas": ele passava do verde-escuro da couve ao violeta da ameixa, conforme eu estivesse recebendo da água benta ou chegando às cadeiras". A variação das formas imposta pela ação sensível do tempo (visto do exterior, Gilbert era apenas uma laca escura) faz o mundo de Guermantes perder sua estabilidade substancial e confere à sua "pessoa ducal" mergulhada no passado meronvingiano, um modo de ser de imaterialidade. O correr do olhar, sem movimentação do corpo, produz até mesmo efeitos de

---

27. M. Merleau-Ponty, *Phénoménologie de la perception*, Gallimard, 1945, p. 277.

"transmutação". É assim que, por exemplo, graças ao vestido de Fortuny usado por Albertine (Fortuny era um "artista" veneziano), Marcel empreendia sua viagem a Veneza. De fato, sob seus olhos, o tecido cintilava e "à medida que [seu] olhar avançava", o azul profundo "se transformava em ouro maleável por essas mesmas transmutações que, diante da gôndola que avançava, transformavam em metal flamejante o azul do Grande Canal"[28]. Para o sujeito que ao mesmo tempo registra e provoca a deformação contínua dos objetos, a homologia é clara: o universo de Veneza é comparável ao de Guermantes, assim como o vestido de Fortuny o é em relação ao vitral de Gilbert[29]. Por outro lado, é no *devir-presente* que se produz a alteração progressiva do objeto (e, implicitamente ao menos, a modificação correspondente do sujeito). Esse tempo não é outro senão o da "pura duração", descrito por Bergson, composto de "mudanças qualitativas que se fundem, que se penetram sem contornos precisos, sem nenhuma tendência a se exteriorizar, uns em relação aos outros, sem nenhum parentesco com o número". Ao contrário do tempo crônico, que é homogêneo, logo mensurável, este é "heterogeneidade pura"[30].

Além da percepção das cores, há outra maneira de alcançar a "pura duração. Se tomarmos como referencial

---

28. M. Proust, *A la Recherche du temps perdu*, Gallimard "Pléiade", 1954, pp. 171-2, 899; III, p. 394.

29. Após ter registrado o "charme qualitativo" desse vestido de "incerteza colorida", Richard analisa assim as transmutações do objeto: "a água-azul de Veneza *torna-se* substancialmente um flamejamento de metal como o azul profundo do vestido se torna ouro maleável, e, no limite, como o vestido *torna-se* ele próprio o azul do Grande Canal", *in Proust et le monde sensible*, Le Seuil, 1974, p. 126.

30. H. Bergson, *Essai sur les donnés immédiates de la conscience*, PUF, 1946, p. 77.

o tempo crônico, diremos que a experiência é quase instantânea. As mudanças de forma são evidentemente efêmeras. Mas o problema não está aí. Esses momentos, por mais breves que sejam, escapam a toda mensuração, pois são qualitativos. É ainda o que nos ensina o *leitmotiv* da história da *"madeleine"*. O ver que agia na experiência do vitral ou do vestido cede a vez ao *tocar*. Os dois modos perceptivos se beneficiam de um regime temporal diferente, como se a experiência corporal nos afetasse de forma mais profunda pelo toque que pela visão. Marcel o observa em uma frase: até que o gole de bebida misturado a pequenos bocados do bolo tocasse seu palato, a visão da pequena *madeleine* não lhe evocara nenhuma lembrança. O corpo, é verdade, encerra "em mil vasos fechados" as propriedades substanciais das coisas; portanto, seu sabor. E essa sensação permanece "em [sua] posição", "na expectativa" da ocasião que fará que seja novamente "real". Pode ser que o momento jamais se apresente, mas, se ele surgir, então uma nova experiência será desencadeada. Concreta, "material, pois a impressão entra por nossos sentidos", precisa o narrador. Então, como se realiza a junção daquilo que, no tempo crônico, correspondia a duas instâncias distintas? As condições do sucesso são claras. Inicialmente, é preciso que o "minuto presente" e a lembrança estejam totalmente disjuntos, nenhum elo deve existir entre eles. A lembrança é, portanto, "deixada em seu lugar, em sua data (...) ela mantém distância". Para que ela volte à superfície e que, no momento em que começa o deslocamento, não seja ainda identificada, é preciso que seja submetida a uma força de atração. O narrador-testemunha é explícito: "Sinto vibrar em mim qualquer coisa que se desloca, que se quer elevar, qualquer coisa que teria desancorado em águas profundas, não sei o que é, mas sobe lentamente, experimento a resistência e escuto o rumor das distâncias transpassadas." O signo cuja junção foi estabelecida pelo corpo é "a potente alegria" que ele apresenta de repente sem que seja dada, ao mesmo tempo, "a noção de sua causa". Imediatamente se apresentam à sua volta o quarto de sua tia "Léonie (que fora a primeira a lhe oferecer a *madeleine* embebida em sua infusão) e "em seguida toda Combray em seus dois lados". Marcel, por assim dizer, dá crédito de antemão à definição de Merleau-Ponty: "Perceber é tornar qualquer coisa presente com o auxílio do corpo."[31] E cá estamos de novo com o par presente/presença. Esses momentos excepcionais são "fragmentos de existência subtraídos ao tempo". A própria operação, operação de atração que o corpo, o corpo próprio, levou ao cabo tão bem, não pode ser atribuída a um actante sujeito. De fato, tudo se passa fora dele. Ele é incapaz de "resolver o enigma da felicidade" que lhe foi proposto. Somente um não-sujeito, alheio a uma estrutura de julgamento, pode dar cobertura a uma situação em que "um ser extratemporal [goza] da essência das coisas". Esse tipo de actante subsume o "verdadeiro eu". Apenas ele é capaz de sentir profundamente "a alegria do real encontrado", de experimentar simultaneamente a sensação "tanto no momento atual quanto num momento longínquo até fazer o passado usurpar o presente". Na verdade, acrescenta Marcel, "o ser que então experimentava em mim essa impressão a experimentava no que ela tinha em comum com um dia passado e agora no que ela tinha de extratemporal, um ser que não aparecia senão quando, por uma dessas identidades entre o presente e o passado, podia se encontrar no único meio em que

---

31. Merleau-Ponty *Le Primat de la perception et ses conséquences philosophiques*, Cynara, 1989, p. 104.

pôde viver, gozar a essência das coisas, isto é, fora do tempo". É ao não sujeito, essa instância antiassertiva, que cabe "obter, isolar, imobilizar – a duração é a de um clarão – o que [o sujeito] jamais apreende: um pouco de tempo em estado puro"[32].

Como sempre acontece quando a atenção se volta para um dos fenômenos da linguagem, não há uma única solução. Não é preciso dizer que minhas proposições não invalidam em nada as descrições anteriores. Questão de ponto de vista e também de diferença de campo epistemológico. A prevalência do aspecto sobre o tempo teve sua razão de ser. Os trabalhos de semiótica objetal e narrativa mostraram bem na época estruturalista o interesse dessa escolha. Hoje se veem melhor seus limites. Como contestar, por outro lado, a justeza da pesquisa do linguista que subsume a temporalidade sob a categoria dita aspecto-temporal? Quando se examinam as línguas naturais, as noções de tempo e de aspecto parecem, de fato, inextricavelmente ligadas. Entretanto, a temporalidade linguística não se reduz às propriedades do tempo crônico e do aspecto; essa é a lição que é preciso recordar agora. Pode-se arriscar uma analogia. Assim como o espaço pode ser homogêneo ou heterogêneo conforme se é euclidiano ou não euclidiano, também o tempo é homogêneo, se fizermos referência às propriedades de tempo crônico e do aspecto, e heterogêneo, se nos referirmos às propriedades do tempo linguístico. Um espaço heterogêneo é determinado pelos corpos que nele se encontram; um tempo heterogêneo, pelas instâncias que governam o discurso. Somos confrontados, por exemplo, com um tempo assimétrico se a instância discursiva valoriza o passado ou o futuro (caso do terceiro actante); a um tempo

---

32. M. Proust, *op. cit.* I, p. 46; III, p. 871.

não direcionado ou de dupla orientação, de "duplo horizonte do passado e do porvir", segundo a formulação de Merleau-Ponty, ou ainda qualitativo, de "pura duração", se a instância discursiva está centrada no presente (caso do primeiro actante, seja sujeito ou não sujeito).

Talvez se fôssemos do não limitado (implícito na análise do aoristo em grego antigo) ao devir-presente, essa forma do contínuo, teríamos uma oportunidade, em definitivo, de resolver o problema formulado na *Phénoménologie de la perception*: "O tempo constituído, a série das relações possíveis de acordo com o antes e o depois, não é o próprio tempo, mas seu o registro final (...). Deve haver um outro tempo, verdadeiro, pelo qual apreendo isso que é a passagem ou o próprio trânsito."[33]

---

33. M. Merleau-Ponty, *Phénoménologie de la perception*, Gallimard, 1945, pp. 474-5.

CAPÍTULO V
# NOTA SOBRE BENVENISTE E A FENOMENOLOGIA⁺

Para Paul Ricoeur

Gostaria de retomar alguns temas da fenomenologia tal como eles se apresentam na obra de Benveniste: dispersos. É um dos momentos em que o linguista está mais em ruptura com o pensamento dominante em seu tempo[1].

Certamente seria inútil se perguntar onde e quando Benveniste se refere aos fenomenólogos. Eu o afirmei alhures; tudo se passa como se ele não tivesse tido contato com seu colega do Collège de France, Maurice Merleau-Ponty[2], entretanto, é nele que penso, inicialmente, quando Benveniste introduz as noções de posição, movimento, centro de enunciação, instância ou de presença da pessoa etc. Ele conhecia Husserl, segundo me contou Jacques. Por ocasião do XIII Congresso de Filosofia de língua francesa, ocorrido em Genebra em 1966, a ques-

---

⁺ *Linx*, 26, 1992, pp. 41-8.

1. Tomarei por únicas referências os *Problèmes de linguistique générale*, pp. 1 e 2, publicados pela Gallimard em 1966 e 1974 [*Problemas de linguística geral*, no Brasil publicados pela Pontes em 1995 (4. ed.) e em 2006 (2. ed.)].

2. "Réalité et principe d'immanence", *Langages* 103, 1991. Aqui, pp. 317 ss.

tão havia sido colocada a ele por Ricoeur e pelo próprio Jacques: sim, Husserl tinha estado entre suas leituras favoritas da juventude, mas poder-se-ia dizer o mesmo de muitos outros linguistas de sua geração. O estruturalismo muito se valeu das *Recherches logiques*. Hjelmslev é um bom exemplo. Brøndal, outro. Ele que, em 1939, no primeiro número de sua revista, *Acta Linguistica*, concluía seu artigo e, em tom de homenagem, comentava Jakobson e as "meditações penetrantes de Husserl sobre a fenomenologia". Entretanto, com Benveniste não se trata somente da estrutura formal das línguas. Ou melhor: a estrutura formal é assumida pelo que viria se chamar, em 1966, *semântica*. Em oposição a Bloomfield e Harris, adeptos do quantitativo, dito de outra forma, do que é "cientificamente controlável", não apenas contra os lógicos do círculo de Viena (Carnap, Quine...), uma vez que fazem da linguagem o objeto de uma análise lógica, mas também contra os gramáticos filólogos voltados, é verdade, para o estudo das línguas, mas cegos para suas estruturas semânticas, como é o caso de Brugmann ou Wackernagel. Benveniste postula – mas o termo é fraco –, não cessa de afirmar que todo sistema linguístico é formado de significação e que o formal não pode ser analisado a não ser que se concorde em colocá-lo sob a dependência da semântica.

Talvez seja essa uma das razões que afastaram de Benveniste a maioria dos jovens pesquisadores em um momento em que, nos anos 50, a linguística estrutural da França, sob influência americana, assumia a forma distribucionalista. Notemos, o fato é significativo, que entre 1963 e 1964 uma pequena sala do Collège de France acomodava sem dificuldade seus quinze ouvintes. Outro testemunho da pequena audiência que tinha antes da publicação, em 1966, dos *Problemas de linguística geral*, que iria repentinamente "mediatizá-lo": Normand observa que Dubois sequer mencionava Benveniste no departamento de linguística de Nanterre, e que era preciso ir até Ricoeur para saber dele[3]. Aliás, deve-se a Paul Ricoeur a primeira percepção, em 1967, dos aportes da semântica de Benveniste, à qual ele então opunha, com muita propriedade e de forma bastante lúcida, à "semiologia hjelmsleviana, ciência dos signos nos sistemas". Tomando por alvo "a fenomenologia do sujeito falante" e apoiando-se nos capítulos reservados aos dêiticos (capítulo XVIII, "Estrutura das relações de pessoa no verbo", capítulo XX, "A natureza dos pronomes"), Ricoeur enfatizava noções igualmente importantes na fenomenologia de "posição" e de "mostrar"; "o limite pessoal em que a linguagem procede como ato de fala, o além mundano para o qual ela se dirige, à medida que diz qualquer coisa sobre qualquer coisa". É talvez por essa dupla entrada ("o sujeito se coloca como o mundo se mostra", afirma ainda Ricoeur[4]) que Benveniste encontra de fato o segundo Husserl.

Lembramos que para situar o sujeito relativamente ao processo era necessário, como Benveniste alertava desde 1950, recorrer a três referências: a pessoa, o número, a diátese (a voz). Reunidas, elas permitem definir "o que se poderia chamar de campo posicional do sujeito" (*PLG I*, p. 190). Atentemos inicialmente para a noção de "campo". Na época do estruturalismo estático, nos anos 60, ela era muito utilizada na França: campo semântico, campo lexical, campo nocional etc. Mas abraçava-se, en-

---

3. C. Normand, "Linguistique et philosophie: un instantané dans l'histoire de leurs relations", *Langages* 77, 1985; F. Dosse, *Histoire du structuralisme*, II, Éd. La Découverte, 1992, p. 66.

4. P. Ricœur, "La Structure, le mot, l'événement", *Esprit*, 5, 1967, pp. 810, 812 e 817.

tão, a perspectiva da teoria dos conjuntos, na qual era conveniente (empreendimento questionável, afirmava Pottier) preencher com palavras os "casos ideais"[5]. Com Benveniste tudo se passava de modo diferente. Deixamos o espaço lógico, o espaço euclidiano (espaço formal, homogêneo e isotrópico) para penetrar em um espaço que dá melhor acolhida à "substância". E essa operação acontecia – pode-se dizer, inconscientemente? – indo de encontro ao axioma sobre o qual estava construída a linguística saussuriana: "a linguagem é forma, não substância" (*PLG II*, p. 31). Benveniste o reafirmou diversas vezes. Entretanto, tudo se passa como se, colocando-nos do lado do discurso, a pertinência de um axioma devesse ser reconsiderada. O espaço discursivo tem propriedades topológicas, estranhas, por definição, ao espaço euclidiano; ele é heterogêneo anisotrópico, configurado por "objetos" que se deslocam e se ordenam uns em relação aos outros, ou em relação a um centro de referência, o observador-enunciador. Tal é a lição do artigo de 1949 sobre as preposições espaciais. Em latim (Benveniste repete a operação em 1972, com o alemão *vor*), *pro* indica menos a posição de um objeto em relação a outro que "um 'para a frente' realizado por um movimento de saída (...) para fora de um lugar supostamente situado no interior de outro". Esse movimento cria uma disjunção entre os dois domínios considerados. *Prae*, por outro lado, utilizado para registrar um posicionamento à frente de outro objeto ou "o movimento que é voltado para o que está na frente, na ponta", implica que se considere que o ato se produz no interior de um único domínio. *Pro* é da ordem do descontínuo: *navis ex portu prodit,* o barco avança para fora do

---

5. Hoje quem faz as vezes é o cognitivismo, que tem na análise computacional um de seus temas de pesquisa.

porto. *Prae* é da ordem do contínuo. Não há solução de continuidade: *I prae, iam ego te sequar*, vá adiante, eu te sigo. *Praehendere* é "pegar pela extremidade", pelas orelhas (*auriculis*), "com continuidade entre a parte que é pega e o restante do objeto"; *praeceps* é "a primeira cabeça (e o resto segue)", etc. (*PLG I*, pp. 142, 147).

Benveniste concentra aqui sua atenção sobre o acontecimento isolado (eis como se desloca tal objeto em relação a outro). "O acontecimento, isto é, qualquer coisa que acontece", diz-se em filosofia analítica, "é um movimento na medida em que é observável"[6], ou como escreve Benveniste em uma célebre página concernente "à história": "Os acontecimentos são apresentados como se produziram (...) eles parecem narrarem-se a si mesmos" (*PLG I*, p. 267). Mas perderíamos a especificidade da linguagem se não a relacionássemos ao ato de discurso (ou ato de linguagem ou ato de fala; Benveniste emprega os três sintagmas e utiliza um pelo outro no mesmo artigo, *PLG II*, pp. 68, 69, 80). Mas essa especificação ainda não é suficiente. Não se pode colocar o locutor entre parênteses, caso contrário o discurso vai se tornar um acontecimento dentre outros. Encontramos o ponto de vista analítico: "O fato de dizer qualquer coisa é um acontecimento, como o é quebrar uma perna, receber uma condecoração, nascer ou morrer."[7] Ora, não há linguagem possível se não introduzimos a "presença da pessoa" (*PLG II*, 69). Voltarei às implicações de tal sintagma. "Os acontecimentos são apresentados", sim, mas porque um *eu* enunciou previamente sua própria posição e, ao se apagar, deixou crer

---
6. P. Ricœur, *La Sémantique de l'action*, CNRS, 1977, p. 22.

7. F. Récanati, *La Transparence et l'Énonciation*, Seuil, 1979, p. 153, citado por Ricoeur, *Soi-même comme un autre*, Seuil, 1990, p. 67 [trad. bras. *O si mesmo como um outro*, Campinas: Papirus, s.d.].

que os acontecimentos se produzem independentemente dele: "eles parecem narrarem-se a si próprios". Voltamos à noção de posição à qual se ligam o relator *em* ou o prefixo *in* (por exemplo, inserir, inserção, implantar...). Um verdadeiro *leitmotiv* em Benveniste. Assim, em 1958: "A capacidade do locutor de se colocar como *sujeito*"; "a linguagem não é possível senão porque cada locutor se coloca como *sujeito* (...). Diante desse fato, o *eu* instala outra pessoa...", "a instância de discurso estabelece o ato ao mesmo tempo em que funda o sujeito"; "o sujeito é instalado pela instância da enunciação de seu indicador (que é 'eu')" (*PLG I*, pp. 285, 280, 293). Em 1963: "o locutor somente pode se apresentar como sujeito se implicar o outro" (*PLG I*, p. 27) e, em eco, em 1970: "o locutor implanta o *outro* diante dele" (*PLG II*, p. 84). Em 1965: "os sujeitos se colocam e se situam na e pela linguagem" (*PLG II*, p. 68). Em 1970: "o locutor enuncia sua posição..."; na "estrutura do *diálogo*" há "duas figuras em posição de parceria..." (*PLG II*, p. 84) etc. Essa posição é uma referência, mas é também o lugar a partir do qual se organiza, na e pela percepção do observado, o universo dos objetos, assim como o discurso que no-lo fez conhecer. Dito de outra forma, a posição não é simplesmente um ponto ou o final de um movimento no espaço topológico – há um movimento *prae* assim como há um movimento *pro* – é um centro de funcionamento discursivo próprio do locutor, da pessoa. Ricoeur ainda retoma, mas dessa vez em 1990, alguns temas de seu artigo de 1967 para marcar que "o ego, centro da enunciação" de que fala Benveniste em 1970 (*PLG II*, p. 85), ocupa "uma posição não substituível". Um *eu* "ancorado" se opõe, assim, a um eu "viajante"[8]. Sabe-se que a noção de ancoragem é usual em

---

8. P. Ricoeur, *op. cit.*, pp. 65 e 67.

fenomenologia. Ricoeur a toma emprestado de Granger, mas sabe-se que Merleau-Ponty também a utilizou bastante. É certamente porque o Ego ocupa um "ponto central" que o espaço discursivo não pode ser euclidiano. Retomemos o texto de Benveniste: "O objeto está perto ou longe de mim ou de ti, ele está assim orientado (à frente ou atrás de mim, acima ou abaixo), visível ou invisível, conhecido ou desconhecido etc. O sistema das coordenadas espaciais se presta, assim, a localizar qualquer objeto não importa em qual campo, uma vez que aquele que o ordena é ele próprio designado como centro e referência" (*PLG II*, p. 69).

A opção fenomenológica pode ser enunciada de forma mais clara? E, como se isso já não fosse transparente, Benveniste volta a insistir logo em seguida, quero dizer, no mesmo artigo, acerca do tempo. *De fato, basta entrar no domínio do discurso para que a dêixis adquira traços específicos.* Pode-se, portanto, esperar que a temporalidade discursiva seja, também ela, de uma natureza diferente da da temporalidade objetal, a do enunciado frástico, no qual o tempo espacializado (tempo físico ou crônico) é recortado em intervalos: passado, presente e futuro. O tempo do discurso, o "tempo linguístico", não é um tempo absoluto e simétrico, um tempo formal, mas um tempo que tem seu "centro gerador" situado, ou melhor, inserido "no *presente* da instância da fala" (*PLG II*, p. 74). Assim como para o fenomenólogo "é sempre no presente que estamos centrados"[9], também para Benveniste o presente é esse centro na fala associado à "presença da pessoa" (II, 69). Presente, presença: a proximidade dos termos diz muito acerca da parte que cabe à realidade:

---

9. M. Merleau-Ponty, *Phénoménologie de la perception*, Gallimard, 1945, p. 489.

"O presente é essa presença no mundo que apenas o ato de enunciação torna possível" (*PLG II*, p. 85). Algumas linhas abaixo, Benveniste destaca: "esse presente [é] contínuo, coextensivo à nossa própria presença" – de acordo, mais uma vez, com Merleau-Ponty, para quem o tempo presente é coextensivo ao ser[10]. Graças ao discurso fazemos uma "experiência essencial" (o título do artigo de 1965 é "A linguagem e a experiência humana"), uma "experiência central", uma experiência que não é "descrita", mas concreta, que "está lá, que é inerente à forma que a transmite, que constitui a pessoa no discurso" (*PLG II*, p. 69). Estamos bem ancorados na substância: pelo ato enunciação, vivemos a experiência do ser do mundo, do ser ao mundo (*Dasein*); nós experimentamos nossa "presença no mundo". Esse é o "campo de presença" (Husserl) onde se vê a atividade linguística. "A linguagem serve para viver", afirma Benveniste em um de seus enunciados mais provocativos (*PLG II*, p. 222).

Benveniste não se detém nesse ponto; ele não utiliza a noção de "corpo próprio" e menos ainda a de "carne". E, quando tem de examinar as forças que estão na origem de um comportamento involuntário, é para o inconsciente que ele se volta, para "a outra cena" e não para "o outro lado", para retomar a judiciosa distinção entre psicanálise e fenomenologia introduzida por Pontalis (*PLG II*, pp. 255, 257). Entretanto, é claro que o propósito de Benveniste é recusar a visão puramente logicista da linguagem, e, *a contrario*, depreender a relação com o ser. Para fazê-lo, ele se volta para a atividade linguística, "atividade substancial", afirma Pos[11]. Nesse aspecto, Benveniste

---

10. M. Merleau-Ponty, *Signes*, Gallimard, 1960, p. 197.
11. H. J. Pos, "Phenoménologie et linguistique", *Revue internationale de philosophie*, 2, 1939, p. 357.

parece-me fiel à tradição representada por Troubetzkoy, Brøndal e Jakobson[12]. O tratamento dado à noção de instância confirma essa escolha. Recordemos os dados históricos: em 1956 Benveniste propõe em seu artigo de sobre "a natureza dos pronomes", o sintagma "instância de discurso", isto é, o ato discreto e a cada vez único pelo qual a língua é atualizada em fala por um locutor (*PLG I*, p. 277). Com "instância", ele escolhe um termo que, por sua etimologia (*in-stare*, manter-se em), marca a ancoragem em um espaço e um tempo singulares; aliás, Quintiliano denomina o tempo presente *Tempus instans*. São associados a essa noção de instância os dois pronomes do diálogo, *eu* e *tu*. Sob o enfoque paradigmático, não são senão formas "vazias", signos "móveis" (*PLG I*, p. 281); dito de outra forma, dados lexicais semelhantes a outros (*PLG II*, p. 69): "Antes da enunciação, a língua é apenas a possibilidade da língua (*PLG II*, p. 83). Para que as formas sejam "plenas", para que o *eu* esteja ancorado no mundo, é preciso mudar de domínio, passar da língua ao discurso: "após a enunciação, a língua é realizada em uma instância de discurso que emana de um locutor (...) e que suscita outra enunciação em retorno" (*PLG II*, pp. 83-4). Em síntese, é mediante o discurso e "apenas pelo discurso" que o pronome recebe sua "realidade e sua substância" (*PLG II*, p. 69). Assim, a instância, como ato de linguagem que implica seu enunciador, coloca em presença dois *eus* cujos *status* são totalmente diferentes. Um é formal; o outro, substancial. O primeiro não acontece sem o segundo. Eles formam "uma dupla instância conjugada". Aqui está o ponto. "*Eu* é o 'indivíduo' (ou 'sig-

---

12. Ver J.-C. Coquet, "Réalité et príncipe d'immanence", *Langages* 103, 1991.

nifica a pessoa') que enuncia a presente da instância de discurso que contém a instância linguística *eu*" (*PLG I*, p. 278). O elo com a realidade não pode ser rompido. Se a instância conjuga (e não opõe) um *eu* referente e um *eu* referido, é porque a realidade do discurso é, em última instância, a realidade de uma presença, ou melhor, de uma dupla presença, "a realidade humana do diálogo" (*PLG I*, p. 255) cujo correlato objetivo é uma forma linguística[13].

Ao proceder assim ao reexame da noção de dêixis – depreendendo as propriedades intrínsecas da discursividade e daí o recurso às noções de posição, de movimento, de campo e de centro; aos pares presente/presença; ao elo que une a pessoa à instância, e, finalmente, *horresco referens!* à substância –, Benveniste vira as costas ao "semantismo fechado" que Ricoeur deplorava[14]. Sabe-se que Benveniste julgava necessário trabalhar com várias linguísticas (*PLG II*, p. 39). A orientação fenomenológica que tenho me esforçado por determinar não poderia, aliás, ter sido adotada se o primado do discurso sobre a língua não tivesse sido afirmado: "A língua se forma e se configura no discurso", que pode ser dito em latim: "nihil est in *lingua* quod non prius fuerit in *oratione*" (*PLG I*, p. 140). Primado que se verifica ainda no plano da morfogênese, uma vez que é com o discurso que "começa a linguagem (*loc. cit.*).

Em relação à questão formulada recentemente por Ricoeur, de saber se a análise linguística não era uma fe-

---

13. O termo referente (*PLG I*, p. 278) não deve nos levar a pensar que Benveniste subscreve a tese tradicional da referência-correspondência. Ver "Réalité et principe d'immanence", *op. cit.*, aqui mesmo, p. 326).

14. P. Ricoeur, *O si mesmo como um outro*. Campinas: Papirus, s.d., p. 351.

nomenologia que ignora a si própria[15], esta *Nota sobre Benveniste* traz, portanto, elementos de resposta positiva, com a condição de este princípio não ser escamoteado: a demonstração das articulações significantes, específicas dos atos de linguagem, caminha junto com o levantamento sistemático de coerções formais.

---

15. P. Ricœur in *Tendances principales de la recherche dans les sciences sociales et humaines,* II, 2, Paris-La-Haye-New York, Mouton-Unesco, 1978, p. 1.466.

CAPÍTULO VI
# TEMPORALIDADE[+] E FENOMENOLOGIA DA LINGUAGEM
*Sobre alguns problemas trazidos pela fenomenologia à linguística e à semiótica*

As relações entre a linguagem e a fenomenologia são antigas. Entretanto, considerando que se trata de um tema crucial como a temporalidade (os caracteres definidores do tempo), pode-se perguntar se os especialistas das ciências da linguagem aprenderam todas as lições da fenomenologia. Um fenomenólogo como Paul Ricoeur observou com precisão que "a análise linguística é uma fenomenologia que ignora a si mesma" [Ricoeur, 1978, p. 1.466], mas o linguista, frequentemente prisioneiro ou amante ardente de seus modelos de coloração científica, não reagiu, ao que me parece, a essa afirmação[1]. Claro, Husserl é o mestre incontestável da fenomenologia pura (é às *Recherches logiques* que Brøndal, Hjelmslev ou Jakobson se referem). Mas Husserl é também aquele que levou a fala à "posição central", segundo Merleau-Ponty [Merleau-Ponty, 1960, p. 105]. É nessa segunda via que o linguista deveria se engajar reso-

---
[+] *Sémiotiques*, nº 5, dezembro de 1993, INaLF-CNRS, Didier-Érudition, pp. 9-29.
1. Cerca de dez anos antes, Ricoeur, via a fenomenologia como "teoria da linguagem generalizada" [Ricoeur, 1969, p. 243].

lutamente por menos que ele creia que a análise fenomenológica seja proveitosa, ou que o seja apenas como indicadora de problemas. Benveniste foi o primeiro, ao que eu saiba, a tentar a experiência [Coquet, 1992].

Para se convencer desse fato, basta lembrar o lugar ocupado em sua reflexão teórica pelas noções indispensáveis à condução de tal análise e, em particular, por esta que me parece fundadora, a de *discurso*. Benveniste não voltava à retórica cujo domínio se restringia tradicionalmente à descrição de tipos de discursos sociais particulares; por exemplo, o judiciário ou o político, e a classificações de tropos e figuras. O discurso que aqui está em questão também não entra na oposição clássica em linguística entre dimensão frástica e dimensão transfrástica, sendo a frase a única unidade formal diretamente analisável em níveis. Para Benveniste, o discurso se define em relação a um ato de linguagem realizado no tempo *presente, que coloca em presença pessoas* que são então chamadas de "parceiros"[2]. Ao fazê-lo, Benveniste inverte a perspectiva dominante na época estruturalista. Não é a linguagem que tem a primazia; o único objeto imanente que pode ser submetido à análise é o discurso: "É no discurso atualizado em frases que a língua se forma e se configura. Aqui começa a linguagem" [*PLG I* (1962), p. 140].

Notar-se-á que essa mudança de prioridade não pode acontecer a não ser que se abandone o ponto de vista lógico isolado – fundamento das teorias imanentistas – para que seja adotada a perspectiva da morfogênese totalmente diferente da que no século XIX privilegiava a busca das origens.

A apreensão da especificidade do discurso leva ao resgate de algumas de suas propriedades indissociáveis. Ini-

---

2. O discurso é "a linguagem em ação, e necessariamente entre parceiros" [*PLG I* (1958), p. 284].

cialmente a de *instância, centro* de discursividade. A noção foi introduzida por Benveniste em 1956 sob a forma de "instância de discurso", a saber, de "ato discreto e a cada vez único pelo qual a língua é atualizada em fala por um locutor" [*PLG I* (1956), p. 277]. Farei aqui três observações. Uma concerne à própria palavra. Ela não tem o valor quase judiciário que assume na obra de Freud, na qual se vê, por exemplo, na *Traumdeutung*, a instância do superego exercer uma função de censura. A filiação é gramatical. É assim que Quintiliano definia o presente como "tempus instans", isto é, como o tempo ancorado (in-) no agora. A segunda observação é relativa ao fato de que a instância (ou o ato) comporta duas faces: uma formal (marca linguística como "eu", "tu", "ele" etc.) e uma substancial, a pessoa (o locutor, o parceiro): "*Eu* significa 'a pessoa que enuncia a presente instância de discurso que contém *eu*'" [*PLG I* (1956), p. 278]. Enfim, "ancorado" não quer dizer imóvel, mas sediado no real. De fato, o ato de linguagem "realiza a cada vez a inserção do locutor em um momento novo do tempo e em uma textura feita de diferentes circunstâncias e discursos" [*PLG II* (1965), p. 68]. O locutor é duplamente centrado, no tempo e no espaço. No tempo, pois "é sempre no presente que estamos centrados" [Merleau-Ponty, 1945, p. 489]; no espaço, pois ele ocupa um centro de perspectiva no mundo. Mas é um *centro móvel*, um centro que se desloca ao mesmo tempo que se renova o presente do discurso[3]. Também a instância, substancial e formal ao mesmo tempo, responde a

---

3. H. G. Gadamer destaca que Heidegger vê em "o ser da mobilidade" (*das Sein der Bewegtheit*) o fio condutor da *Física* de Aristóteles [Gadamer, 1992, pp. 14-5]. Ver também a definição de actante que propus em "L'actant est un centre que se déplace à travers l'espace et dans le temps" [Coquet, 1989, pp. 9-11].

quatro coerções simultâneas de ser em ato, (a) realiza agora, (b) por uma pessoa (um centro de funcionamento) cuja presença nos é fenomenologicamente sensível, (c) um ser-aqui (*Dasein*), um ser presente, móvel: ato, presente, de um lado; (d) pessoa, presença, de outro, eis os traços distintivos de uma *instância de discurso*[4]. Se não estão todas elas reunidas, é porque passamos para um outro registro, o da *narrativa*. Paralelamente, Benveniste propõe distinguir duas formas de temporalidade: o tempo *linguístico* e o tempo *crônico*, conforme nosso universo de significação seja o do *discurso* ou o da *narrativa*.

O tempo crônico se deixa aparentemente apreender sem dificuldade. Veja-se o exemplo:

1• *Ele entregou seu artigo à redação em 15 de setembro de 1993.*

O traço pertinente do tempo crônico é a data e não o emprego do passado simples ou da não-pessoa, o "ele", como quando Benveniste estabeleceu os dois paradigmas do tempo formal no verbo francês [*PLG I*, (1959), cap. XIX, "As relações de tempo no verbo francês"].

2• *Entreguei (entregarei) meu artigo à redação em 15 de setembro de 1993,*

revelaria a mesma perspectiva. Para que se possa considerar o tempo crônico, basta, portanto, que, medindo o tempo, eu o considere sob a forma de uma sucessão de intervalos.

Outro exemplo de medida, dessa vez emprestado da poética:

---

4. Em seu artigo sobre "O aparelho formal da enunciação", Benveniste não deixa de insistir sobre a presença do locutor em sua enunciação" [*PLG II* (1970), p. 84].

       ᴗ–  ᴗ–ᴗ   –  ᴗ–
3• *Deus creator omnium (Deus criador de todas as coisas)*
[Santo Agostinho, IX, XII, 32 e XI, XXVII, 35, pp. 234 e 322, 1947].

Essa passagem do cântico de Santo Ambrósio citada por Santo Agostinho satisfaz à medida unicamente pelo fato de empregar uma rítmica codificada, o metro jâmbico (ᴗ–). De certa, forma ele está programado: "In te, anime meus, tempora metior" (É em ti, alma minha, que meço os intervalos de tempo).

Em oposição a esse tempo *quantitativo,* o tempo linguístico é *qualitativo,* portanto não mensurável[5]. É, de fato, o presente, não um presente formal da conjugação, mas "um presente contínuo, coextensivo à nossa própria presença" [*PLG II,* (1970), p. 85]. Benveniste encontra aqui os mesmos termos de Merleau-Ponty[6]. Associada ao presente, a instância ocupa um centro que se desloca assim como se deslocam os objetos que povoam o universo, seu "campo de realidade" (*Sachfeld*) [Heidegger, 1992, (1922), p. 17]:

4• *Eu vejo o avião mergulhar em minha direção.*

A instância não ocupa a posição de um observador. Ela entraria, então, no registro do /ele/. É uma pessoa, cujo referenciado é o indicador "eu"; ela participa como paciente do acontecimento (o alvo do avião). Para retomar as formulações que me parecem corresponder a meu propósito, de um lado, "o mundo vem de encontro com

---

    5. "Non metior praesens, quia nulo spatio tenditur" ("Não meço o presente, pois ele não tem extensão") [Santo Agostinho, XXVI, 33 p. 320, 1947]. Ver Ricoeur, 1983, pp. 28, 36-40].

    6. "O tempo (...) é finalmente coextensivo ao ser" [Merleau-Ponty, 1960, p. 197].

um caráter de significância"; de outro, "o estar-aqui (...) é aquilo que é, sempre somente como particular e jamais como estar-aqui geral", o que seria o observador, o /ele/ [Heidegger, *op. cit.*, pp. 19 e 21].

Os trabalhos de Benveniste sobre os *Noms d'agent et noms de action* permitem introduzir outro tipo de ilustração. Na língua, os sufixos são produtos do discurso. Essa é a posição de Benveniste. Portanto, nada impede que, ao utilizar esse ou aquele sufixo, eu faça valer que estou na ordem do tempo crônico ou do tempo linguístico. Essa categorização do tempo tem um alcance geral, como testemunha a análise dos dois sufixos do grego antigo.

5• -σις *vs* θμός.

O fato de dançar, por exemplo – tempo crônico, uma vez que se trata de um acontecimento enquadrado por outros acontecimentos –, pede o sufixo em -σις:

ὄρχησις: a dança, considerada como objeto.

Mas se quero indicar como tal dança se desenvolve sob meus olhos, em seu tempo, em sua maneira de ser particular, escolherei o outro sufixo, -θμός: ὀρχηθμός: a dança, "tal como ela se apresenta a meus olhos", sob minha perspectiva [Benveniste, 1948, p. 86]. Da mesma forma, o ritmo, cujo prefixo é -θμός, cai no domínio da percepção. O que percebo é um fluxo, "uma maneira particular de fluir"; um bulir, o "bulir do tempo", para retomar uma expressão de Merleau-Ponty [Merleau-Ponty, 1960, p. 197]. O objeto ritmado, digamos, um vestido, é reconhecível pelo fato de sua forma ser "momentânea, modificável". Suas variações resultam de um "arranjo sempre sujeito à mudança" [*PLG II* (1951), p. 368].

Somos levados, portanto, a tomar como referência o presente do discurso. Ora, esse presente é vivido e não pensado. "Inerente à enunciação", ele é manifestado pelo presente formal [*PLG II* (1970), p. 85]. Dito de outra forma, ele é implícito, uma "forma vazia"[7]. Decorre daí que não se pode falar do presente senão de forma imediata. Desse modo, estamos no direito de mencionar um "tempo objetivo" (ou inversamente de um tempo subjetivo)? [Desanti, 1992, p. 103]. Isso seria equivalente a negligenciar este fenômeno que está na base da análise discursiva: a operação metalinguística de objetivação (ou de subjetivação) efetuada por uma instância enunciante[8]. Para delimitar mais de perto esse processo fundamental, a partir de agora falarei de tempo *objetivado* e de tempo *subjetivado*.

Dois diagramas simples representarão a diferença de foco. Para o diagrama do tempo objetivado eu tomarei o exemplo 1•:

O fato, simbolizado por um ponto (a entrega do artigo ou, mais exatamente, a instância enunciante $x$ remete um objeto $y$ a um indivíduo $z$), se situa no não presente. Aconteceu (acontecerá) em uma data precisa do calendário gregoriano. Voltemos um instante a Benveniste: o passado e o futuro são apenas projeções a partir do único

---

7. A forma vazia que chamamos "presente" não tem outro conteúdo além da repetição de sua própria anulação" [Desanti, 1992, p. 188].

8. Substituir a "instância enunciante" pela "instância do discurso" permite o acesso a um nível de generalidade mais elevado. Remeto aos traços definidores da instância do discurso em Benveniste [cf. acima, pp. 112-3.]

tempo, o presente. São "visões acerca do tempo projetadas para trás e para a frente a partir do ponto presente" [*PLG II*, (1965), p. 76]. "Visões" quer dizer conceitos, ao passo que o presente, o "presente vivo", remete à experiência temporal de sua instância singular[9]. Os dois colchetes enquadram o acontecimento, e a flecha indica trivialmente o "sentido" do tempo[10].

O exemplo 3• autoriza uma representação de mesma natureza: o hino relacionado à sua instância produtora se desdobra em células sucessivas de tempo idêntico:

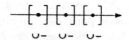

O diagrama do tempo subjetivado é construído sobre o mesmo princípio: um ponto para a instância enunciante e parênteses móveis para marcar as fronteiras instáveis de um campo fenomenal munido de seu duplo horizonte, um horizonte de futuro reduzido ao "amanhã" e um horizonte de passado reduzido ao "ontem"; são as limitações do presente "próximo" que são objeto da reflexão de Benveniste em artigos que se tornaram célebres e que ilustram *avant la lettre* o Mersault de *O estrangeiro*[11]:

---

9. "Die lebendige Gegenwart", afirma Heidegger, dando continuidade a Hurssel [Heidegger, *op cit.*, p. 17].

10. Utilizo o esquema de que se serve Desclés para registrar um acontecimento: "Um intervalo é considerado limitado quando a distância entre os dois limites pode ser medida por um número finito (isto é, o intervalo é comensurável com uma duração)" [Desclés, 1987, p. 117].

11. [*PLG I* (1956) pp. 278-80] e [*PLG II* (1965), p. 79]: "As palavras ontem ou amanhã eram as únicas que guardavam um sentido para mim" [Camus, 1957 (1942), p. 119].

A dupla orientação remete ao sítio da instância enunciante, à sua mobilidade, ao ponto de vista que é o seu, à percepção que ele tem dos objetos estáveis ou instáveis que estruturam seu próprio campo de realidade.

*NB*: A dupla orientação a partir de um centro do discurso oferece oportunidade para uma observação sobre a *intencionalidade*. O conceito parece-me inadequado linguística e semioticamente, ao menos de duas maneiras. Ele está inicialmente relacionado, por definição, a um fenômeno de "consciência". Ora, apenas a instância sujeito (e uma projeção dessa instância como "terceiro actante") pode ter intenção. A instância não-sujeito, que temos necessariamente que introduzir em toda análise da linguagem, é, igualmente por definição, desprovida de "julgamento", portanto, de intencionalidade[12]. A segunda observação diz respeito à orientação unidirecional da intencionalidade, que geralmente os usuários desse conceito, aí compreendido Heidegger em nosso texto de referência[13], valorizam. É o porvir que é afetado, ou, em termos espaciais, o objeto colocado à nossa frente. A respeito do modo da configuração narrativa, dir-se-á, por exemplo, que uma relação de intencionalidade liga o predador à sua presa [Petitot, 1985, p. 52]. Em linguística, Brøndal adota a mesma orientação, quando – ao ver na sintagmática um "movimento" que permite a uma unidade de língua encontrar no seio da frase o sítio que lhe convém, usando o tempo suficiente para chegar a seu termo – propõe essa

---

12. Desanti comenta o parágrafo 84 das *Ideen* de Husserl: "É a intencionalidade que caracteriza a consciência" [Desanti, 1992, p. 150].

13. Heidegger considera a intencionalidade "tal como ela é explicitada por Aristóteles" como um movimento (o movimento do ser) que vai da produção (*Herstellung*) ao produto (*Hergestellt*) [Heidegger, *op. cit.*, pp. 51-2].

formulação transparente para um admirador de Husserl: o discurso é um "discurso-intenção". Dir-se-á, ainda, que Benveniste partilhou dessa preocupação, e mesmo do vocabulário: um tempo unidirecional é condição necessária e suficiente para construir, por oposição, a uma significação do denotado, uma "significação do intentado", que caracteriza o universo do discurso [Brøndal, 1943, p. 55 e Benveniste, 2006 (1966), p. 234][14].

Se eu retornar por um instante aos traços específicos do tempo subjetivado, observarei que ele é propício para registrar a experiência singular de uma instância cujo campo fenomenal é instável[15]. Ora, até agora, o presente de referência interna não tem sido considerado nos diagramas simples que eu apresentei. Entretanto, é a partir dele que se constrói tanto o tempo objetivado quanto o subjetivado. Esse diagrama é, portanto, duplo e comporta três enfoques:

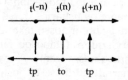

O momento do presente em que se situa a instância enunciante *de origem* é marcado $t_0$; o momento objetivado ou subjetivado levado em consideração é marcado $t^{(-n)}$, $t^{(n)}$, $t^{(+n)}$, conforme o caso (enfoque retrospectivo, enfoque concomitante ou enfoque prospectivo). A flecha vertical corresponde à assunção pela instância enunciante

---

14. Encontramos tal interesse pela intencionalidade entre os linguistas contemporâneos, Ruwet, por exemplo [Ruwet, 1991, 13, 1].

15. Claudel escreve em seu *Art poétique*: "O movimento e o tempo são expressões homólogas de um mesmo fato" [Claudel, 1957, p. 138].

(instância originária $t_0$ ou instância *projetada* $t_p$ a partir de $t_0$) do *acontecimento* (tempo objetivado) ou da *experiência* (tempo subjetivado). A flecha horizontal é função: 1º) da ordem de aparição cronológica dos fenômenos (acontecimento ou experiência); 2º) da dupla orientação, retrospectiva, ou prospectiva da apreensão.

*NB*: Para não complicar o dispositivo, o diagrama proposto não leva em conta a defasagem temporal obrigatória entre o momento $t_0$ – falamos *no* presente – e no momento $t^{(+1)}$ – falamos *do* presente. É assim com todos os discursos.

O retorno ao exemplo 4•

*Vejo o avião mergulhar em minha direção*

nos dará oportunidade para uma primeira aplicação desse novo diagrama, mais completo. Em um dado campo fenomenal são colocados em cena dois actantes denominados convencionalmente sujeito (S) e objeto (O). Nada é dito sobre a mobilidade da instância enunciante sujeito ("Vejo"), mas sabe-se que o objeto percebido desloca-se em grande velocidade, pois o processo denominado "mergulhar" o supõe. A representação seguinte, aplicável ao tempo subjetivado em foco concomitante (o "eu" descreve uma experiência perceptiva singular em *seu* presente), esquematiza a situação:

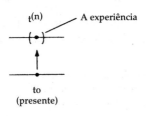

A questão que se coloca é saber qual critério escolher para distinguir acontecimento de experiência. É o estatuto da instância originária que deve nos guiar e não a forma do indicador, "eu" ou "ele". Temos, portanto, que determinar se estamos em presença de um observador, de uma não--pessoa, ou de uma pessoa; se estamos no registro do /ele/ ou no do /eu/. Pode-se constatá-lo com o exemplo 4•. Dizer:

*Ele vê o avião mergulhar sobre ele*

em nada muda a análise. Quer seja com "eu" ou com "ele" trata-se sempre de uma pessoa que vive uma experiência perceptiva singular. É verdade que para passar de um tempo a outro, de um registro a outro, basta uma mudança de ângulo. Darei alguns exemplos desse jogo, evidentemente múltiplo[16]. O primeiro assumiu o "valor de provérbio" entre os filósofos[17]. Devemo-lo a Bergson:

6• *"É preciso esperar que o açúcar dissolva"*

O foco é prospectivo:

Mas o problema colocado é o da expectativa. Se se tratasse de uma experiência de laboratório que utilizasse

---

16. Não é a totalidade que é preciso reter, mas as "dobras" do ser (*mehrfältig*), afirma Heidegger, *op. cit.*, p. 49.
17. Segundo Grisoni, o interlocutor de Desanti [Desanti, 1992, p. 84].

um instrumento de medida, nós estaríamos no tempo objetivado. Está excluída nesse caso a interferência "do tempo das coisas e a temporalidade própria de quem quer que esteja relacionado a elas" [Desanti, 1992, p. 85]. Em outras palavras, o tempo das coisas é o único que importa.

Ao contrário, se se tratar de um desejo, de uma necessidade ou de uma demanda, para retomar a tripartição lacaniana, o fenômeno da espera é patente[18]. A espera requer "a dimensão temporal da antecipação", na qual Ricoeur se apoia em diversas ocasiões, a "que acompanha o jato na frente do si do próprio agente"[19]. Seu domínio próprio é, portanto, o do tempo subjetivado.

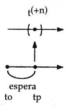

---

18. O texto de Bergson se refere aparentemente a uma necessidade. "Quando se quer preparar um copo de água com açúcar (...), deve-se forçosamente esperar que o açúcar se dissolva" [Bergson, 1987, p. 12].

19. Assim, em *O si mesmo como um outro*. Campinas: Papirus, s.d., p. 106]. O "antes de si" faz referência ao vocabulário de Heidegger (*Sichvorweg*) [Ricoeur, 1985, p. 365].

O segundo exemplo é extraído de um diálogo cuja análise necessita de um diagrama em três níveis:

7• *"O senhor tem cinquenta e dois anos! Mas parece ter trinta!" Como o senhor faz para não envelhecer?"*

A idade real, registrada pelo estado civil, é da alçada do tempo objetivado; a idade aparente, da do tempo subjetivado:

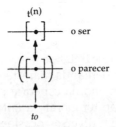

Sobre o eixo do aparecer, a inserção do tempo objetivado no tempo subjetivado se explica pelo fato de toda numeração pertencer de direito ao tempo objetivado. Lembremos que $t_0$ remete, em um enfoque concomitante, à instância de origem, ao locutor presente em sua enunciação, diria Benveniste, à instância sujeito aqui implícita.

Segundo a perspectiva adotada, o objeto a ser determinado pode, portanto, deslizar de um domínio temporal a outro. Eu retomaria agora uma célebre análise de *O estrangeiro* feita por Sartre. Cada frase corresponde a um "indivisível, um átomo de tempo" ou ainda a "uma cintilação de pequenos brilhos sem amanhã" [Sartre, 1947, pp. 117-9]. Se todos os momentos sucessivos de uma vida têm o mesmo valor, observa Meursault, então "morrer com trinta ou setenta anos faz pouca diferença (…). O momento em que morremos, como e quando, isso não importa, era evidente" [Camus, 1957 (1942), pp. 166-7].

8•

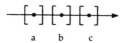

Trata-se de células de tempo justapostas. Essa sucessão de presentes objetivados e isométricos permite estabelecer que $a = b = c$.

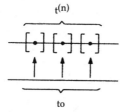

Mas esse tempo pensado não é o tempo, ou, se o quisermos, é o tempo da narrativa, do /ele/. Ao "era evidente" do Meursault que raciocina, temos o direito de contrapor que não há evidência apodíctica[20]. Ora, justamente, o que a pessoa Meursault tenta fazer é *se apropriar do tempo*; em outros termos, subjetivá-lo: daí a importância conferida por ele ao tempo de paz vivido à noite, quando os objetos do mundo manifestam-se em luz doce, a integralidade de suas propriedades lhe são presentes, a ele apenas. Não se trata mais de

---

20. "A evidência jamais é apodíctica, nem o pensamento é atemporal" [Merleau-Ponty, 1989, p. 42].

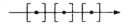

mas de:

E, se a luminosidade é muito forte, as formas, tanto quanto as fronteiras dos objetos, se tornam movediças, saem de seu campo de percepção e, ao mesmo tempo, retornam ao universo da angústia, o do tempo objetivado.

Outro testemunho dessa inversão é a história atribuída à instância enunciante figurativizada pelo pai de Meursault. Ele assistira a uma execução pública e não pudera suportar o espetáculo da aplicação da pena capital. De certa maneira, todos estamos condenados à morte. Não podemos escapar à relação *de heteronímia* pela qual o tempo, unidirecional, avança do ponto – ao ponto –, em que cada movimento, mesmo o vivido pelo corpo próprio ou por uma subjetividade singular (o corpo próprio não é o sujeito), é imediatamente substituído pela objetivação na série dos acontecimentos programados por um terceiro, o terceiro actante, regulador da heteronímia, e, finalmente, da morte. Denominemos esse tempo objetivado e finalizado de *tempo do terceiro actante*:

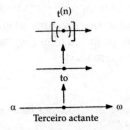

Os três estágios são concordes em direção ao "futuro": a instância reguladora, o terceiro actante, a instância de origem e seu correlato (o acontecimento que enquadra a experiência). Assim se encontra manifesto o fato de que, qualquer que seja a importância de uma experiência vivida por uma instância determinada, essa experiência é necessariamente revertida em um acontecimento, signo da passagem à heteronímia. O discurso mítico ou histórico fornece bons exemplos. Quando, na Bíblia, Iavé se denomina "Eu sou", ele subtrai a si próprio o direito à temporalidade. Daí esse diagrama que usa de um simples traço contínuo *sem orientação*:

9• *"Eu sou"*[21] [Antigo Testamento, Êxodo 3, 6.14]

Mas, como observa Ricoeur, Iavé fala e age em razão do pacto de fidelidade firmado por Ele com os homens: "A eternidade de Iavé é antes de tudo a fidelidade do Deus da Aliança que acompanha a história de seu povo" [Ricoeur, 1985, p. 380]. Assim, o terceiro actante substitui o tempo sem orientação que lhe é próprio por um tempo crônico no qual ele pode inscrever sucessivamente "o Deus de Abraão, o Deus de Isaque, o Deus de Jacó". Notemos: apesar da referência a nomes próprios, a uma linha contínua pai-filho (Abraão é pai de Isaque, que é pai de Jacó), a história do povo de Israel só pode ser coletiva; as experiências e as ações individuais devem encontrar aí seu lugar e se fundar. Os acontecimentos integradores que a instância originária é convidada a assumir são todos os três equivalentes na medida em que repetem o ato de aliança inicial.

---

21. É também o grafismo adotado por R. Thom para a primeira de suas morfologias arquétipas ("ser") [Thom, 1970, p. 248].

## 10• "O Deus de Abraão, o Deus de Isaque e o Deus de Jacó"

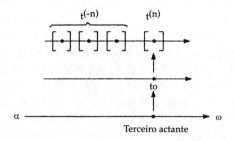

Na perspectiva da instância de origem ($t_0$), o terceiro actante é a autoridade que está por detrás, que comanda sua narrativa no presente ao mesmo título que faz os acontecimentos que ele se põe a narrar sucederem-se (entre colchetes, a tripla retomada da aliança $t^{(-n)}$), e aos quais ele, por sua vez, $t^{(n)}$ se convida a integrar.

Fornecerei uma última ilustração da prevalência do futuro. Ela não está diretamente ligada à relação de heteronímia, mas encontra aí uma forma de sustentação. A presença habitual nessa relação do terceiro actante talvez explique por que a relação de autonomia, que integra o futuro, deslize tão facilmente para a relação de heteronímia.

Apoiando-me dessa vez no princípio da intencionalidade, será suficiente para estabelecer que, ao se deslocar, o sujeito não cessa de se transformar, que o objeto não atinge seu estatuto de objeto "real", sua determinação completa, a não ser nas mesmas condições temporais[22]. Para retomar a proposição do filósofo, "o advir a"

---

22. "A intencionalidade, tal como é utilizada nas *Recherches* (de Husserl) e nas *Leçons*, de 1905, é fundamentalmente "objetivante" – por isso entendo significar que a intencionalidade atinge sua realização em uma determinação de objeto então apreendido como efetivamente presentificado" [Desanti, 1992, p. 151].

(*Zu-kommen*) e "o a vir" (*Zu-kunft*) são aparentados: o primeiro gera o segundo[23].

11• *"Porvir. Por vir! A coisa que está por vir! A coisa à nossa frente que já está – potencialmente, como se diz – e que conta conosco, com nosso movimento, inelutável – com nossa atividade linear na mesma direção para se realizar..."* [Claudel, 1958, p. 255]

Sejam dados estes diagramas da "atividade linear":

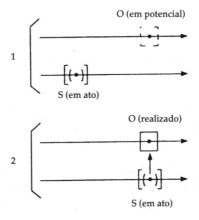

Representemos por meio de um quadrado pontilhado o objeto em potencial, "a coisa à nossa frente", "a coisa que está por vir"[24], e por um quadrado de traços contínuos a "coisa" realizada. As flechas horizontais indicam convencionalmente o futuro. A flecha vertical representa a

---

23. "Se deixar advir a si (*sich auf sich zukommen lassen*) é o fenômeno originário do a-vir (*Zukunft*)." Heidegger, *L'Être et le temps*, § 325, citado por Ricoeur [1985, pp. 103-4].
24. Em oposição eu remeto à análise da espera e à citação de Ricoeur [Ver acima, p. 123].

assunção do objeto agora realizado pela instância enunciante sujeito "como efetivamente mostrado", nos diz Desanti. Na perspectiva da intencionalidade, a objetivação que atinge tanto a instância enunciante sujeito quanto o objeto, o tempo objetivado encerra o tempo subjetivado; o acontecimento, a experiência.

Retomarei agora o texto de Claudel duas páginas adiante para ilustrar o deslizamento – é preciso dizer, "natural"? – da relação de autonomia para a de heteronímia. Não somente as coisas têm necessidade de nosso movimento, de nosso tempo, para adquirir as determinações que até então não possuem senão em "termos potenciais", mas as pessoas não são verdadeiramente o que devem ser a não ser quando o trajeto está concluído[25]. Ora, esse movimento pode ser auxiliado ou reprimido, mas, sobretudo, submete-se a uma *força de atração*. Assim, revela-se o poder do terceiro actante, representado por uma de suas figuras, o anjo: é aquele que marcha à nossa frente, "de costas" sobre o "caminho do ulterior" como o afirma ainda Claudel:

12• *"Se cada um de nós tomasse um tempo para refletir sobre seu próprio destino, quem não se daria conta de certo convite à sua frente, e, lateralmente, à direita e à esquerda, de arranjo de rejeições e de estímulos. Como afirma o salmo, há um anjo que marcha diante dele – de costas"* [Claudel, 1958, pp. 254 e 257].

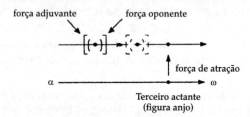

---

25. Ser é ser-acabado, ser no qual o movimento chegou a seu termo [Heidegger, *op. cit.*, p. 43].

Como no exemplo precedente, registro com traços contínuos a instância enunciante sujeito, e com traços pontilhados sua forma "potencial". Duas flechas oblíquas representam a força adjuvante e a força oponente ("impulsos" e "repulsões"); por uma flecha vertical, a força de atração exercida sobre o sujeito pelo terceiro actante.

Tentamos opor a autonomia à heteronímia. De fato, já o observamos, a instância de origem necessita desses dois registros para marcar sua relação com o tempo. Claudel pode afirmar, conforme o ponto de vista adotado, que "o presente não é absolutamente nada" (em relação de heteronímia), ou então que "Esse não é de modo algum o futuro que vislumbro; é o próprio presente que um deus nos pressiona a decifrar" (em relação de autonomia) [Claudel, 1958, p. 255; 1957, p. 126]. Para fazer valer a mudança de perspectiva e suas implicações, ele gostaria de retornar ao tempo subjetivado e a um de seus traços definidores. É o problema dos limites do campo de experiência. É preciso dizer que "o desabrochar circular" da instância de origem se estende além dos horizontes[26], que "esse mundo que não está em mim (...) que em certo sentido não é senão o prolongamento do meu corpo?", que ele vai "até às estrelas"[27]? Com exceção dos últimos exemplos apresentados, que pertencem à temporalidade própria do terceiro actante (ex. 9•, 10•, 11•, 12•), os demais se referem ao *real do mundo comum* (*Mitwelt*). O que se coloca em cena é uma instância sujeito cujos atos engajam a cognição ou a percepção imediata. No entanto,

---

26. Indo no sentido do tempo subjetivado, M. Blanchot observa que para Claudel "o presente não é um ponto, ele é o constante esgotamento circular do ser em perpétua vibração" [Blanchot, 1959, p. 89].

27. "Meu corpo vai até as estrelas" é uma releitura de Bergson por Merleau-Ponty [Merleau-Ponty, 1964b, p. 83].

os exemplos que apresentarei agora supõem que a realidade assim abordada não é a realidade integral; que é preciso levar em conta uma "proximidade por distância"[28]; que o campo de realidade é duplo, imediato e mediato e que, nesse universo segundo, mundo-do-si (*Selbst-welt*), "imaginário" e presente, o tempo obedece a outras regras além dessas que nos são habituais. O tempo, por exemplo, se acelera ou retarda no modo do excesso, ou mesmo se alia, apesar do terceiro excluído, à extrema velocidade, à extrema lentidão; ele se desdobra, passando de uma hora a um ano ou, ao contrário, se condensa e adquire, por um processo repentino de alinhamento, uma estranha propriedade, a "eternidade existencial" [Merleau-Ponty, 1964b, p. 321]. Denominarei esse tipo de tempo de *tempo do não-sujeito*, é o tempo do corpo próprio e é também o tempo da "carne"[29]. Por meio dele temos acesso à "tessitura imaginária do real" [Merleau-Ponty, 1964a p. 24]. Uma representação bidimensional desse "lugar" em que o tempo não tem mais os mesmos valores é ainda mais aproximativa que os diagramas temporais que já propus. Admitamos, entretanto, que o esquema seguinte seja interpretável ao mesmo tempo como uma *extensão* do campo comum e como um *esvaziamento* desse mesmo campo.

---

28. "Seria preciso voltar a essa ideia da proximidade por distância, da intuição como auscultação ou palpitação em espessura." Tal é o mundo de acesso à terceira dimensão; as coisas não estão "diante de nós expostas como espetáculos perspectivos"; para compreendê-las temos que entrar na percepção, mantermo-nos em "seu contato distante" [Merleau-Ponty, 1964b, pp. 170 e pp. 273].

29. Com a "carne" trata-se do gozo e do sofrimento, geralmente da ordem do sensível; com o corpo, "de uma potência – de um eu posso", nos diz Merleau-Ponty. Consequentemente, para ele, "a filosofia de Freud não é filosofia do corpo, mas da carne" [Merleau-Ponty, 1964b, pp. 278 e 324].

"proximidade por distância"
(Mundo 2: "imaginário")

"proximidade das coisas"
(Mundo 1: "real")

Nesse universo segundo, os acontecimentos não têm mais vez, ou melhor, são imediatamente transformados em experiência. Do mesmo modo, é o ponto de vista da instância que experimenta a duração que levarei em conta (e não o do narrador). Instância corporal (não-sujeito) e não o da instância de julgamento (sujeito). Para ilustrar esse ponto recorrerei um texto bem conhecido de Marguerite Duras, *Le Ravissement de Lol V. Stein*. Quando o narrador nos diz que o fim do baile é também o "fim do mundo", é esse fim, "o instante preciso" desse fim, equivale dizer, dessa morte, que Lol experimenta:

13• *"A aurora chega com uma brutalidade inaudita (...) [com uma] fulminante rapidez (...)"* [Duras, 1980 (1964), p. 46].

A brutalidade, a fulminação provocada pela aurora são as figuras de um fenômeno que não pode ser percebido no mundo comum. Comparativamente, dir-se-á que a instância do tempo objetivado, um observador (uma câmera, por exemplo), que ocupa um outro lugar, teria registrado o modo progressivo que conduz, de forma imperceptível, da aurora à alvorada e desta ao dia. No caso de um corpo *que percebe* e, no caso, de um corpo *lamuriante* (pois o fenômeno natural da aurora transformou-se, na visão de Lol, em força agressora), não há assunção, uma vez que essa função só pode ser mantida por uma instância sujeito.

Um esquema idêntico seria conveniente, parece-me, para outra experiência feita por Lol, ao menos se acreditarmos no narrador, que tenta fazer que seu olhar concorde com o dela tão de perto quanto lhe é possível, chegando até, talvez, à coincidência; mesma mobilidade do objeto que é percebido ao chegar sobre ela, aliando dessa vez paradoxalmente a extrema velocidade à lentidão, donde este oximoro: "bólido lento" e mesmo a agressão que a coloca em perigo:

14• *"Um casal de amantes chegou-se a ela, bólido lento, tenaz primitiva do amor (...)"* [Duras, 1980 (1964), p. 181].

Ainda aqui, apenas uma instância não-sujeito é capaz de percorrer esses dois processos conjuntos e contrários: rápido, extremamente rápido (tal como um bólido) e, ao mesmo tempo, lento. A "tenaz primária" ("bárbara" ou "originária", diria talvez o fenomenólogo), cuja funcionalidade em potencial pode ser evocada por uma série de processos organizados em um programa, tal como a captura seguida da devoração que ocasiona a morte, figurativiza aqui o instrumento da agressão.

Outras passagens manifestam claramente um desdobramento de instâncias sem que, entretanto, saiamos da esfera do não-sujeito. Lol, de fato, não cessa de colocar-se em cena no modo fantasmático. O exemplo de que me valho agora corresponde a um programa de aparência anódina: despir uma mulher. A percepção que se tem obedece ao princípio de proximidade à distância. Na terceira dimensão, "as coisas coexistem cada vez mais próximas, elas deslizam umas sobre as outras e se integram" [Merleau-Ponty, 1964b, p. 272][30]. Percepção e não visão: "Ele a

---

30. Em *Le Primat da la perception*, Merleau-Ponty observava que o real se nos oferece "deformado", de acordo com o lugar que ocupamos: "é a esse preço que ele pode ser real" [Merleau-Ponty, 1964b, p. 48].

teria despido lentamente de seu vestido negro e o tempo decorrido fez que uma grande etapa da viagem tivesse sido vencida" [Duras, 1980 (1964), p. 49]. Ora, esse programa que comanda "a aniquilação" desejada jamais será realizado

> 15• *"Esse arrebatamento alentecido do vestido de Anne-Marie Stretter, essa aniquilação do veludo de sua própria pessoa, Lol jamais conseguiu levar a seu termo.* [Duras, 1980 (1964), p. 50].

Se adoto por um instante o método de Zalig Harris [*Discourse Analysis*, 1963], estabelecerei as equivalências formais:

| esse arrebatamento alentecida do vestido de Anne-Marie--Stretter | essa aniquilação do veludo de sua própria pessoa |

O paralelo esclarece a sobreposição das duas experiências inacabadas, sendo uma o duplo da outra, e a absorção do tempo no presente isolado.

Em $t_0$, o não-sujeito, a instância organizadora da encenação. A flecha vertical é pontilhada para que a distingamos da flecha horizontal contínua, utilizada para registrar a assunção por um sujeito. Em $t^{(n)}$, a dupla experiência equivalente. O campo fenomenal está restrito a um presente repetitivo. A orientação das flechas horizontais indica o movimento de absorção:

> "O homem de T. Beach tem mais que uma tarefa para realizar, sempre a mesma no universo de Lol: toda tarde Michaël Richardson começa a despir outra mulher que não Lol, e quando outros seios surgem, brancos sob o tecido negro, ele permanece lá: ofuscado, um Deus exaurido por esse desnudamento, sua tarefa única, e Lol espera inutilmente que ele a recomece" [Duras, 1980 (1964), p. 50].

Claro, o tempo do não-sujeito não está reservado à "ficção" romanesca, ainda que esse termo, embora usual, seja particularmente impróprio, uma vez que "o livro muito rapidamente realiza esse milagre de fazer com que o escrito se torne vivido" [Duras, 1993]. É o milagre do "escritor de poemas", segundo a expressão de Deguy[31], ou, no mundo não verbal, do pintor – tema central de *L'Oeil et l'esprit* – e, de modo geral, de quem, ao recusar "perder-se no mundo exterior", tenta se aglutinar da periferia em direção ao centro" – e assim penetrar a própria coisa [Bergson, 1987, pp. 182-3]. A experiência desse tipo de tempo é, portanto, largamente difundida, na verdade banal, por menos que se lhe dê atenção.

Se eu colocar-me agora do lado das instâncias, serei levado a estabelecer que o não-sujeito – exceto em casos clínicos – se reveza com o sujeito; ou melhor, que eles se apoiam mutuamente. Os diálogos, tal como se pode observar no dia a dia, nos oferecem frequentemente a oportu-

---

31. "A grande função da poesia" para Deguy "é precisamente a aproximação, sem que o sistema métrico da descida, o próximo e o que é longínquo" [Deguy, 1993, pp. 22 e 37]. Em um texto mais antigo, ele apelava para um corpo poético como se diz corpo glorioso (...) sempre já coextensivo a qualquer coisa" [Deguy, 1966, p. 273].

nidade de observar casos semelhantes. Eu retomarei o exemplo 7• completando-o. A resposta para a questão "Como o senhor faz para não envelhecer?" era:

> 16• *"É um segredo. Aliás, que não me impede de ficar doente. Essa tarde vi meu médico clinicando: pressão: 29/13. Ela não me deixou partir e me segurou por um ano.*
> *Ele pareceu surpreso pela resposta que acabara de dar e permaneceu aturdido: ele havia dito "um ano" e queria dizer "uma hora".*

No mundo do "imaginário" o desdobramento do tempo (*die Zeitigung*) é o sintoma de uma angústia [Heidegger, *op. cit.*, p. 28]. O lapso, essa palavra que deixamos escapar, como se diz, é o signo verbal. O retorno ao mundo comum é marcado ao mesmo tempo por uma paralisia momentânea (ele permaneceu desconcertado) e pela retificação (ele quis dizer "uma hora"). Dois diagramas em paralelo representam a alternância: inicialmente, o não-sujeito, em seguida, o sujeito.

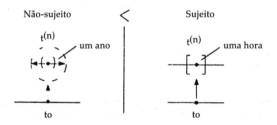

Quando a instância é não-sujeito (um corpo que sofre), a medida do tempo se torna uma experiência do tempo. Escapamos então à regra fornecida no momento da análise do exemplo 7•: toda mensuração numérica pertence de direito ao tempo objetivado, que cede o lugar para o tempo subjetivado. A flecha vertical pontilhada lembra que o lapso é uma forma da relação fantasmática. As flechas horizontais centrípetas marcam a expansão temporal até aos limites do mundo "imaginário". Quanto ao diagrama do sujeito, ele é o do mundo comum: a instância originária assume o acontecimento e sua duração aproximativa "real".

O caso inverso é o do *alinhamento do tempo*. O esquema comporta analogias com o precedente visto que a experiência do não-sujeito é anterior à assunção do controle pelo sujeito. Mas a situação é diferente ainda que o tema seja o mesmo, a doença. O exemplo é extraído de *Em busca do tempo perdido*. Marcel está novamente instalado no Grande-Hotel de Balbec-Plage. "Desde a primeira noite" ele sofre "de uma crise de fatiga cardíaca":

> 17• *"Esforçando-me para domar meu sofrimento, abaixei-me lenta e prudentemente para me descalçar."*

Ora, outrora, por ocasião da "primeira noite", nesse mesmo hotel, ele também estivera doente, "tomado pela febre até os ossos". Para deitar teve de fazer os mesmos gestos preparatórios: tocar os primeiros botões de suas botinas. Objetivamente, vários anos separam os dois acontecimentos; aquela que o consolava, que se desdobrava para poupar-lhe toda dor, sua avó, está morta. Era ela que quando ele estava em vias de ser acometido por suas crises de falta de ar vestia seu "avental de camareira e protetora, "seu hábito de religiosa", e o descalçava, evitando-lhe a crise. A história de então e de agora começam da mesma maneira. E vão prosseguir de uma forma estranhamente similar:

> 17 (continuação)• *"Agitação de todo meu ser (...) com dificuldade alcancei o primeiro botão de minha botina, meu peito se encheu, repleto de uma presença desconhecida, divina, soluços me sacudiram, lágrimas correram de meus olhos."*

O corpo que sofre obtém, assim, novamente sua libertação. Ele reconhece – sem levar em conta o tempo – "o ser que vinha em [seu] socorro"; aquele que, "vários anos antes, em um momento de desfalecimento e de solidão idênticos" o havia despido. Ele estabelece uma relação "sem solução de continuidade" entre esses dois momentos nos quais, ao sofrimento, sucede "de forma totalmente natural" um apaziguamento súbito, "como se no tempo houvesse séries diferentes e paralelas"[32] [Proust, 1954, t. 1, pp. 667-8; t. 2, pp. 755-63].

Dois esquemas, um puramente cronológico, outro que faz intervir o processo de alinhamento realizado pelo não-sujeito, fazem aparecer por contraste a especificidade temporal dessas "experiências da carne", que asseguram, como afirma Merleau-Ponty, uma coesão sem conceito" [Merleau-Ponty, 1964b, p. 199]:

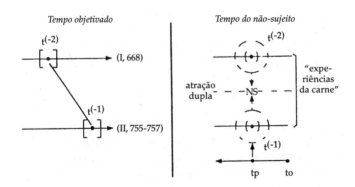

Os dois momentos, disjuntos cronologicamente, tornam-se concomitantes em seguida à operação de atração

---

32. Sobre o estatuto "magnético" do corpo, ver a célebre experiência da Madeleine [Coquet, 1991, p. 210].

efetuada pelo não-sujeito (plano mediano pontilhado). Essa identificação das experiências ($t^{(-2)} \equiv t^{(-1)}$) supõe aqui *a atemporalidade* do corpo próprio e da "carne". A instância projetada pela instância originária, a do narrador-escritor ($t_0 \to t_p$), assume em seguida um processo que lhe era de direito estranho.

Quando Benveniste apresentou as relações do tempo no verbo francês moderno, em 1959, dissociando o sistema da conjugação do sistema temporal, ele contribuiu fortemente para uma mudança nos hábitos de pensamento. Porém ainda mais fundamental era sua proposição, de alguns anos antes, em 1956, acerca da instância de discurso. Aqui se encontra, a meu ver, o ponto de ancoragem da fenomenologia. Graças à noção de instância, generalizada, segundo Benveniste, em "instância enunciante" [Coquet, 1987, p. 13], era reintroduzido o problema crucial do real, que se acreditava obsoleto (lembremo-nos de que as teorias dominantes nos anos 60 tratavam a linguagem como uma representação, isto é, adotavam o estrito ponto de vista cognitivo). A linguagem faz parte do real e o discurso prima sobre a língua. Nessa perspectiva, o presente, o "presente vivo", está no centro do dispositivo. É a partir dele que se constroem o tempo objetivado (objetivado e finalizado em certas condições), próprio para registrar o acontecimento, e o tempo subjetivado, mais exatamente, os dois tempos do sujeito e do não-sujeito, apropriados para registrar tanto a opção da experiência do mundo comum – quanto ao preço de uma mudança de instância – como a do mundo do corpo próprio e da carne.

O enfoque fenomenológico levou, assim, o pesquisador a unir o sistema temporal às instâncias discursivas e a abrir o leque das marcas linguísticas. O que conta, então, não são tanto as formas verbais ou a combinatória de "nomes" metalinguísticos, de "referências" gramaticais, tais como o "eu", o "isso", o "amanhã"..., e sim o conjunto dos indicadores de pessoa, de atos, de posições e de movimento, portanto de tempo, especificando um campo fenomenal ocupado por uma instância singular. É a via na qual se engajou, não sem audácia, Benveniste.

SEGUNDA PARTE

# PESQUISA E MÉTODO: HISTÓRIA, LITERATURA, POLÍTICA

CAPÍTULO I
# O QUE É UM OBJETO DE PESQUISA?[*]

À questão acima poderíamos responder inicialmente de forma oblíqua, interrogando-nos acerca do peso da instituição. É ela quem determina o que deve ser ou não objeto de pesquisa. Assim, em minha área, as ciências da linguagem, o CNRS, Centro Nacional de Pesquisa Científica, considerou como prioritárias a informática e as ciências cognitivas. Desse modo, não é difícil prever para onde irão as verbas ou fixar o perfil dos pesquisadores que serão contratados. Aliás, o CNRS apenas repercute uma decisão tomada pela grande maioria dos laboratórios da comunidade internacional. Ao funcionar como um polo de atração, o progresso tecnológico, no caso, a informática, condiciona a maior parte, senão a totalidade, das pesquisas; daí o desenvolvimento da inteligência assistida (chamada artificial), dos aplicativos, do gênio cognitivo, (a transferência de conhecimentos), das multimídias etc. A ideia propagada é a de que as ciências cognitivas constituíam um objeto de pesquisa, talvez o bom objeto de

[*] *Hors Cadre* 10, 1992, pp. 61-70.

pesquisa, na teoria e na prática. Com o sucesso financeiro e comercial ajudando, adquiriu-se até mesmo o hábito de distinguir dois períodos da atividade científica, um chamado BC (*before computer*) e o outro AC (*after computer*). Em um momento em que as autoridades se esforçam para relacionar a pesquisa fundamental à pesquisa industrial, é o triunfo da racionalidade de mercado.

O objeto de pesquisa é, assim, de início, assimilado a um objeto formal, dito de outra forma, a um objeto puramente relacional, próprio ao cálculo. Ora, a maior parte dos linguistas contemporâneos trabalha com a mesma hipótese. Lembremo-nos, por exemplo, que o modelo da competência da teoria chomskiana dos anos 60 não era outro senão um "sistema mental de regras interiorizado pelos sujeitos e subjacente a seus atos de fala concretos"[1]. Se voltarmos um pouco mais no tempo (1948) e nos apoiarmos dessa vez em um linguista europeu, Hjelmslev, encontraremos posições de princípios semelhantes: "o verdadeiro objeto da pesquisa científica" só pode ser unicamente o sistema, conjunto de dependências ou de funções "no sentido lógico-matemático" desses termos, precisa o autor[2]. É fácil estabelecer a relação com a nova linguística cognitiva da qual segue uma definição: ciência das representações mentais de caráter calculatório. Esse consenso entre os pesquisadores das ciências cognitivas e os especialistas da linguagem teve por efeito imediato estender o campo do pensamento dominante. Cada um pode fazer sua constatação.

Não é o caso de subestimar o peso da racionalidade, mas é grande o risco de desenveredar, pelo viés do formalismo, para o universal. Formalismo e universalismo

---

1. N. Ruwet, *Introduction à la grammaire générative*, Plon, 1967, p. 70.
2. L. Hjelmslev, *Essais linguistiques*, Minuit (1959), 1971, p. 32.

andam juntos. Assim não é mais necessário delimitar um campo de validade, visto que tudo que merece o qualificativo de "científico" está incluso no campo; nem há necessidade de preservar a reflexão crítica, visto que tudo que escapa à análise é, de fato, não científico e denunciado como "metafísico"; tampouco é necessário estar atento às dimensões histórica e social, visto que o essencial já foi dito uma vez por todas, tendo por consequência habitual o fato de que as hipóteses de trabalho se transformaram em universo de crenças. Citarei dois exemplos, a meu ver, divertidos, desse absolutismo tão frequente na comunidade dita científica. Não faz muito tempo, em 1972, autores então de orientação marxista deviam fazer uma seleção entre suas referências possíveis. Se, apesar de tudo, por ocasião de um artigo se citasse um colega heterodoxo, no caso, Michel Foucault, convinha se explicar: "Nosso aparelho referencial não implica nenhuma cumplicidade política." Os camaradas não tinham por que se inquietar: o direcionamento ideológico estava preservado[3]. Ainda recentemente, em 1989, uma nova revista de semiótica podia ser fundada sob a epistemologia dos anos 60 como se nada de significativo se tivesse passado desde então. O público visado sofreria de não tivesse mantido o posicionamento de sua juventude. Sabia-se, assim, de antemão, que ele aplaudiria com as duas mãos caso encontrasse na revista renovada "a confirmação daquilo que ele já pensava" e – o mais importante – se lhe indicassem caridosamente "os prolongamentos e as deri-

---

3. Na conclusão de um artigo assinado por Maldidier, Normamnd e Robin, *Langue française*, nº 15, 1972, p. 140, nota 30. Essa hábil declaração permitia evitar as recriminações dos camaradas ligados ao "socialismo democrático"? É provável.

vações de seu pensamento, suas divergências e suas convergências"[4]. Que mais se poderia pedir?

Um retorno à história das ideias é um precioso antídoto para essas tentações, mesmo que se duvide que ele seja suficiente para nos libertar totalmente de nossos hábitos de pensamento. Apesar de tudo, tentemos. O que é feito da enunciação e da análise do discurso que, de acordo com a crença então existente, iriam modificar profundamente nossa maneira de tratar a linguagem e nos permitiriam orientar nossa pesquisa de outra maneira? Houve, ao menos na Europa, nos anos 70, uma mudança de paradigma ocorrida graças ao súbito aumento da influência de Benveniste e, do outro lado do Canal da Mancha, de Austin[5]. Com eles, o enunciado deixou de ser apenas o plano conveniente da análise; o florescimento da taxionomia – impressionante a ponto de nos fazer pensar em uma nova escolástica (refiro-me a certos aspectos da semiótica ou da narratologia) – era compensado pelo estudo da linguagem em ato. A linguagem não mais podia ser concebida como lugar apenas da computação nem como um puro sistema, sem coisas, sem tempo, sem sujeito. Hoje, porém, frequentemente tudo se passa como se não tivesse havido solução de continuidade, como se a mudança de paradigma tivesse sido apenas uma ilusão. É, pois, impossível se libertar do estruturalismo dos anos 60? Aqui está o problema. Tomarei como exemplo o caminho seguido por Metz. Se admitirmos que Benveniste introduziu na França a problemática da enunciação,

---

4. Exórdio endereçado por Greimas ao "povo semioticista". *Nouveaux Actes Sémiotiques,* Universidade de Limoges, 1989, 1.

5. A análise do discurso está ligada à enunciação, e a análise *de* discurso (Harris) ao enunciado. Passar de uma a outra supõe uma mudança de método.

e se, ao mesmo tempo, destacarmos a citação de suas obras nos trabalhos de Metz (assim como nos de Gennete), poder-se-ia crer que o jogo está ganho, apesar de tudo que acabo de afirmar. Entretanto, Ropars observa com razão que se trata menos de uma reformulação epistemológica que de uma "revolução axial". A fórmula parece-me feliz[6]. Efetivamente, de que se trata? Para os pesquisadores que seguiram os preceitos do estruturalismo e em particular o primeiro dentre eles, o princípio de imanência (a língua é um objeto abstrato para o qual as únicas relações que contam são as que existem entre os termos), a enunciação é considerada, se se pode dizer, apenas sob a condição de ter por fiadora a única grandeza reconhecida que a nega: o enunciado. É o caso de Greimas, é também o de Metz, para quem "A questão da enunciação fica em segundo plano", observa Ropars; "ela vem depois, na ordem de um método preocupado em fazer e sobressair, sob o pretexto da denotação, a primazia de uma narrativa definida antes de tudo pela literalidade da intriga"[7]. Em todas as teorias imanentistas percebe-se o mesmo ponto de vista que resume, parece-me, "a bela fórmula de Casetti", nos diz Metz, para quem a enunciação sempre está "fora de cena", e é determinável apenas pelo enunciado"[8]. De que maneira, então, Benveniste foi lido em 1966, data da publicação, na França, do primeiro volume dos *Problemas de linguística geral*? As referências são quase sempre as mesmas: os capítulos XIX, "As relações do tempo no verbo francês", e XXI, "Da subjetividade da

---

6. Marie-Claire Ropars, "Christian Metz et le mirage de l'énonciation", *in Cristian Metz et la théorie du cinéma*, Méridiens-Klincksieck, 1990, p. 107.

7. *Id.*, p. 106.

8. Christian Metz, *L'Énonciation impersonnelle ou le site du film*. Méridiens-Lincksieck, 1991, p. 190.

linguagem". De fato, é preciso ir além; o leitor, denominemo-lo, "imanentista" interessou-se apenas por alguns enunciados desses dois capítulos que o seduziram, tais como "os acontecimentos parecem narrar-se a si próprios", ou as noções, ao contrário, suspeitas, tais como "sujeito", "dêixis". O processo foi instruído muito rapidamente. Ainda que Benveniste tenha oposto a "enunciação histórica" à "enunciação de discurso" (capítulo XXI) ou a "enunciação não subjetiva" à "enunciação subjetiva" (capítulo XX), a enunciação foi, por comodidade, reduzida ao discurso, e este, por sua vez, à troca oral (na comunicação). Está aqui "o ponto de partida de todo pensamento acerca da enunciação", afirma ainda hoje Metz, que se apoia em uma "confissão" de Benveniste – "confissão" da qual, por sinal, eu adoraria encontrar uma pista...[9]. Ora, "a realidade da língua" (conclusão do capítulo XIX) é complexa. A "semelhança" que intrigou Metz e Genette, em particular, significa: aparentemente, não há locutor; na verdade, porém, toda enunciação, quer seja histórica ou discursiva, pressupõe um, denominado, no primeiro caso, "não pessoa" (capítulo XVIII); não há, portanto, apenas um único plano da enunciação. Além disso, a dêixis não pode ser reduzida a um alinhamento, um eu-aqui-agora[10], visto que o *Eu*, que serve de referência para o *aqui* e o *agora*, introduz uma relação de tipo hierárquico, que convém contrapor, em iguais condições, ao seu corolário, ele-lá-então; não há, portanto, uma única dêi-

---

9. *Id.*, p. 13.
10. *Id.*, p. 20. Podemos nos espantar com essas afirmações fortes: "Não se repetirá jamais o suficiente (...) que a distinção entre História e Discurso, em Benveniste, se funda quase unicamente sobre o regime dêitico. Isso equivale a dizer (e o dizemos frequentemente) que os dêiticos são os principais ou mesmo os únicos sinais da elocução", p. 177.

xis. Enfim, o sujeito de Benveniste pode ser, conforme o enfoque do momento e, em particular, conforme o destinatário (não se escreve para o *Bulletim de la Societé de Linguistique*, capítulo XIX, do mesmo modo que para o *Journal de psychologie*, capítulo XXI), tanto sujeito gramatical quanto sujeito lógico (sujeito-predicado), ou ainda sujeito referencial. O capítulo XXI ilustra como conclusão essa terceira possibilidade: o indicador "eu" é a projeção formal do sujeito, sua sombra projetada; ou ainda, de maneira conversa: "o sujeito é colocado", afirma Benveniste em uma fórmula de inspiração fenomenológica, "pela instância da enunciação de seu indicador (que é o 'eu')". Não há, portanto, apenas um único sujeito.

O fenômeno da enunciação assim compreendido por Metz (uma troca oral entre "pessoas humanas") não tinha poucos atrativos para o cinema, arte na qual, segundo ele, "tudo depende de máquinas"[11]. Em suma, para Metz, tanto em 1991 quanto em 1975, a regra é a mesma: é preciso apostar na "pureza do enunciado sem enunciador"[12]. Esse aforismo, que atribuo a Metz, seria igualmente válido para não importa qual adepto da teoria imanentista. Já Saussure assim intitulava um de seus capítulos: "Mecanismo da língua". O sistema, explica o autor, "assemelha-se a uma máquina cujas peças atuam umas sobre as outras..."[13]. Pode-se, não sem razão, traçar um paralelo com a descrição dos "discursos maquinais" de Metz e suas ambiciosas "máquinas cognitivas", que talvez um dia sejam capazes de substituir o homem, ao menos em

---

11. *Id.*, pp. 11 e 12.
12. "Histoire/Discours", *in Langue, discours, societé*, Seuil, 1975, p. 306.
13. F. Saussure, *Cours de linguistique générale* (1916), Payot, 1964, p. 177 [ trad. bras. *Curso de linguística geral*. São Paulo: Cultrix, 1995, p. 149.]

determinadas tarefas e circunstâncias[14]. Mais uma vez, esse é o pensamento dominante e esse é o estatuto ordinário do objeto de pesquisa. Continuamos, portanto, a trabalhar com esse conjunto fechado, composto de unidades segmentadas e combináveis que chamamos comumente de "enunciado".

Uma observação de passagem. O exame da questão *o que é um objeto de pesquisa?* pressupõe que o analista atribui uma "existência" ao objeto. De ordinário e qualquer que seja a teoria reivindicada, o analista distingue duas formas de objeto: uma que ele denomina "objeto imediato" (Pierce), "objeto material" (fenomenologia husserliana), simplesmente "objeto estudado" (Hjelmslev), "língua-objeto" (Greimas) – a lista não está fechada – e outra chamada "objeto mediato" (Pierce), "objeto intencional" ou noema (fenomenologia), "objeto específico" (Hjelmslev), objeto construído por uma "metalinguagem semântica" (Greimas). Com Benveniste a perspectiva muda radicalmente, mas não nos apercebemos suficientemente. O objeto comporta de forma bastante clássica um aspecto construído. Todos os linguistas estão de acordo, creio, quanto ao fato de a língua ser um sistema semiótico construído pela sociedade (exatamente como o discurso cujo funcionamento ela assegura). É o nível fundamental do qual dependem todos os outros, aí compreendido aquele em que se elabora o objeto formal. Mas a linguagem também existe de uma forma diferente. Ela nos é natural; faz parte de nossa realidade. A coisa é tão ofuscante que não lhe prestamos mais atenção. Cabe a nos considerar esses dois aspectos do objeto de pesquisa – o construído e o natural – como solidários; caso contrário, cor-

---

14. V. J. P. Desclés, "Représentations et machines cognitives", *Revue de l'Institut catholique de Paris*, 35, 1990, p. 101.

re-se o risco de descambar seja para o nominalismo seja para a ontologia[15]. Benveniste abriu o caminho: ele conclui no capítulo XXI, citado como referência por Metz, que tratar do indicador implica relacioná-lo à pessoa, ao "sujeito"; ou ainda, apoiando-se dessa vez no capítulo XX, que o referido não é outra coisa senão o corolário objetivo do referente. Para retomar a noção de projeção já utilizada (e que pego emprestada de Saussure) acrescentarei que o referente é a instância de origem e o referido, a instância projetada. Considerando os dois extremos da cadeia, a forma e o ser, Benveniste evita, assim, dissociá-los. A linguagem-realidade não se deixa excluir.

A meu ver, o importante é que as proposições de 1956 (capítulo XX) e de 1958 (capítulo XXI), ou de 1966, se nos reportarmos à data de publicação do livro na França, não foram lidas, e que o belo artigo de Paul Ricoeur "La strucuture, le mot, l'évenement", publicado em 1967 em um número da *Esprit* dedicado ao estruturalismo, foi ignorado pelas mesmas razões. Ricoeur se apoiava justamente no capítulo XX dos *Problemas de linguística geral I* que então acabava de sair. Há aqui um efeito de ofuscamento cujo caráter quase definitivo por vezes não deixa de espantar o observador. Mas convém ser paciente; o pior nem sempre é seguro. Como dizia um pesquisador, deplorando, parece-me, o fato de não ter conseguido acompanhar as bruscas e sucessivas mudanças de direção de seu chefe muito talentoso, último prêmio Nobel de física: "A pesquisa frequentemente age como um petroleiro; pre-

---

15. Na verdade, por menos que nos deixemos enganar pelas interpretações múltiplas de uma mesma obra, abraçamos facilmente uma posição nominalista: o texto não existe. Bayard, "*Hamlet* ou *Hamlet*: le conflit d'interprétation", *Psychanalyse à l'Université*, 16, 63, 1991, pp. 62-3.

cisa de muito tempo para fazer meia-volta."[16] Sim, precisa de tempo e também de um aparelho metodológico então inexistente, e que a linguística da enunciação nos forneceu. As novas questões que só há pouco pudemos propor – tais como: *o par enunciado/enunciação tem fundamento?* – dependem desse "linguistic turn", que é resultado do trabalho de reflexão realizado por pesquisadores oriundos da fenomenologia pós-husserliana, tais como Pos ou Merleau-Ponty; da linguística, Benveniste, claro, e Guillaume; da filosofia da linguagem e da semântica da ação, em particular, Ricoeur. Consequentemente, à medida que o formalismo deixava de ocupar todo o terreno da pesquisa, tornava-se, enfim, possível lançar um olhar crítico sobre seus pressupostos, métodos e resultados[17]. Foi assim que se formou o novo paradigma. Voltemos a este ponto: como evitar a aporia que consistia em definir a enunciação em função do que ela revelava do objeto formal, o enunciado? Definir a enunciação implicava seu reposicionamento em seu universo próprio, a linguagem-realidade, e, em seguida, a secção de suas ligações com a oralidade para melhor preservar sua especificidade. É por isso que convém, penso, falar de instância enunciante e não mais, como faz Benveniste, de instância da enun-

---

16. "O efeito de Gennes", *Le Monde*, de outubro de 1991. [Pierre-Gilles de Gennes (França, 1932-2007). Físico francês ganhador do prêmio Nobel de 1971. Seus trabalhos têm por objeto os efeitos dos campos magnéticos e eletrônicos sobre os cristais líquidos – (N. do T.)]

17. É o que tentei fazer a propósito da obra de Greimas "L'Être et le passage" *TLE*, 6, 1988 (crítica da análise de *La Ficelle*, conto de Maupassant); L'Un et le tout", *Travaux du Cercle linguistique de Copenhague*, vol. XXII, 1989 (Critique de la lecture de Brøndal); "Temps ou aspect? Le problème du devenir", *in Le Discours aspectualisé*, Presses de l'Université de Limoges/Benjamins, 1991 (critique de la notion d'aspect et plaidoyer en faveur du devenir). Pour une critique fondamentale du formalisme, v. Hilary Putnam, *Représentation et réalité*, Gallimard, 1990.

ciação. Ao paradigma dos anos 60, dominado pelo enunciado, se opõe o paradigma dominado pelas instâncias, nos anos 70. A clivagem é toda ela diferente. Benveniste introduziu a noção a partir de 1956. A instância está, no sentido literal, como sugere a etimologia, ancorada no real, no tempo e no espaço. *Tempus instans* dizia Quintiliano. É a ela que se reporta a origem do discurso. Não é, portanto, surpreendente que esse novo conceito tenha sido reforçado em 1965, depois em 1970, pelas ideias de "centro", outro termo extraído do vocabulário da fenomenologia. Desse lugar específico, a instância (dita "pessoa" por Benveniste na relação da intersubjetividade) "constrói seu espaço enunciativo (que não é euclidiano) e seu tempo linguístico (que não é absoluto, unidimensional, linear e simétrico, como o tempo físico)"[18]. Contrariamente ao que considera o paradigma do enunciado, que trata a linguagem como "um domínio imanente do pensamento positivo" (Merleau-Ponty), o novo paradigma não rompe os elos da linguagem com seu meio natural, a realidade. Centro de discursividade, a instância, ao mesmo tempo real e formal, tem, enfim, esse particular de não ser redutível à pessoa. Quanto tive que propor uma possível definição de actante, colocando-me fora do campo do estruturalismo estático, eu a encontrei em um coreógrafo, Merce Cunningham: "um centro que se desloca no espaço" (acrescento: "e no tempo"). A meu ver, essa definição tem essa vantagem imediata de evocar uma instância de base: o corpo. Desse ponto de vista, não há, portanto, uma instância, mas duas; é em torno do corpo, em função de sua posição, de seus atos (somos "seres-

---

18. J. P. Desclés, "Systèmes énonciatifs et analyse de données textuelles, *Études littéraries*, 10, 3. Laval, Presses de l'Université de Laval, 1977, p. 485.

-colocados", afirma Merleau-Ponty) que o sentido se forma. Traduzamos para o plano modal: o "eu posso" precede e suporta o "eu penso". O ato não reflexivo é primeiro, daí a importância do corpo, do corpo que age, do corpo que percebe (do actante não-sujeito, na minha terminologia), e de remeter o julgamento (do actante sujeito, "da pessoa") para um estágio ulterior ou para outro momento[19]. Quando falo, sou Aurélia Steiner, afirma Marguerite Duras. Esse é o poder do corpo. Graças à sua mediação, a identificação se realiza. Basta minha voz, a instância de origem, para que me torne, por projeção, a pessoa que criei.

Gostaria de voltar à linguagem em ato que citei acima, quando introduzi o novo paradigma. Benveniste não teorizou o fenômeno das instâncias. Ele reconhece explicitamente apenas o sujeito, ainda que às vezes seja levado a se valer de figuras corporais, próprias do não-sujeito; por exemplo, quando trata das preposições (há uma "posição *pro*" ou um "movimento *prae*", afirma no capítulo XI) ou do ritmo (até levar em conta as "fluições características do que não tem consistência orgânica", capítulo XXVII). Entretanto, ao considerar apenas no sujeito, o novo paradigma introduz um elemento – inerente ao ato de fala para Benveniste –, o ato de assunção, uma das formas de julgamento. O capítulo XXI termina destacando que o discurso é "a língua assumida pelo homem que a fala". Ora, uma vertente da pragmática (disciplina que certos pragmáticos tomam por um prolongamento da linguística da enunciação...) considera a enunciação "como um fato, isto é, como um acontecimento que se produz

---

19. Aqui posso apenas remeter aos artigos citados na nota 17 deste capítulo; acrescentarei *Le Discours et son sujet* 1, Méridiens-Klincksieck, 1989, pp. 9 e 11, e "Réalité et principe d'immanence", *Langages*, 103, 1991.

no mundo", e não como um ato relacionado a uma ou mais instâncias em interconexão. É o ponto de vista de Récanati, cujas teses são criticadas por Ricoeur[20]. É também o de Metz, para quem "há uma verdade evidente" a ser proclamada: a enunciação é o *"fato de enunciar"*[21]. A conclusão do capítulo XXI é testemunha de outra análise que me parece conveniente glosar assim: a enunciação não é dissociável do ato de assunção; ou ainda, o fato de enunciar implica seu enunciador e também o ato do julgamento que o constitui sujeito.

Por muito tempo pudemos trabalhar com o sucesso frequentemente estrondoso que conhecemos a partir de definições tais como: *o mito, palavra sem autor, se reduz ao conjunto de suas variantes* ou *a semiótica tem por único fim a transposição do sentido de um nível a outro*[22]. Por outro lado, seria outra miopia dar por caduco o paradigma do enunciado. Se houve uma mudança, ela não decorreu de uma revolução científica brutal, para retomar os termos da problemática de Kuhn. No entanto, a comparação entre os dois paradigmas transformou-se rápido em vantagem para o segundo quando se leva em conta a abrangência e o poder de descoberta. Hoje é claro que o pesquisador "imanentista" não estava armado para tratar os problemas

---

20. P. Ricoeur, *O si mesmo como um outro*, Campinas: Papirus, s.d., p. 63.

21. Ch. Metz, *L'Énonciation impersonnelle...*, p. 178.

22. Parret vê na semiótica objetal de Greimas "a disciplina que elabora as técnicas de transposição". O que importa, então, são as "relações de equivalência entre os níveis de profundidade". A imagem desse universo fechado é bem a de um espaço formal, o espaço euclidiano. Adotamos o mesmo enfoque em semiologia do cinema, quando definimos a diagese, um de seus "onze conceitos-chave", como um universo sem falha e "homogêneo". Parret, "La sémiotique", *Encyclopédie Philosophique Universelle*, I, PUF, 1989, p. 1365, e Besselel, *CinémAction*, 58, 1991, p. 162.

colocados pelo tempo e pelo devir (o aspecto lhe convém melhor), pelo julgamento (é o problema do sujeito) ou pela realidade (o corpo próprio), ele que só fala de sua ilusão temporal, de ilusão enunciativa, de ilusão referencial. "Compete a nós não esquecer uma metade da verdade", afirmava Merleau-Ponty.

CAPÍTULO II
# O SUJEITO EPISTÊMICO E SEU DISCURSO[✢]
*(Conforme* Le Rationalisme appliqué, *de Gaston Bachelard)*

> Uma cabeça bem-feita é infelizmente uma cabeça fechada. É um produto da escola.
>
> G. BACHELARD

O texto escolhido, as cerca de vinte e quatro linhas que concluem *Le Rationalisme appliqué*, é breve[1] e o leitor pensará, com razão, que ele não permite resolver com o rigor necessário o problema colocado pelo título desta intervenção: o sujeito epistêmico e seu discurso. Entretanto, o leitor deverá considerar que se trata aqui apenas de uma nota elaborada tendo em mente uma eventual análise mais aprofundada da dimensão cognitiva em Bachelard.

Entretanto, sendo como é, este texto tem a vantagem de apresentar diretamente, em primeira pessoa, uma aventura científica exemplar, que se aplica a "todo trabalhador da vida do espírito" (8), e que é, ao mesmo tempo, pessoal, pois refere-se ao próprio narrador.

---

[✢] *Introduction à l'analyse du discours en sciences sociales,* Hachette Université, 1979, pp. 140-51.

1. *Le Rationalisme appliqué,* PUF, 1975, pp. 213-5 (1ª edição, 1949). Aos oito últimos parágrafos da conclusão farão eco os enunciados isotópicos, extraídos, na maior parte, da mesma obra.

Abreviações utilizadas:
– *RA*, 124: *Le Rationalisme appliqué,* p. 124.
– (1), (8)...: parágrafos 1 e 8 do texto examinado.

"As instâncias do ato cognitivo" (*RA*, 124) estão, portanto, no cerne de nosso estudo. Para tentar investigá-las, esforçar-me-ei para responder a duas questões complementares: quais são as operações constitutivas do discurso epistêmico? e, por outro lado, como, por quem, são elas assumidas?

1. Lembro-me que nos mesmos dias de outono eu lia simultaneamente a obra do padre Bertholon e o belo livro de Cady sobre a piezeletricidade. Menos de dois séculos separam os dois autores, e seus pensamentos nada têm em comum; não há comparação possível. A síntese imensa do erudito do século XVIII não acrescenta mais nada. As sínteses precisas, argumentadas com base em um determinado detalhe da experiência dos cristais no século XX são eixos centrais indestrutíveis dos fenômenos científicos. Contemplando a planície da Brie, Léon Gozlan escrevia (*Les Méandres*, 1837, tomo I, p. 167): "A Brie é um mar subtraído da água." Percorrendo a interminável obra de Bertholon, poderíamos dizer o mesmo: "É uma ciência subtraída do pensamento científico." Tal como o viajante na planície, recolhemos sempre as mesmas anedotas, a mesma narrativa de fulminações e tempestades, a mesma história de erupções vulcânicas e de terremotos, os mesmos fenômenos da vida animal e da vida vegetal que são atribuídos – com que facilidade – a uma vida elétrica geral. Os *fatos* relatados em tal obra não são mais – a nenhum título – *fatos científicos* para nós. Eles não podem servir de base a nenhuma formação moderna *por mais elementar que seja*.

2. Enquanto duraram aqueles três belos meses, li o livro de Cady. Cada página era uma lição a estudar, a compreender, a aprender, a aplicar. Sexagenário, eu tinha a alegria de reencontrar um tempo de escola, uma disciplina de escolar. Viva, como todos os de minha idade, a utopia recorrente dos vinte anos, eu me dizia: "Queria ter vinte

anos para trabalhar com os belos manuais da ciência nova: os Cady, os Glasstone, os Rocard, os Bowen, os Hertsberg[2]. Eles estão aqui sobre minha escrivaninha ensolarada. Setembro amadureceu os frutos de meu jardim. Em breve, outubro, o grande mês! O mês em que todas as escolas são jovens, o mês em que tudo recomeça pelo pensamento estudioso. E eis que com um único bom livro, com um livro difícil, vivo em um outubro permanente! Como a nova razão é vigorosa! Que belo tempo de pensamento espera a juventude estudiosa de hoje!

3. E em minha vida de estudos oscilantes, quando retomo os velhos livros – que eu amo, não sei por quê, ainda um pouco – tenho a impressão de um mundo de fatos e um mundo de raciocínios que não existem mais. Vivemos em outro universo. Pensamos outro pensamento.

4. E, sobretudo, a cultura científica nos pede que vivamos um *esforço de reflexão*.

5. Não hesito em considerar esse comportamento dinâmico da *dificuldade* um caráter distintivo, um caráter fundamental da ciência contemporânea. Não apreenderemos a boa nuança se não enxergarmos aqui a aceitação de um *psicologismo*. A dificuldade se deve à própria ciência, ao seu caráter indutor, criador, dialético. A ciência contemporânea é objetivamente difícil. Ela não pode mais ser simples. Ela tem necessariamente de desconfiar das simplificações e constantemente dialetizar a simplicidade. O esforço de síntese está por toda parte, nos detalhes e nos sistemas. Os conceitos científicos não têm sentido senão em um interconceitualismo. O espírito científico constrói conjuntos coerentes de ideias ou, seguindo a bela expressão de Alfred Jarry, "poliedros de ideias". As belezas do

---

2. Cito essas obras porque são as que eu li – nas quais estudei – em meu ano escolar 1947-1948.

pensamento científico não são belezas oferecidas à contemplação. Elas se mostram contemporâneas ao esforço de construção.

6. Para acompanhar a ciência contemporânea, para ser sensível a essa dinâmica da beleza construída, é necessário, portanto, amar a dificuldade. É a dificuldade que nos dá consciência de nosso eu cultural. Concentramo-nos em um problema, o problema afasta a dispersão e determina uma unidade de ser. Em um romance muito simples de George Sand (*Le château de Pictordu*, p. 48, ver também p. 43) lemos esta bela nota: Um doutor fala a uma criança:

7. "Isso de prestar a atenção não te cansa?
– Ao contrário, me faz repousar."[3]

8. Qualquer trabalhador da vida intelectual sabe muito bem que o trabalho *pessoal* faz repousar. Ora, na cultura científica, todo trabalho assume um aspecto pessoal. Tornamo-nos necessariamente o sujeito consciente do ato de compreender. E, se o ato de compreender supera uma dificuldade, a alegria de compreender vale por todas as penas. Não há aqui um simples moralismo que um autor gosta de colocar ao final de seu livro. Trata-se de um fato, de um fato que tem um sentido filosófico: compreender não apenas resume um passado do saber. Compreender é o próprio ato do devir do espírito.

9. Dijon, outubro de 1948

A história contemporânea ensinou-nos a desembaraçarmo-nos da ideia tranquilizadora de que a ciência sustenta um discurso objetivo. A ciência não se faz por si

---

3. Conf. A. Gratry, *Logique*, 5ª ed., 1868, t. II, p. 320: "O que dissipa não faz repousar."

mesma. Na realidade, "na cultura científica, todo trabalho assume um aspecto pessoal. Tornamo-nos necessariamente o sujeito consciente do ato de compreender" (8). O sujeito epistêmico tem, portanto, o estatuto de um actante individual. Cabe-lhe romper com os conhecimentos familiares e afirmar com audácia sua solidão; começando por denunciar "a entente dos espíritos" (*RA*, 49), contrato implícito de toda comunidade científica.

Contudo, como ele também deve manifestar o poder de seu saber, obrigando a comunidade de estudiosos "a realizar uma mutação das ideias de base" (*Ibid.*), ele não pode permanecer isolado; ele é, de fato, o agente de uma aventura coletiva. Actante *pessoal* inicialmente, depois actante *social*, ele responderá ao que "a cultura científica [lhe] demanda..." (4). Uma "realidade social" (*RA*, 6) – cuja dimensão política parece, aliás, excluída – é indispensável se o sujeito epistêmico quer se munir contra os perigos o solipsismo. Em suma, o actante pessoal tem seu campo de autonomia, mas depende, em última instância, de um destinador coletivo que controle e caucione sua atividade.

Não é preciso duvidar: "A cultura científica pede que vivamos um *esforço de reflexão* (4). Há um 'eu cultural' (6), um sujeito consciente do ato de compreender" (8) cujo contraditório é um sujeito comum, descrito fenomenologicamente por seu estado de /viscosidade/, "essa viscosidade que caracteriza a vida sem reflexão, a vida sem esforço de reflexão" (*RA*, 26). Insistimos bastante nesse fato. O sujeito cultural deve aprender a se "despsicologizar", como afirma Bachelard (*RA*, 27), isto é, a adquirir uma sensibilidade para o racional, para se libertar do "auto-hipnotismo" (*RA*, 26) no qual a vida cotidiana o mergulha.

Vê-se, portanto, sob qual modo dialético se define o sujeito epistêmico. Autor e agente de um programa – pode-se mesmo afirmar que "o eu científico é [...] um *programa de experiências*" (*RA*, 51) –, em sua busca ele deverá denunciar as ciladas e produzir um saber novo, isto é, um saber transformado. O sujeito epistêmico baliza desse modo e experimenta o "devir do espírito" (8): ele "[se torna] intelectualmente o que [ele não era]" (*RA*, 67).

O leitor atento do texto de Bachelard terá talvez notado que na base classemática abstrata (primeira isotopia) ecoa uma segunda base (segunda isotopia) e que uma de suas funções parece ser exatamente a de conferir, por meio de um discurso autorreferencial, um efeito de real. De modo mais breve, diremos que o sujeito epistêmico realiza dois percursos isomórficos, sendo um a figura concreta do outro.

É assim que a origem do devir intelectual é fixada no correr de um ano; o mês de outubro marca simbolicamente, ao mesmo tempo, um fim – o livro é concluído em "outubro de 1948" (9) – e o desencadeamento de um processo novo. Durante os "três belos meses" de outono (2), ele é "o grande mês!" (2). Eis a época, de fato, "em que tudo recomeça pelo pensamento estudioso" (2). E nesse todo é preciso, claro, reservar um lugar para a leitura das obras que recorrem a novos quadros conceituais. O fato é digno de nota: o narrador apaga a distância que separa o produtor da análise científica do simples leitor, mesmo que este seja um professor eminente. Um e outro, munidos de diferentes papéis, participam do mesmo movimento de criação científica. Portanto, leitura "difícil" para o receptor (3), mas o acesso à "beleza", "às belezas do pensamento científico" (5), é feito a esse preço. O sujeito epistêmico deve "amar a dificuldade" (6). Nenhum aborrecimento, nenhuma dúvida, aliás, é manifestada pelo narrador. Estamos solidamente situados no eixo semântico da euforia. Um exemplo: o EU do discurso lembra claramente sua idade: "sexagenário", afirma (2), mas, em seguida, ele nega os inconvenientes. Ele goza "da utopia recorrente dos vinte anos" (2). Para ele, basta "um único bom livro", "um livro difícil" para viver "em um outubro permanente!" (2). Instalado em sua mesa de trabalho, uma "mesa ensolarada" (2) em sua província da Borgonha, em Dijon (9), com os frutos maduros de seu jardim ao alcance da mão, ele está pronto, nesse mês "em que todas as escolas são jovens" (2), para retomar os caminhos traçados pelos "belos manuais da ciência nova" (2).

Talvez existam leituras enfadonhas. São aquelas em que nenhum esforço de raciocínio é exigido. Ocorre ao narrador reler "os velhos livros – que eu amo", afirma ele (2), "um pouco ainda, não sei por quê", tal a dificuldade para romper totalmente com um passado cultural antiquado. Não há motivo. O entusiasmo, marcado no plano da manifestação linguística pelas quatro orações exclamativas que fecham o parágrafo (2), se deve ao "belo tempo do pensamento" (2) destinado aos estudantes de hoje. Ao "belo livro" de Cady sobre a piezeletricidade, tomado como referência, se opõe, então, "a obra interminável" de Bertholon (1), padre erudito do século XVIII, autor de um *De l'electricité des météores*, em dois volumes.

Pelo viés da análise da isotopia concreta, somos levados, parece-me, a adotar um ponto de vista novo, o do epistemólogo cuja função é "julgar" […] os progressos do *conhecimento* (*RA*, 104).

De fato, o sujeito epistêmico não se contenta em praticar e magnificar o esforço de pensamento; é preciso, também, que avalie toda atividade científica. Via de regra, conta-nos Bachelard, "uma reformulação do conhecimento, uma reforma do ser conhecedor" (*RA*, 105) só pode ser julgada de um modo retrospectivo. Certo recuo é, portanto, necessário para que se possa apreciar corretamente essa reformulação e essa reforma. Retomando aqui um alerta de Freud, eu diria que estão excluídos os pesquisadores açodados, tão abundantes nas ciências humanas, aqueles que creem frequentemente que basta contestar para refutar e que inovar equivale a progredir. Em contrapartida, se espera do sujeito epistêmico que ele construa, no momento oportuno, um discurso da veridicção.

O narrador propõe, parece-me, implicitamente dois critérios de avaliação complementares: a invariância e a evolução.

A "ciência nova" (2), assim como a "nova razão" (2) ou a "ciência contemporânea" (1) certamente valorizaram "os fatos científicos" (1). Eles pertencem a uma classe paradigmática que tem seu ponto de efetivação na experiência. Lembremos aqui que *Le Rationalisme appliqué*, de Bachelard, tem por objeto principal a descrição da atividade da física contemporânea. Nesse campo do saber, teoria e prática são estritamente solidárias. Do mesmo modo, é preciso ver na metáfora triunfante do narrador "os elos indestrutíveis de fenômenos científicos" (1) mais que um ornamento retórico. Retomemos esse enunciado doutrinário: "As sínteses precisas, argumentadas com base em um determinado detalhe da experiência dos cristais no século XX, são elos indestrutíveis de fenômenos científicos"(1). A ciência contemporânea de fato mudou de objetivo e de lugar epistêmico; ela não deseja mais abraçar o mundo, realizar uma "síntese imensa"(1) como tanto buscaram os filósofos da natureza no século XVIII. Uma tal síntese erudita não acrescenta mais nada"(1). São necessárias sínteses precisas" verificadas em laboratório. O fenômeno científico torna-se, portanto, um "fenômeno instrumentalizado" (*RA*, 2), e "é na precisão que a *razão* se engaja" (*RA*, 3). De repente, a comunidade científica, a qual dizíamos ser fiadora da atividade do sujeito epistêmico, assume as dimensões de um lugar muito estreito, muito fechado (v. *RA*, 104), inacessível ao certamente ao *honnête homme*\*.

Assinalar no tempo todos os "pontos centrais indestrutíveis" que demarcam a história das ciências talvez permitisse ao sujeito epistêmico julgar por comparação o grau de progressão de uma disciplina tal como a geometria, a álgebra ou a física. Porém também seria preciso que ele fosse capaz de apreciar os saltos qualitativos que intervêm em certos estágios, por sinal, imprevisíveis, de sua evolução (v. *RA*, 154). Ele dirá, por exemplo, seguindo a terminologia de *L'Activité rationaliste de la physique contemporaine*, que a ciência de Bertholon remete a uma "história antiquada" e que a de Cady, ainda que recente, já pertence a uma "história sancionada".

Entretanto, a análise do "padre erudito" (*RA*, 211) gozava, em sua época, de um estatuto científico, mas agora, para um sujeito epistêmico de nosso tempo, "tornou-se uma ciência subtraída do pensamento científico" (1). Bertholon tinha reunido "um mundo de fatos", constituído "um mundo de raciocínios que não existem mais" (3). Enfim, "os fatos relatados não são mais para nós – a nenhum título – fatos científicos" (1). O pressuposto é claramente indicado: eles o foram.

A extrema velocidade da evolução pode surpreender, mas o mais importante não está aí. Nenhum elo explicativo liga a ciência de Bertholon à de Cady: "Menos de dois séculos separam os dois autores, mas os pensa-

---

\* *Honnête homme*: noção nascida do século XVIII, na França, que designava o homem de sociedade, que se distinguia tanto por suas maneiras quanto por sua reputação e cultura. (N. do T.)

mentos nada mais têm em comum, não há comparação possível" (1). Mudamos de quadro conceitual ao passar de um a outro. A partir dessa ruptura epistemológica (v. *RA*, 102), o observável tomou seu assento na segunda fila, atrás do construído. Um novo programa epistêmico se instaura, implicando "um longo percurso na ciência teórica", caso o sujeito científico queira "compreender os dados" (*RA*, 103). E, de fato, conclui o narrador, "os *dados* são aqui *resultados*" (*Ibid.*).

Se o princípio produtor da evolução, o actante enunciador do discurso epistemológico, o agente da transformação, é o surracionalismo, como afirma Bachelard em *La Philosophie du non,* ou, como lemos aqui, "a nova razão" (2), então a surracionalidade será seu produto.

Uma vez admitidas essa solução de continuidade e a epistemologia discursiva então decorrente, resta descrever a atividade cognitiva do sujeito epistêmico. Uma questão, em particular, se coloca: como ele constitui seu novo objeto, "seu surobjeto", segundo a terminologia emprestada de *La Philosophie du non*? A resposta é clara. A realização de um projeto científico implica um "caminho" a percorrer (*RA*, 118), um "esforço de construção" (5), "um esforço de síntese" (5) a ser produzido.

Dos dois procedimentos aparentemente complementares e clássicos, "a indução que inventa" e a "dedução que assegura" (*RA*, 82), o narrador privilegia o primeiro. Bachelard recorda: "O racionalismo em seu trabalho positivo é eminentemente indutor – e isso, mesmo no pensamento matemático" (*RA, Ibid.*). O desequilíbrio é flagrante. É que, em um processo dinâmico do conhecimento, quanto se trata de compor uma "narrativa da numenalização progressiva" (*RA*, 110), o saber teórico não pode ser senão visado. Para atingi-lo, toda uma prática, todo um aparelho ensaístico constituído de hipóteses e de regras é instaurado. No plano das modalidades discursivas do saber e do poder, eu diria que uma sequência predicativa em que o saber (s) resulta do fazer hipotético (p) será reservada aos atos cognitivos da indução (pS), e que uma outra sequência em que o saber (s) regula o fazer demonstrativo (p) será aplicável aos atos cognitivos da dedução (Sp). É, portanto, um saber instrumentalizado que se opõe a um saber argumentado.

O caráter da ciência, lê-se no parágrafo (5), é "indutor, criador, dialético". Bachelard gosta de reunir termos isótopos num ritmo ternário. Pode-se então perguntar se esses predicados justapostos constituem o suporte de um programa ordenado ou mesmo se são parassinônimos. Considerarei, entretanto, uma terceira solução que me parece mais adequada e precisa: dois desses predicados, *induzir* e *dialetizar*, são, nesse caso, operadores do terceiro, *criar*. A indução inventa, cria; dialetizar é uma segunda maneira de inventar, de criar (ver *RA*, 139). Poder-se ia, talvez, levar a análise além e propor que se veja na dialetização uma operação interna à indução. Se o ato de induzir equivale a instaurar uma narrativa de numelização (o real sempre está por ser demonstrado), a produzir "um esforço de síntese" (5) como recordávamos mais acima, então ele terá que assumir o ato dialético cuja função é dividir a unidade negando a verdade dos conceitos estabelecidos. Efetivamente, o simples, o homogêneo, o evidente são enganosos. "A ciência contemporânea deve desconfiar de simplificações e constantemente dialetizar a *simplicidade*" (5).

Induzir e dialetizar asseguram o conjunto de avanços do conhecimento científico. Os dois operadores são empregados, por exemplo, quando o sujeito epistêmico procura integrar os conceitos em um *corpo de conceitos* indefinidos (*RA*, 144). E, de fato, "os conceitos científicos não têm sentido a não ser em um interconceptualismo" (5). Mas, se o sujeito epistêmico necessitou da pesquisa comparativa para construir "conjuntos coerentes de ideias" (5), faltou-lhe recusar correlativamente os conhecimentos anteriores e traçar os limites temporários de um novo campo do saber.

Claro, sua atividade cognitiva não se limita à definição dos conceitos por meio da comparação e da oposição. Ele ainda deve estabelecer uma correlação entre o racional e o real; o teórico e o experimental. Na ótica de um "conhecimento progressivo" (*RA*, 55), a experiência, no caso, "a experiência dos cristais" (1), é a recíproca obrigatória da teoria em curso de elaboração; precisamente, um detalhe experimental fornecerá a base do saber construído. O que conta em definitivo para um pensamento dinâmico é menos saber que interrogar. O percurso semiótico do actante sujeito não conhece interrupção. Há sempre novos lugares que se apresentam ao "devir do espírito" (8).

"O pensamento científico está em um estado pedagógico permanente" (*RA*, 16). Talvez seja justamente nesse nível do discurso pedagógico que o estatuto do sujeito epistêmico nos pareça mais explícito. Em razão da análise dos níveis superiores, já sabíamos que o ponto de partida em um sistema de lugares estava fundado em uma oposição entre um conceito e um anticonceito, uma história prescrita e uma história sancionada, um sujeito "cultural" e um sujeito comum. Nesse quarto nível, a relação inicial é mais uma vez dual: "o *racionalismo professoral* reclama a *aplicação* de um espírito sobre o outro" (*RA*, 12).

"A instância pedagógica" (*RA*, 26), cuja importância Bachelard jamais deixa de destacar em seus trabalhos, implica inicialmente o reconhecimento de funções semióticas tais como destinador-destinatário ou narrador-narratário. De fato, essa última relação parece-me episódica e logicamente inclusa na precedente. O narrador é filósofo (ver *RA*, 12); o narratário, leitor; ele participa implicitamente da mesma isotopia. É a ele que é endereçada essa espécie de moralidade que, segundo a tradição, fecha o texto: "A alegria de compreender compensa todas as penas. Não há aqui uma simples moralidade que um autor gosta de colocar ao final de seu livro. Trata-se de um *fato*, um fato que tem um sentido filosófico" (8).

Mas a relação subjacente é entre mestre e discípulo. Quem pode escapar a isso? Bachelard garante: ele é mais professor que filósofo (*RA, Ibid.*). Na instituição escolar, ocupa o posto dominante, tanto que dispõe de um programa epistêmico acabado. Ele pode se contentar em proferir a cada ano seu saber" (*La formation de l'esprit scientifique*). "Impondo suas demonstrações, inteiramente de interesse dedutivo, suporte tão cômodo da autoridade", o mestre "ensina seu doméstico como faz Descartes ou todo aquele que vem da burguesia, como faz o professor da Universidade" (*ibid.*). Ele apresenta questões no jogo regrado da fala, e a resposta é obrigatória. Se essa situação for comparada com a do médico e seu paciente (7), se verá a extensão dessa observação.

O texto do *Rationalisme appliqué* não tem, entretanto, um valor polêmico. Aqui, oposição não é conflito. Ler o livro de Cady "durante três belos meses" é dar-se "a alegria de reencontrar um tempo de escola, uma disciplina de escolar" (2). Uma das regras principais da vida científica não é, aliás, julgar-se a si mesmo, desdobrar-se em professor e aluno?

Assim, todo vestígio de poder institucional e repetitivo é convidado a desaparecer. O leitor já tinha notado o

início de uma inversão na resposta dada pela criança-
-escolar ao médico-mestre. O espantoso "isso me faz repousar" coloca logo de início a criança no nível do mestre e, precisamente aqui, no nível do lógico (7 e sua nota).
De fato, a relação dual, relação de contrariedade ao estágio inicial da fase dialética, se transformou em relação de
reciprocidade. Quem ensina deve ser, por sua vez, ensi-
nado, pois "a cultura científica coloca sem cessar um verdadeiro sábio em posição de estudante" (*RA*, 23).

Para passar de um polo a outro, é preciso ser inserido preliminarmente no processo dinâmico da aquisição
do saber. É preciso ser capaz de percorrer "o trajeto cultural" (*RA*, 9) de um programa epistêmico veridictório.
Desse ponto de vista, Bertholon não tem mais nenhum
papel positivo a desempenhar. Os fatos relatados por ele
"não podem mais servir de base para nenhuma formação moderna, *por mais elementar que esta seja*".

Levar um programa até seu termo permite que o
pesquisador avalie suas forças. Ele deverá aprender a formular questões cruciais, a constituir uma problemática,
ainda que algumas vezes tal pesquisa, como lemos em
*La formation de l'esprit scientifique*, possa "perturbar a razão". O problema que deve ser resolvido desempenha o
mesmo papel sintático que a prova tem no conto popular.
O sujeito epistêmico alcançará sua qualificação se encontrar a solução: certamente, nos diz Bachelard, "o Problema (repare na maiúscula) é o cume ativo da pesquisa"
(*RA*, 57). Para ser promovido a essa espécie de "sobre-
-existência" (*RA*, 60), o actante não deve atenuar sua pena:
a dificuldade é em si mesma valorizante; ela "nos dá a
consciência de nosso eu cultural. Concentramo-nos diante de um problema" (6). Do mesmo modo, esse tipo particular de herói discursivo não precisa ou não precisa
mais temer a derrota completa. A contrapartida é que ele

também não pode mais esperar a vitória total e definitiva. Isso não é impeditivo: a pesquisa é, no conjunto, claramente positiva. As satisfações globais triunfam sobre as satisfações parciais"(*RA*, 47).

Acrescentemos que ele não está mais sozinho diante do problema. O *eu* tem necessidade de submeter seu trabalho ao *tu*, com quem forma um par actancial solidário. O *cogito* se torna, então, um *cogitamus*: "o *eu* e o *tu* se correspondem culturalmente no sentido que os matemáticos falam da *aplicação conforme* de dois elementos de superfície" (*RA*, 57). Por esse acordo formal, os pesquisadores adquirem um *status* social e fundam o conhecimento objetivo.

O texto nos fornece em quatro funções justapostas o resumo de um programa de conhecimento ou de pedagogia progressivos: estudar, compreender, aprender, aplicar (ver 2), operações essas que, entretanto, não se situam no mesmo nível: o ato de compreender ordena em torno dele as três outras funções predicativas. O lógico supera o cronológico. Contudo, "compreender não se resume somente a um passado do saber" (8), como o leitor-discípulo é bastante tentado a crer. Isso seria colocar fim ao percurso semiótico do sujeito epistêmico, esquecer que compreender implica também um dinamismo indutivo; seria, portanto, negligenciar o fato de que o actante pertence a uma lógica de forças (Badiou) e que tem que desenvolver sua história. De fato, "os mais modestos problemas da experiência científica repetem sempre a mesma lição filosófica: compreender um fenômeno novo não é simplesmente reuni-lo a um saber adquirido, é reorganizar os próprios princípios do saber..." (*RA*, 153-4).

Compreender é certamente um predicado de dupla orientação. Mas é quando está voltado para o porvir que mais importa, como o sugere a cláusula de nosso texto: "Compreender é o próprio ato do devir do espírito" (8).

Desse modo, o saber transmitido é menos a aquisição de uma comunidade científica que o método de descoberta; com ele, o sujeito epistêmico compromete o futuro do saber mais que o passado. Objeto social, ele carrega o traço de sua elaboração; inscrito em um quadro teórico determinado, ele é datado historicamente. Objeto polivalente, pode ser uma invariante, subtraída da história, mas seu valor será bem diferente de acordo com o sistema que o integra; uma invariante da mecânica de Newton talvez dê menos o que pensar, portanto a "criar", que uma invariante da relatividade restrita. O saber transmitido veicula "valores de conhecimento" (*RA*, 65). Ele teria, assim, associado valores diferenciais à noção de objeto científico: valor psicológico, valor epistemológico, valor científico, valor pedagógico.

Deve ter sido notada a frequência que com o discurso epistêmico do narrador faz a história das ciências e sua história pessoal se sobreporem. O modelo escolar, quer dizer, os procedimentos técnicos de expressão (o destaque, a nota, a maiúscula, a citação...) e os ornamentos do discurso (em particular as metáforas, o ritmo binário e ternário, a inserção do estilo direto, tal emprego de torneios arcaizantes...), é fielmente aplicado. Potência escolar! E quem não se arrisca a tornar-se um "produto da escola"? Estamos em um universo de *bons* livros, de *belos* manuais, de *belas* expressões ou de *grandes* palavras, de *belas* observações etc. Essa concepção euforizante da comunidade científica parece-me pertencer ao modelo axiológico da "escola" na Terceira República Francesa. A escola é geralmente uma bela palavra, mais rica de valores estéticos e morais implícitos que sua quase homóloga, a Universidade. Com muita naturalidade, diremos, Bachelard, professor da Sorbonne, onde ocupa a cadeira de história e de filosofia das ciências, não fala de seu ano universitário, mas de seu ano escolar (2, nota 1). Aliás, a escola não é, a seu ver, "o modelo mais elevado de vida social" (*RA*, 23)?

O leitor talvez desejasse que, para terminar, simplesmente definíssemos o sujeito epistêmico e seu discurso. No entanto, uma única e simples definição pode ser enganosa. O que sabemos das "instâncias do ato cognitivo" nos leva a voltar nossa atenção para as estruturas evolutivas e não para as estruturas cristalizadas. O discurso epistêmico, efetivação da dimensão cognitiva, está em vários níveis e se desenvolve em fases. O actante de tal discurso é isomorfo; ele será, portanto, função da sequência particular em que está engajado.

Sujeito e discurso funcionam aqui como se resultassem de uma correlação entre uma estrutura fechada e uma estrutura aberta.

Estrutura fechada porque pode ser compreendida por uma lógica de conjuntos. O universo discursivo, de fato, é ordenado em unidades simples por inclusões sucessivas; assim, cada nível, a começar pelo primeiro, o mais geral, engloba o seguinte. Adotar essa organização é postular que os traços pertinentes da classe inferior são também traços da classe imediatamente superior (traços opositivo, transformacional e superativo).

Estrutura aberta porque é articulada segundo as regras de um processo sem fim. Cada discurso obedece a uma espécie de esquema rítmico. A ordenação é tal que cada oposição estática entre termos é necessariamente sucedida por uma oposição dinâmica, um período interativo. A resolução do conflito ou ainda da relação dominante-dominado entre sujeito comum e sujeito científico, história prescrita e história sancionada, conceito e anticonceito, estudante e mestre é de ordem qualitativa. O sujeito e seu discurso adquiriram um novo estatuto, um "sobre-estatuto".

A fase então concluída dará nascimento a uma nova fase, a um "recomeço" (ver 2) a partir de novas bases.

Para nós trata-se, portanto, de apreender um "pensamento de produção" e não um "pensamento de redução" (RA, 82). O sujeito epistêmico e seu discurso são, semioticamente, objetos em constante evolução.

## CAPÍTULO III
## O ACONTECIMENTO DE LINGUAGEM[*]

Os posicionamentos de Paul Valéry concernentes à linguagem são bem conhecidos em termos globais. Schimidt-Radefeldt apresentou recentemente um notável panorama[1]. Nosso objetivo aqui é um pouco diferente, pois se trata de estudar alguns trechos dos *Premiers Cahiers*, datados do período compreendido entre 1894 e 1897.

Foi ao final dessa época que Valéry teve entre as mãos o livro de Bréal, publicado em 1897 pela Hachette – *Essai de sémantique, Science des significations* –, que rapidamente se tornou célebre. Dá-se como certo que ele não podia ter melhor fonte de informações, pois Bréal, como Valéry afirma em seu relato de 1898, era "um dos grandes conhecedores de tudo que se sabe e de tudo que existe em linguística"[2]. De fato, Bréal, que desde 1864 ocupava uma cadeira de gramática no Collège de France, acumulava

---

[*] *Problèmes du langage chez Valéry*, 1894-1900, Archives des Lettres modernes, 225, 1987, pp. 9-23.

1. Jürgen Schmidt-Radefeldt, *Paul Valéry linguiste dans les Cahiers*, Paris, Klincksieck, 1970.

2. Paul Valéry, *Oeuvres*, II, Pléiade, 1449.

duas vantagens: era continuador de Bopp, considerado ainda em nossos dias o fundador, juntamente com Rask, da linguística moderna, e se apresentava como inovador, uma vez que no centro das preocupações dos linguistas ele colocava a análise da significação e não a história das formas.

Recordemos inicialmente que, desde o início do século XIX, as pesquisas sobre a linguagem fazem sobressair ao mesmo tempo dois pontos de vista frequentemente conflitantes: o da história (diacronia) e o do sistema (sincronia). O próprio projeto de estabelecer uma comparação entre as línguas indo-europeias comportava essa ambivalência.

Se o pesquisador pender para a história, voltará sua atenção para a genealogia da linguagem e, afinal, para a ideia de uma língua-mãe. Esse era para Schlegel, nos primeiros anos do século, o interesse de uma *Vergleichende Grammatik*. Bopp partilhou dessa opinião, ele que "esperava recriar a língua pré-ariana original"[3]. Poder-se-ia, assim, descrever as línguas como se fossem organismos naturais sujeitos à evolução. Esse era também o ponto de vista de outro alemão (pois no século XIX geralmente a linguística era pensada e escrita em alemão): Schleicher. Ora, Bréal posicionou-se contra toda forma de "misticismo linguístico"[4]; contra a busca da origem: "em qualquer matéria, a origem é uma ilusão", comenta por sua vez Valéry, e contra "o uso das metáforas vitalistas, evolucio-

---

3. Leroy, *Les Grands Courants de la Linguistique Moderne*, Presses Universitaires de Bruxelles et de France, 1964, p. 21.
4. Brigitte Nerlich, *La pragmatique. Tradition ou révolution dans l'histoire de la linguistique française*. Esse trabalho está documentado de forma notável. Ele foi apresentado como "Inagural-Dissertation" na universidade de Düsseldorf em 1984.

nistas, que servem para explicar tudo facilmente"[5]. Isso não impediu que até o surgimento dos trabalhos de Saussure os estudos linguísticos privilegiassem inicialmente transformações diacrônicas e negligenciassem transformações sistêmicas. No período que nos interessa, dão ainda seu testemunho o célebre livro de Darmesteter, *La vie des mots, étudiée dans leurs significations* – notar a metáfora vitalista –, publicado em Paris em 1887 e que tem por objeto "seguir as mudanças da expressão", e o de Littré, do ano seguinte, prefaciado e anotado por Bréal: *Comment les mots changent de sens*. Entretanto, ao estudar Darmesteter, vê-se que o enfoque diacrônico admite parâmetros variáveis; a história pode ser tanto "objetiva" (o gramático descreve a vida da linguagem desde sua origem até nossos dias, história social de alguma forma), quanto "subjetiva". Trata-se, então, de apreciar "o movimento do pensamento". Talvez a linguística tivesse escolhido como primeiro modelo as ciências naturais: os constituintes da linguagem eram passíveis de observação assim como o som, a palavra, etc. suscetíveis de serem classificados e transformados. Por exemplo, em uma perspectiva biológica, a sinonímia se tornava um caso de "concorrência vital"[6]. Porém a linguística também podia evocar a psicologia, ainda que essa disciplina, como Valéry não deixou de notar, fosse em sua época bastante incipiente; na verdade, nula[7]. O desvio pela exploração do domínio mental parecia, entretanto, inevitável caso se quisesse empreender o estudo

---

5. Paul Valéry, *op. cit.*, 1449 e 1450.

6. A. Darmesteter citado por Delesalle, "Sémantique, norme et esthétique à la fin du XIX siècle", *in L'histoire de la langue française* (1899--1914). G. Antoine e R. Martin, Paris, CNRS, 1985, 555.

7. Valéry deplora a "nulidade da psicologia" em sua exposição, *op. cit.*, 1449.

da parte visível da linguagem, a significação[8], e, fundamentalmente, as "operações principais do pensamento"[9].

Voltemos um instante à noção de sistema. A própria palavra aparece nos títulos das obras. O tratado de Bopp, mestre de Bréal, se intitulava, em 1816: *Über des conjugationssystem des sanskritssprache...* e Saussure publicaria em 1879, em Leipzig, em francês, seu *Mémoire sur le système primitif des voyelles dans les langues indo-européennes*. Precisamente na Universidade de Leipzig, e, sobretudo a partir de 1870, os linguistas, que então eram chamados de neogramáticos, depreendiam "leis" fonéticas ("Lautgesetze"). Eles insistem em seu caráter imperativo: cegas, elas se aplicam com uma cega necessidade ("die Lautgesetze wirken, blind, mit blinder Notwendigkeit"). Se mudarmos de área e passarmos da fonética, forma externa da linguagem, para sua forma interna, será preciso apelar para outro tipo de "lei" ("innere Sprachgesetze", já dizia Humboldt). Quando Bréal apresenta "Les lois intellectuelles du langage...", título de um artigo de 1883, ele não pensa mais em estabelecer relações de necessidade mecânica como haviam feito seus predecessores, mas, mais modestamente, em "considerar a palavra [lei] no sentido filosófico, [em estudar] a relação constante que se deixa descobrir em uma série de fenômenos". É precisamente esse problema das regularidades que suscita o interesse de Valéry desde a primeira fase de seu trabalho. Começo abrupto!:

> "Quaisquer que sejam as transformações que a linguagem venha a sofrer, certas propriedades devem permanecer invariáveis, suponho."[10]

---

8. "A ciência da significação faz parte da história da psicologia", segundo Darmesteter, citado por Delesalle, *op. cit.*, p. 553.
9. Paul Valéry, *op. cit.*, 1449.
10. Paul Valéry, *op. cit.*, 1449.

Uma vez reunidas essas propriedades comuns, seria possível "construir uma lei de todas as sintaxes". Ponto de vista talvez quimérico – "esses problemas são inabordáveis agora", acrescenta Valèry –, mas a orientação é claramente definida: a linguagem é "sistema de notações" dentre outros; é preciso teorizar sobre ele, mas sempre preservando cuidadosamente o contato com o detalhe literal[11]. Não é, portanto, um acaso o fato de Valéry observar nos *Premiers Cahiers,* sem indicar o autor, as três leis da *Sémantique* de Bréal, leis de especialidade, de repartição, de irradiação. Ele as ilustrará largamente em seu trabalho; aqui ele se contenta em citá-las rapidamente. Nos dois casos, porém, ele não critica de forma alguma, o que faria um linguista agora, a apresentação de "leis" de ponta a ponta, cuja primeira é de tipo morfossintático e as duas seguintes de tipo semântico, como se essa disposição não representasse problema. Acrescentemos que apenas a primeira (lei da especialidade) é de alcance mais geral, uma vez que é considerada capaz de formular a tendência à simplificação – no uso, dizia-se, então – de todas as línguas.

Entretanto, como se pode vislumbrar pelas citações feitas em sua exposição, a reflexão de Valéry se instala desde o início no plano que ele considera mais geral, não tal lei, mas a lei, por exemplo, de "todas as sintaxes". O que ele procura depreender será, portanto, as relações fundamentais sem as quais a linguagem não seria articulável, como é o caso das oposições fundadas nos pares variável-invariável ou contínuo-descontínuo. Peguemos o caso da frase e da palavra. Quando Valéry descreve seus estatutos, ele se propõe delimitar o que é subjacente às variações decorrentes das realizações individuais, isto

---

11. *Id.*

é, o esqueleto da linguagem, que ele denomina a "invariância da frase". Em seu *Plan pour le langage*, ele chega a fazer uma distinção entre "a frase de tipo elementar", a frase nuclear de alguma forma, e "a frase e as diferenças". Destaquemos, enfim, essa comparação já utilizada por Humboldt: diante da "infinitude das coisas", quando se trata de contar, precisamos (note-se a relação de necessidade) de um *"sistema* de numeração" (a palavra é destacada duas vezes); do mesmo modo, quando se trata de falar, precisamos dispor de um esquema linguístico aqui denominado "a frase ordinária". Cabe a ela, a seus "elementos necessários" dar forma à infinitude, ao "contínuo da não-linguagem".

A palavra dá lugar a uma análise da mesma ordem. Com Saussure, ela se apaga diante "das unidades linguísticas que não se deixam determinar a não ser no interior de um sistema que as organiza e as domina, umas em relação às outras"[12]. Ora, nessa época pré-saussuriana, a palavra, unidade frástica, ainda é considerada, sem reservas, uma unidade linguística e mesmo a principal. Precisemos ainda que, segundo o uso do século XIX, é ao som (frequentemente confundido com a letra) que o analista se refere. Abraçando por sua vez esse ponto de vista, Valéry nota que a palavra é invariante no plano sonoro. A prova é que ela "desaparece se o som muda"; "ela é fisicamente invariável". A "física da palavra" não está sozinha no jogo. A constante sonora é necessária, mas insuficiente. Deve-se postular também as leis de invariabilidade no domínio recíproco da mente: "É preciso [novamente a necessidade!] que, todas as vezes que a palavra seja produzida, certos fenômenos psicológicos

---

12. *PLG I*, p. 23; "É preciso procurar a unidade concreta além da que está na palavra", escreve Saussure no *Curso de linguística geral*, p. 122.

se produzam, é uma coisa indeformável", ou ainda, tal é a "propriedade fundamental da Palavra": "Todas as vezes que ela se representa, alguns fenômenos psicológicos constantes se representam (outros além dos suscitados pela física da Palavra)." Assim, a palavra surge pouco a pouco como um *lugar de relações*. "Nós denominaremos palavra", escreve ainda Valéry (e a expressão é significativa da urgência de definições em matéria de linguagem), "tudo o que" (notemos o emprego do neutro) "introduzido no conhecimento se aglutina às coisas conhecidas (...). É uma *invariante mental*. Nós A PENSAMOS SEM ALTERÁ-LA e ela retorna sempre com seu cortejo". Valéry se apega a essa fórmula escrita em maiúsculas. Nós a encontramos cinco vezes nos textos: em sua *Lettre* a A. Gide, em seu esboço do artigo sobre Mallarmé, sublinhada, em *Tabulae* e em *Analyse du Langage*. Se acrescentarmos que a palavra, já invariável física e invariável mental, é também "invariante em relação a μ variações" dos objetos que constituem o "sistema das realidades", admitiremos que, para Valéry, a palavra não é, ao menos nesse plano, um dado, mas uma unidade construída (nos vemos assim próximos de Saussure), unidade de três dimensões. Peguemos o exemplo de um objeto particular, digamos uma mesa, membro da classe de objetos, Mesa. Se ela sofrer ligeiras deformações, abaixo de certo limite, a palavra que a designa não precisa ser alterada. A forma "mesa" permanece reconhecível. Mas, se ultrapassamos o limite crítico ("todos os corpos são elásticos e deformáveis e mudam de volume com a mudança de temperatura", nos ensina o físico), "uma outra palavra deverá surgir". Essa palavra talvez seja forçada a ser mais vaga, mais geral:

| Relação | Palavra | Relação |
| invariável ............. | (unidade de 3 ............. | invariável |
| (som) | dimensões) | (mente) |

Relação
invariável
(realidade)

A implantação dessa tríplice invariante torna mais clara a forma como o todo da linguagem está estruturado. Ela reúne "de um modo convencional" o físico e o mental (o significante e o significado, como se dirá em breve de forma abusiva); ela disjunta essa unidade da realidade: não há correspondência entre os "símbolos verbais" e o real. Não é preciso "confundir as palavras e as coisas (...) um livro não é uma existência, (...) um poema não é o mar (...) uma frase não é um homem e (...) uma palavra não é a coisa que ela designa". Todavia, se não há correspondência mútua, existem as relações locais, o que será necessário precisar. Aliás, essa condenação parcial do isomorfismo se torna sem efeito se adotarmos seja o ponto de vista de uma teoria matemática da linguagem, seja o da "arte" que, como todos sabem, visa justamente ao isomorfismo, portanto "(com uma bela *perspectiva*) a FORMAR, a PREVER, UM GRUPO HOMGÊNEO DE φ ["sensações"] e de ψ ["produções mentais"]. Enfim, a linguagem é relativamente independente do sujeito que a emprega. Valéry observa: "A relação da forma exterior de uma palavra com seu correlativo mental é (...) independente da mente que dela se serve." E além disso, se os dois domínios não fossem separados, como o sujeito procederia a um "cálculo *sobre* a linguagem" (notar o destaque) ou, ao contrário, como a linguagem imporia ao sujeito a execução dessa ou daquela operação ("toda frase nos submete a um trabalho...")?

Com a introdução do sujeito (e a conversão do sistema em discurso, como dizemos agora) se constitui uma nova problemática, a da compreensão. Notemos inicialmente que o ato de produção e sua contraparte, o ato de recepção, acarretam a interferência da relação elementar que contrapõe o contínuo ao descontínuo. A palavra, a frase pertencem ao descontínuo; o pensamento, ao contínuo. "A própria natureza do pensamento é uma variação contínua", escreve Valéry. Ora, o ato de produção é orientado: é o contínuo que age sobre o descontínuo[13]:

> "Mostrei que a palavra considerada como elemento da frase é um objeto invariável. Uma sequência de palavras é, portanto, descontínua em relação à variação do pensamento. A existência do leitor se resume a tornar essa sequência contínua ao preencher os intervalos das palavras (ou melhor, intervalos das impressões psicológicas nascidas dessas palavras) com a ajuda de suas próprias ideias."

Inversamente, é o descontínuo que age sobre o contínuo quando ocorre o ato de recepção. Tomemos novamente o exemplo do leitor. Ele está condenado a um duplo trabalho. Um já nos é conhecido; ele é "avaliado (...) pelas produções psicológicas do sujeito, as quais têm por objetivo passar continuamente de um *ponto* a outro da frase". A operação é orientada do contínuo para o descontínuo. O outro, ao contrário, lhe é "imposto pela própria forma da frase" que ele tem sob os olhos. Essa segunda proposição é menos evidente. Toda nova frase, afirma Valéry, o constrange a recompor seu universo de significação; "O trabalho realizado na leitura" se mede,

---

13. É também o que dizia Bréal em sua *Leçon* inaugurale no Collège de France em 1868: "O espírito penetra a matéria da linguagem e preenche até os vazios e os interstícios." Citado por Nerlich, *op. cit.*, p. 29.

então, pela "mudança de configuração do sistema [lexical]", do conjunto significante, traduzindo para termos contemporâneos. As palavras agem. O sujeito é transformado, é por isso que se pode dizer que a linguagem não é somente uma ferramenta de comunicação (o que ela não deixa de ser, sob determinado ponto de vista), ela é um *operador de transformação*. Ocorre um "acontecimento de linguagem" quando as palavras perdem seu estatuto de "elemento distinto", "são assimiladas" e, finalmente, assumem uma nova combinação. Oculto por uma metáfora biológica (a assimilação), esse processo de transformação, que envolve, sucessivamente, os níveis "físico" (a distintividade) e "mental" das palavras ("uma ordem particular é imposta a suas significações"), é invocado toda vez que se trata de mostrar como se elabora a significação global de uma frase; ela não corresponde à soma das significações de suas partes. Se, por exemplo, uma sequência de elementos A for rompida em um ponto qualquer da cadeia, os elementos que precedem a ruptura "se anularão e deixarão apenas o encadeamento (...)". Sob outra forma que não a da metáfora biológica, isso equivale a afirmar de novo a necessidade de "se passar da ideia de Soma à ideia de conjunto". Posição próxima da que defenderá em breve o gestaltismo.

Ao ler e reler pacientemente esses trechos dos *Premiers Cahiers*, somos persuadidos de que seria vão pretender resumir claramente as opções teóricas de Valéry (a quem ele poderia retorquir: "Jamais estamos certos de sermos claros para *todo o mundo*"!). Esforcemo-nos, então, ao menos para determinar as tendências e voltemos ao problema crucial da transformação. Para se ter a medida do trabalho realizado é preciso confrontar o estado inicial ao final. Ora, partimos de formas linguísticas preestabelecidas; elas constituem de algum modo uma herança cumulativa: "Importância sempre crescente do "pronto" em matéria de linguagem", registrará, por exemplo, Valéry. No mesmo *Cahier*, é chamado de dado ("datum") "tudo que for concebido como fixo e invariável". Se voltarmos nossa atenção para as "combinações *conhecidas* de palavras", constataremos de igual modo que elas "se reduzem facilmente a um número restrito de tipos". Aí está o lugar da estabilidade estrutural, da "pregnância", como o dirão os gestaltistas e, por sua vez, Thom. Esse ponto de vista corresponde a uma espécie de instância inicial dinâmica (as palavras agem). A situação se complica se o sujeito dialoga. Mas não é esse o nosso dia a dia? O indivíduo "faz tudo o que pode para *se compreender* – ele que primeiramente fala a si próprio quando fala"[14]. Cada sujeito é inicialmente rico em seu próprio domínio filão e, se ele deve se compor com outrem, é por este que ele deve começar. Nesse caso, a operação de transformação consiste, portanto, em uma seleção de traços considerados em partilha:

> "Diante de outro indivíduo estamos como os homens em relação a hipotéticos marcianos. Manter uma correspondência com eles demandaria referências comuns (...). Entre seres humanos temos muitos mais pontos em comum. Entre homens, ainda mais."

Essa noção de referência comum é encontrada igualmente entre linguistas. O que é o significado, por exemplo, para Saussure, sucessor de Bréal, lembremos, na École pratique des Hautes Études, senão "a síntese do valor linguístico que o jogo dos termos entre si"[15] faz supor? E

---

14. Paul Valéry, *op. cit.*, 1452.
15. Saussure, citado por Godel, *Les sources manuscrites du Cours de linguistique générale*. Droz-minard, 1957, 237.

o que é o sentido de uma palavra para seu discípulo Meillet, na perspectiva do funcionamento do sistema, senão os empregos ditados pelo uso? Mas há outros casos. Ao se dedicar a esse "aspecto pouco conhecido" da compreensão, Valéry propõe uma definição que implica que o sujeito não é minimamente atingido pelo processo. O que ele era, ele continua a ser:

> "Compreender é (…) apenas poder substituir um arranjo organizado de ideias preexistentes naquele que compreende por certo grupo descontínuo de palavras."

Transformação idêntica, para retomar os termos de Piaget; embora tenha ocorrido uma sequência de operações, na verdade um programa, não resta nenhum traço deles:

> "Na maioria dos casos e, sobretudo, na fala corrente, substituímos com tanta facilidade nossas ideias conhecidas por toda frase, que intermediários entre o pensamento desconhecido de nosso interlocutor e o nosso acabam por ficar esquecidos no campo."

No extremo oposto, a transformação pode ter tal alcance que a própria identidade do sujeito acabaria por ser modificada. A função da "frase" seria, então, aos olhos de Valéry, não somente "produzir uma espécie de mudança de configuração [das ideias] em um sistema dado e necessariamente preexistente", mas atingir, após ter estimulado sucessivamente "cada um dos elementos psicológicos" da rede, o "sistema completo de toda a mente".

Ao insistirmos sobre a linguagem e o sujeito, na realidade apresentamos o que cremos serem os dois primeiros níveis da teoria semântica que Valéry tenta construir. Introduzimos inicialmente os termos intrínsecos da linguagem: o físico (descontínuo) e o mental (contínuo); depois, acrescentamos um parâmetro (segundo nível), o sujeito, e examinamos as operações das quais ele é a origem: o sujeito ocupa a posição do paciente (ele é informado pela linguagem); do agente (ele informa a linguagem). Ele e também o terceiro nível em função do qual os dois outros se ordenam, a realidade.

"Mostrarei que a linguagem não tem existência senão por sua relação regular com a realidade." Valéry infelizmente nada mais afirma nos textos que nos foram confiados. Coloquemo-nos por um instante no papel do alemão para acompanhar a ideia e procuremos alguns critérios[16]. O primeiro é necessário, mas não suficiente. Apenas as palavras que possuem imagens variáveis, mas limitadas por um conceito fixo são capazes de guardar o contato com a realidade. É o caso de "árvore" (Saussure fará a mesma escolha), "cavalo" ou "mesa"... Tais palavras "extraem sua imagem em um aspecto particular da realidade". Outras, mais complexas, não podem ser reduzidas desse modo, pois "se compõem de imagens; assim é com Terra, Dilúvio, Exército etc."; outras ainda são indeterminadas; "não fornecem imagens legítimas – é o caso de Razão etc.". Apenas as palavras do primeiro grupo nos interessam. Sua estabilidade estrutural faz que sejam imediatamente compreensíveis, mas a "referência comum" não pode ser reportada somente ao tipo de ligação lexical: imagem variável, conceito fixo, pois nesse caso não haveria diferença a ser feita entre as palavras

---

16. Valéry desejava encontrar para classificar seus papéis "um negro, um amarelo e um branco como secretários" e também "um alemão que concluiria [suas] ideias". Citado por Celeyrette-Pietri, "Avant-propos; Déchiffrer les *Cahiers*", *Lectures des Premiers Cahiers de Paul Valéry*, Paris XII, – Didier – Érudition, 1983, 4.

classificadas no mesmo conjunto, tais como "árvore" ou "cálculo". Se, entretanto, elas diferem claramente, é porque a referência também é, tradicionalmente, uma remissão ao universo material. Firmada essa condição, uma palavra como "cálculo" será, portanto, excluída ao menos provisoriamente. Esse é o segundo critério:

> "É preciso (...) encontrar uma medida comum, uma referência unânime, um objeto que resista também a nosso pensamento incessante. É tal objeto que denominamos realidade."

Desse ponto de vista, serão privilegiados por Valéry a subclasse de substantivos que nomeiam os objetos do mundo (o primeiro grupo), também certos modos de expressão simples que fazem o corpo intervir antes que a palavra, tais como o "suspiro" ou o "grito": "Aqui há relação entre o signo e a coisa significada" o real não é, portanto, perdido (ver acima p. 184). Ao imitar, por exemplo, um suspiro, "recolocamo-nos na situação mental da qual ele provém". Ao pronunciar a palavra "picada" sentimos como que uma picada e podemos repetir a experiência. Não se trata simplesmente do contato com uma representação. Notemo-lo: Saussure não definirá de modo diferente a imagem acústica: "representação que nos é dada pelo (...) testemunho de nossos sentidos"[17]. Trata-se da própria realidade, da realidade sensível, ainda que se deva falar de uma realidade segunda, uma vez que ela só pode ser experimentada pela mediação da linguagem. A palavra substitui "em certa medida" a sensação de origem, e "a referência comum será a picada". Aqui está "o objeto que resiste", aqui está a "realidade" com a qual – e é uma felicidade – o sujeito se choca.

---

17. Saussure, *Curso de linguística geral*, p. 80.

Apesar de seu afastamento de fato no tempo e no espaço, a presença da realidade será um critério de sucesso:

"O acontecimento de linguagem foi bem-sucedido quando, após completada a assimilação, tudo se passar na mente receptora como se os /fatos/ e objetos ligados às palavras tivessem acontecido."

Dos dois exemplos propostos em seguida por Valéry, o primeiro (uma festa) implica a passagem da unidade palavra à narrativa. "Lembramo-nos de ter participado de uma festa da qual apenas lemos a descrição etc." O segundo (um problema) é não figurativo; ele nos obriga a reintroduzir o exemplo do "cálculo", descartado anteriormente. Ele também se liga ao real como toda operação cognitiva: "Perceberemos diversos casos particulares – raízes de uma proposição abstrata que lemos." A investigação do "Campo de conhecimento" supõe de certa maneira uma atividade sensorial, pois a percepção não é somente um fenômeno intelectual; ela é – é preciso insistir neste ponto – um fenômeno sensível. Via aberta em direção a um "acordo" que às vezes a linguagem realiza, nós o vimos, entre o físico e o psíquico. A realidade (mesmo que ela participe do "como se") é, portanto, o terceiro termo graças ao qual se estabelece uma axiologia; aliás, em nosso caso, mais individual que coletiva: se estiver presente, o acontecimento de linguagem será um "sucesso"; ausente, um "fracasso".

"Por que me interessei por tantas coisas?", perguntava-se Valéry. É verdade... Talvez o analista tivesse preferido aqui ou ali menos riqueza e mais formulações finalizadas. A dificuldade para fazer surgir coisas significativas para o linguista de ontem e de hoje foi talvez grande. Poderíamos ainda objetar que certas visões datam da Antiguidade... Valéry considera como relativamente autônomas as entidades citadas: linguagem, sujeito, realidade. Ora, a tríade, sob etiquetas comparáveis, também foi considerada pelos estoicos e, mais próximo de Valéry, por Peirce, o pai da semiótica americana. Um exame um pouco detalhado desses prolegômenos basta para lançar uma luz sobre a originalidade teórica de Valéry.

Retornemos, para concluir, ao essencial, o pensamento do terceiro. Contrariamente a Bréal, que levaria as pesquisas mais na direção da análise das "causas intelectuais que presidiram à transformação de nossas línguas"[18], aí compreendidas as mudanças de significação das palavras, ou, ainda, na direção da consideração do elemento subjetivo da linguagem (como, por exemplo, uma língua marca um posicionamento em relação à pessoa ou às coisas?)[19], o Valéry dos *Premiers Cahiers* se inscreve na perspectiva do gestaltismo e daquilo que será o estruturalismo "realista" de Jakobson. Aqui mesmo onde se situa o pensamento linguístico de Thom.

---

18. M. Bréal, *Essai de sémantique*..., Hachette, 7. ed., 1924, 5.
19. É por isso que a pragmática poderia colocar Bréal entre seus fundadores; ver o trabalho de Nerlich, *op. cit.*

CAPÍTULO IV
# LINGUÍSTICA E LITERATURA[✢]

Linguística e literatura: essa aproximação parece bastante natural, escrevia Roland Barthes no mítico ano de 1968: "Não é natural que a ciência da linguagem (e das linguagens) se interesse pelo que é incontestavelmente linguagem, a saber, o texto literário? Não é natural que a literatura, técnica de certas formas da linguagem, se volte para a teoria da linguagem?" Na época, a convicção de Barthes era grandemente partilhada: literatura e linguística tinham necessidade uma da outra. Recordemos: a ideia mais largamente defendida era a de que a todo texto estudado correspondia um sistema de relações em "profundidade". Assim, ler equivalia a iluminar uma composição munida de suas regras. As notações propostas, tomadas um pouco açodadamente do formalismo, puderam parecer bárbaras. Elas eram, é verdade, frequentemente desajeitadas e, em todo caso, mal adaptadas a um plano "humanista".

Mas o que aconteceu cerca de vinte anos depois com a linguística? O entusiasmo por essa disciplina amainou

---

[✢] *Dictionnaire universel des littératures*, PUF, 1994.

grandemente. O campo que ela cobria desapareceu, dizem alguns. A linguística não tem mais objeto. Ela cedeu o lugar para as ciências da cognição, para a informática, para a biologia. O que dependia da fonologia passou para a acústica e para a síntese da fala; a semântica pertence ao estudo dos estados computacionais do cérebro; quanto à morfossintaxe, ela resulta de uma correspondência entre fenômenos biológicos (internos) e físicos (externos). Por outro lado, sabe-se que uma nova disciplina conheceu um grande desenvolvimento: a pragmática. Os linguistas acreditavam tinham que se ocupar da comunicação. De jeito algum, disseram-lhes isto: é da alçada da pragmática, cuja pesquisa diz respeito às condições e possibilidades que regulam o emprego efetivo da linguagem. Para aumentar o turbilhão poder-se-ia ainda lembrar que a linguística chomskiana, predominante nos anos 1960, se colocou à margem ao tomar uma via técnica que agora a torna inacessível àquele que não for especialista.

A aproximação entre a linguística e a literatura não é, então, tão natural quanto se acreditava ser? Uma explicação não será inútil. É preciso lembrar que a linguística não é uma disciplina unificada. Ao lado da corrente logicista representada por Carnap, Hjelmslev etc., há outra, "realista", que leva em conta a história e o sujeito, o tempo, "esse grande obstáculo à racionalidade" (Brøndal), a presença no mundo (o *Dasein*) e a verdade, não como ela interessa ao lógico, mas como a formula a instância do discurso. Jakobson e Benveniste são talvez os melhores representantes dessa corrente.

Marquemos com uma cruz branca a virada ocorrida nos anos 1970. Era a época em que a obra de Benveniste atingia um grande público. Ele soube valorizar em particular o que em uma dada língua correspondia ao "sujeito". Inicialmente ele assinalou e analisou o "campo posicional" para finalmente considerar o *ego* o "centro da enunciação" ancorado em um lugar e em um tempo – o tempo da intersubjetividade, do diálogo, o presente. Eu "implanto" o outro diante de mim, afirma Benveniste. De minha posição, que é meu centro de perspectiva, calculo a distância que me separa dos objetos; eu experimento sua pregnância. Esse conjunto de proposições muito precisas ao qual os linguistas não haviam dado atenção a não ser muito raramente, estabelece uma ligação estreita com a fenomenologia de Merleau-Ponty. A temática de Richard já tinha destacado uma certa correspondência com a fenomenologia pós-husserliana, mas é possível ir além: estabelecer o estudo textual sobre as coerções agora conhecidas do discurso, assegurarmo-nos de que a interpretação do texto é exatamente conforme às significações discursivas que lhe dão forma.

O termo "discurso" foi proposto diversas vezes. Observemos que nessa época ele apareceu com um sentido específico ao mesmo tempo em que era promovida a noção de enunciação. Nos anos 1960 falávamos, sobretudo, de "narrativa". O domínio pareceu muito amplo à maioria dos linguistas, mas alguns se interessaram pelo problema. Assim, Greimas propôs uma análise em unidades postulando que toda narrativa podia ser reduzida a um esquema narrativo canônico. Entretanto, para passar da narrativa ao discurso era preciso fazer outras escolhas epistemológicas. Nessa perspectiva se constituiu uma semiótica subjetal e discursiva. Seu objeto é a análise das organizações significantes relacionadas com o que Benveniste denomina instância de enunciação. A análise permite o registro de predicados que modelam o discurso, tais como saber, poder, querer (esses arquétipos já agradavam a Balzac: "Ser inteligente não é saber, querer e poder?", lemos em *Séraphîta*). A partir de tais modalidades pode-se vislumbrar uma tipologia de discursos. Mas as instâncias são determinantes. As propriedades do tempo, por exemplo, mudam quando mudam as instâncias. Algumas valorizam o passado e o futuro; outras, o presente, esse tempo "em estado puro", dizia Proust, inacessível ao sujeito. Deve-se de fato introduzir ao lado de uma instância provida de julgamento (o sujeito) outra desprovida (o não-sujeito, em que o prefixo "não" indica a ausência). As propriedades do espaço obedecem ao mesmo princípio. Pela instância da fala e sua projeção textual, somos "inseridos" – termo caro a Benveniste – no mundo. As posições podem, aliás, variar indefinidamente. Cabe a nós seguir em uma semiótica do contínuo o que advém da identidade dos seres ou dos objetos; observar o caso em questão, a variação das formas, analisar seu ritmo, sua prosódia; levar em conta a história do actante que passa de uma forma a outra, do "eu" ao "tu", do "eu" ao "nós", do "eu" ao "ele" etc., da autonomia à heteronímia. Ao tornar-se "ele", por exemplo, a instância se coloca entre os objetos do mundo e se beneficia de sua estabilidade. História formal, mas também pessoal e social, a qual o analista não deve deixar escapar. Existem tantos universos de verdade quanto suportes discursivos para sustentá-los: verdade particular, verdade comum, verdade universal...

Esta lição de Heráclito é a imagem desse jogo movediço retomada por Benveniste: no fundamento de tudo está o poder significante da linguagem, o qual certamente precede o de comunicar.

CAPÍTULO V
# INSTÂNCIAS DE ENUNCIAÇÃO E MODALIDADES[*]
*O lobo e o cordeiro de La Fontaine (I,10)*

A semiótica, ao menos tal como a compreendo, tem por objeto a explicitação das estruturas significantes que modelam tanto o discurso social quanto o individual. Imagino que ninguém mais se espanta ao deparar com o sintagma "estruturas significantes". Hoje não é mais necessário lembrar a importância da hipótese estruturalista para as ciências da linguagem. Ela está implicada em qualquer projeto científico. Entretanto, retomarei alguns pontos da história recente da Escola de Paris. O modelo de base corresponde ao que se pode denominar uma semiótica *objetal*. O *Semântica estrutural* de Greimas (1966), livro maravilhoso, é sua perfeita ilustração. Era a época em que os linguistas se esforçavam para objetivar a linguagem e, para tanto, acossavam toda forma de subjetividade. Não se pensava senão em termos de terceira pessoa. Para Greimas, o "ele", assim como o cavalo, eram duas das maiores conquistas do homem.

---

[*] *Cahiers du Département des Langues et des Sciences du Langage*, nº 4, Université de Lausanne, 1987, pp. 91-103; *Cruzeiro semiótico*, nº 6, 1987, Porto, pp. 5-14.

Ora, a herança linguística do século XIX compreende dois aspectos; quando se enfatiza demasiadamente um, o sintagmático, corre-se o risco esquecer seu complementar, o histórico. Em suma, trata-se do invariante e do variante e, do lado deste, a fala e, de modo mais geral, o discurso. O termo é ambíguo. Os especialistas das ciências da linguagem o tomam frequentemente pela realização oral do sistema. "Oral" é uma restrição trivial, mas o semioticista, ao contrário, ao abraçar tanto o verbal quanto o não verbal, lhe outorga a máxima extensão. Mas permaneçamos aqui no plano linguístico. Denominarei *discurso* uma organização transfrástica (essa abordagem desconhecida dos linguistas *stricto sensu*) relacionada a uma ou mais instâncias da enunciação. O mérito da definição deveria ser sua dupla referência: uma (a "organização transfrástica"), relativa à corrente sistêmica e estática representada por Hjelmslev e Greimas; outra (as "instâncias de enunciação"), referente à corrente histórica e dinâmica representada por Bréal e, sobretudo, por mim e Benveniste. Recorde-se simplesmente essa definição extraída de um artigo de 1958: o discurso é "a linguagem colocada em ação e necessariamente entre parceiros"[1]. A mudança de perspectiva me autoriza, portanto, a afirmar, parece-me, que uma semiótica cujo objeto é o discurso assim definido é de um tipo diferente do da primeira: ela não é mais objetal, como aquela, mas subjetal.

Encontraremos o princípio de organização nas *modalidades*. Eis um termo ambíguo. A ideia geral é, entretanto, clara: trata-se de uma hierarquia. Assim, de acordo com Benveniste, um enunciado simples como:

Eu canto

---

1. *PLG I*, p. 284.

transforma-se em um enunciado composto, se o subordino a um segundo enunciado, dito "modal":

Eu posso cantar.

Essa apresentação tem o mérito de apoiar-se em um critério sintático (o modal se constitui exclusivamente com um infinitivo). São então chamados "modalisantes de função" esses verbos cuja lista é feita rapidamente, visto que se reduzem a dois:

poder, dever.

A essa tradição se soma outra, aparentemente totalmente diferente, que faz da modalidade uma "atitude" do locutor em relação ao que diz (Bréal, Weinreich, Pottier etc.):

Eu canto.
Eu cantarei talvez.

Em razão do futuro, do advérbio modalizador, o ato de "cantar" passa a pertencer à "eventualidade", a um dos casos de *eu posso cantar*. Mas, quer se situe a análise das modalidades no plano da invariante (a língua) ou no das variáveis (a fala), o fato permanece: o enunciado acontece em dois níveis, e um, o modal, rege o outro.

Podemos, então, unificar os dois pontos de vista se aceitamos tomar alguns empréstimos junto ao pensamento da lógica. Desse modo, evitamos a armadilha de refletir apenas a partir de uma única língua natural, no caso o português\*. Que *dever* e *poder* tenham, em nosso idioma, um estatuto sintático particular, eis o que é bom,

---

\* Francês, no original. (N. do T.)

mas uma constatação não toma o lugar de análise. A polissemia dos verbos continua inteira, e seu isolamento constitui problema. Pode-se pensar também em termos de *conceitos modais*. Essa alteração perece-me mesmo necessária, pois a semiótica se aplica a descrever não enunciados isolados, como faz a linguística, mas discursos; dito de outra forma, não mais o frástico, mas o transfrástico. O semioticista se encontra assim, logo de início, em presença de grandes conjuntos significantes cujas regularidades ele deve se esforçar para registrar, apesar da diversidade de ocorrências. Ora, justamente essas zonas de morfologia estável são identificadas por ele como dimensões *modais*. Delas dependem os múltiplos enunciados *descritivos* que concernem ao *fazer*, ao *ser* ou o *ter* do actante. Essa repartição em dois níveis, um dito *modal* e dominante; o outro, chamado *descritivo* e dominado, é, aliás, praticada também tanto pelos lógicos (Grize...) e pelos filósofos (Foucault...) quanto pelos escritores (Valéry...). Denominarei esses principais "domínios distintos", para retomar uma expressão de Grize, "cognitivo" (o *saber*), "pragmático" (o *poder*), "volitivo" (o *querer*) e "deôntico" (o *dever*).

Minha hipótese de trabalho é, portanto – dado que as modalidades formam o suporte constante do discurso –, que uma dimensão modal caracteriza cada partição do universo de significação e que o actante, peça-mestra do teatro semiótico, é ele próprio definido por seu modo de junção modal.

Apoiar-me-ei aqui em uma fábula de La Fontaine, *O lobo e o cordeiro* (I, 10):

> A razão do mais forte é sempre a que vigora
> E nós iremos demonstrá-lo agora
> Se dessedentava certo cordeiro
> Na corrente pura de um ribeiro.

5   Em jejum veio o lobo em busca de aventura,
    Pois quando tem fome é aí que a procura.
    – Quem te torna tão audaz para turvar meu licor?
    Disse-lhe o feroz animal, tomado de grande rancor
    Tu serás castigado por essa temeridade.
10  – Senhor, respondeu o cordeiro, que Vossa Majestade
    Não se ponha em cólera nem nela prospere
    Mas que antes de tudo ela considere
    Que eu estava a me dessedentar
    Na bela torrente deste lugar.
15  A mais de vinte passos de sua Alteza
    E, desse modo, nem com a ajuda do céu
    Poderia tirar de vossa bebida a pureza
    – Mas a turvaste, retrucou a besta cruel
    – E sei que a mim você difamou no ano passado
20  – Mas, como, se eu ainda não havia sido gerado?
    – Como, continuou, se em minha mãe ainda mamo
    – Se não foi você, foi, portanto, seu mano.
    – Eu não tenho irmão algum.
    – Foi, portanto, um seu amigo.
    Pois vocês não me deixam sequer um abrigo,
25  Vocês, seus pastores e seus animais.
    É preciso me vingar de maldades tais
    E assim muito além, lá no fundo da floresta
    O lobo o agarra e o devora sem mais
    Pois diante da força ninguém protesta.

Inicialmente, eu gostaria de mostrar que os dois protagonistas não partilham da mesma definição modal ainda que ambos sejam representativos do actante sujeito. Admitiremos que ao produzir sua defesa o cordeiro se manifesta como sujeito epistêmico. Cabe ao leitor verificar, se assim podemos dizer, sua competência cognitiva, pois ele se mostra capaz de modificar por três vezes sua argumentação. Assim, ele replica os ataques verbais de seu adversário de maneira tão perfeita que a cada vez o lobo tem de encontrar outra "razão" para manter vivo o debate.

1. Tu turvaste a água
eu não posso turvá-la
2. Tu me difamaste
no ano passado eu não havia sido gerado
3. Se não foi você, foi teu mano
Não tenho irmão nenhum.

Cada programa discursivo, constituído por certo número de "processos", termina com uma avaliação (implícita em nossos exemplos). Retomo aqui apenas a conclusão. Os três processos de forma negativa ("não posso tirar de vossa bebida a pureza; eu ainda não havia sido gerado; não tenho irmão algum") podem também ser interpretados como proclamações de "vitória". O cordeiro supera o lobo sem dificuldade até que este decide (ainda um implícito) reintegrar-se à dimensão pragmática que lhe é própria. *A priori*, o actante epistêmico representado pela figura do cordeiro pode instaurar um número ilimitado de processos, mas não está aqui o critério essencial. A passagem de um programa a outro supõe uma transformação decorrente da experiência adquirida, portanto, de um julgamento preliminar. Dito de outra forma, o agente $X_1$ do primeiro programa não é o mesmo agente $X_2$ do segundo programa, que, por sua vez, difere de $X_3$, agente do terceiro programa. O "sujeito" é sempre o cordeiro, mas ele se transforma em função de uma história assumida. Sua instabilidade morfológica ($X_1 \to X_2 \to X_3\ldots$) não é aleatória.

Seu par, o lobo, é um acusador canhestro. Podemos apenas constatar seu "não saber". Essa deficiência (os ataques verbais do lobo são feitos às cegas) põe ainda mais em evidência a competência de seu adversário. A negação do saber de um tem por correlato a asserção do saber do outro. Ora, a situação se inverte se levarmos em conta a dimensão do *poder*. E como definir inicialmente essa modalidade? O texto de La Fontaine nos permite construir uma primeira definição. Reportemo-nos à apresentação do lobo. Esse animal está "tomado de grande rancor" (verso 18). Se o julgamos, como diria Paul Claudel, bom observador que era, "em sua própria empreitada, na atividade especial que é a razão de ser de sua construção", diremos que o lobo é um actante do poder cujo programa de ação específico é a "captura". Usando de sua força (verso 1) ele vence o cordeiro "no fundo da floresta" (...) e depois o "devora" (versos 27 e 28). Programa concluído com sucesso. Uma maneira de tornar manifesto o poder de um actante é analisar a transformação da qual ele é agente. Portanto, definirei o poder como a modalidade pressuposta pela operação de transformação.

Se o analista se basear na conclusão do programa (ponto crucial para a interpretação), deduzirá duas formas de poder, portanto duas definições. O poder faz referência seja à transformação efetuada pelo actante sujeito, seja à dominação exercida sobre os objetos, seja, finalmente, à posse da qual tira proveito. Acrescentarei aqui que em uma *semiótica do contínuo* a aquisição do objeto não é a fase terminal do processo, que pode prosseguir e findar com o desaparecimento, caso verificado em nosso texto. É desse modo que um topólogo como Thom compreende a relação que une sujeito e *objeto*; não é raro, afirma, que o objeto seja consumido na ação, ao passo que o sujeito sempre sobrevive "Eva come a maçã".

> NB: *O "objeto" está, portanto, ligado ao sujeito.* Ele é o segundo actante em uma relação de dois termos: f(x,y). É a definição formal. Voltemos ao plano textual. Diremos inicialmente que o cordeiro tem por objeto imediato a execução de seu programa epistêmico/persuadir seu adversário/ por meio do qual espera salvar sua vida. Já o lobo tem por objeto a realização de um programa "empírico": /captu-

rar/, depois /devorar sua presa/. Por extensão, o objeto se identifica com a própria identidade do sujeito. Ele "é" o que fez e o que projeta desse fazer. Segundo sua posição em relação ao objeto-identidade, o actante, em um enfoque sintagmático, é sujeito de busca (visão de antes: o sujeito não está em conjunção com o objeto) ou sujeito de direito (visão de depois; o sujeito está em conjunção com o objeto). A questão é determinar a posição. O lobo e o cordeiro ocupam de fato as duas posições.

Eu afirmava que o cordeiro e o lobo eram representativos um e outro do actante sujeito, mas não disse ainda sobre qual critério principal me baseava para atribuir a função de sujeito a esse actante e a recusá-la a um outro. Critério modal, claro, uma vez que esse é o nosso propósito. Ora, a modalidade que se sobrepõe às demais parece ser o *querer*.

É preciso concordar aqui em tomar um desvio via enunciação e o fenômeno sobre o qual ela está firmada: a predicação. Operação fundamental, a predicação é "o próprio ato criador da frase", já diziam em Praga[2]. Combinada com o ato de asserção, ela funda a instância do *ego* ("é 'ego' quem *diz* 'ego'", segundo a célebre fórmula de Benveniste). Lógicos (Frege...), filósofos (Husserl...) e linguistas (Benveniste, Culioli...) concordam em analisá-la assim.

Entretanto, ao introduzir a asserção, mudamos de plano. Talvez não se tenha percebido suficientemente. A que, de fato, se refere a asserção? Àquele que *diz* ego e ao próprio *ego*, finalmente. É ego que *diz* ego e que *se diz* ego. Por esse ato reflexivo, a asserção está ligada ao julgamento, portanto ao querer. "Dizer sim", "experimentar",

---

2. *Thèse* de 1929, *in Dictionnaire de l'École de Prague*, Spectrum, 1966, art. "predication".

"assumir" são atos da vontade, nos dizem lógicos e filósofos. Introduzir a asserção conduz, portanto, inevitavelmente ao estabelecimento da modalidade do querer, assim como, inversamente, querer remete a "assertar". Um e outro são solidários.

O cordeiro dá provas de sua capacidade de julgamento, nós o sabemos: ele tira um excelente partido da experiência adquirida. Na dimensão cognitiva, é um actante imbatível. Ele é *sujeito* e, não apenas isso, sujeito de uma história transformacional. Eis, portanto, dois critérios: o julgamento (seria implícito) e a história (modelando o actante). Quanto ao lobo, sua competência cognitiva existe, ainda que seja inferior à do cordeiro. Ele debate mal, mas debate. Sua impaciência – facilmente explicável, uma vez que ele fora tolhido pela fome, ele procura "aventura" – (versos 5 e 6) se traduz pelo fato de ele encurtar o tempo de fala do cordeiro. Nosso campeão do pretório, que tinha obtido direito a oito versos para persuadir seu interlocutor (versos 10 a 17), não tem mais que dois (versos 20 a 21) para a segunda tentativa, e tem quando muito a metade de um (cinco palavras) para terceira e última defesa: "eu não tenho irmão algum" (verso 23).

É também o tempo necessário para que o lobo escape a uma programação mecânica e permaneça *sujeito*. De fato, se olharmos mais de perto, nos veremos próximos de uma linha divisória. Se o lobo fosse apenas um autômato, uma máquina, como quer a "filosofia nova" de Descartes, se, nele, tudo se fizesse "sem escolha e por impulsos", não se poderia mais falar em "julgamento"[3]. Isso não era preciso dizer. As definições lexicais do lobo nos levam a prosseguir um instante nesse caminho. O lobo

---

3. La Fontaine, *Fables*, Livro IX, *Discurso a Madame de La Sablière*, v. 23 ss.

está "cheio de rancor" (verso 8). Presa "desse mal que subtrai a razão e o arrebata em furor"[4], ele deveria agir de forma condizente. É uma "besta cruel" (verso 18). Ele gostaria, como quer a definição de cruel dada pelo dicionário francês Littré, de infligir sofrimentos, a morte? Nenhum elemento do texto nos permite ir nessa direção. Nem arrebatamento de furor nem "sadismo"; ele conserva a razão, portanto, o julgamento; consequentemente, a captura se faz esperar.

> NB: Esopo não recorre nem à raiva nem à crueldade nem mesmo à fome; em contrapartida, insiste na vontade que tem o lobo de se comportar conforme a razão: "μετά τινος εὐλόγου αἰτίας". Já Phedro o descreve como um ser misto: ele é primeiramente um malfeitor ("latro") movido por uma insaciável voracidade ("fauce improba [...] incitatus") cuja crueldade é patente ("[agnum] correptum lacerat"). Um ponto de vocabulário: "lacerare" significa "dilacerar", ao passo que Esopo utiliza, como fará La Fontaine no verso 28, um verbo funcional, que ele coloca no futuro: "eu vou te comer" ("ἐγώ σε κατέδομαι"). Apesar disso, em Phedro o lobo não mais é uma pura máquina; ele é sensível à verdade: "repulsus ille viritatis viribus".

Se o lobo agisse – o que não é aqui o caso, a meu ver – em conformidade com o que dele sabemos (a raiva e a crueldade), ele seria um *não-sujeito*. Tal actante, privado de julgamento (primeiro critério), privado de história, (segundo critério), é o agente de um número limitado de pro-

---

4. Retomo a definição citada por Marin em seu estudo "La raison du plus fort est toujours la meilleure", *in Recueil d'hommages pour A. J. Greimas*, 2, John Benjamins, Amsterdan, 1985, p. 735, mas não sigo sua conclusão: "O lobo (...) enquanto 'animal cheio de rancor' se dá a conhecer (...) como o excesso da 'natureza' uma vez que, aparentemente, ele o é (...) sem outra necessidade que sua própria voracidade", p. 736.

cessos (terceiro critério); ele executa apenas aquilo para o que foi programado. Ele é assimilável à sua função, ao passo que o *sujeito* é "possuidor de seu ato"[5].

Esse panorama nos permitiu registrar um primeiro actante (o par sujeito/não sujeito) e um segundo actante (o objeto). Resta-nos apresentar outra instância de enunciação, o terceiro actante.

> *NB*: O postulado da semiótica subjetal afirma que a organização transfrástica está firmada em apenas três instâncias de enunciação possíveis: o sujeito, o não-sujeito e o terceiro actante.

O discurso do cordeiro permite identificar essa terceira instância de enunciação.

> 10 "Senhor, respondeu o cordeiro, que Vossa Majestade
> Não se ponha em cólera nem nela prospere
> Mas que antes de tudo ela considere
> Que eu estava a me dessedentar
> Na bela torrente deste lugar
> 15 A mais de vinte passos de sua Alteza"

O lobo não é certamente um protagonista que deva ser tratado em pé de igualdade! O cordeiro lhe confere imediatamente a posição (lógica de lugares) e o papel (lógica de forças) do actante que tem todo poder sobre os outros.

> *NB*: As marcas linguísticas dessa brusca mudança de plano dependem seja do critério do código escrito isolado, (as maiúsculas; mas ver "Alteza" do verso 15 por oposição ao ela do verso 12) seja dos dois códigos, escrito e oral (pro-

---

5. E. Benveniste, *Noms d'agent et noms d'action en indo-européen*. J. Maisonnneuve, 1975, p. 112.

sódia, morfossintaxe) – emprego da terceira pessoa, proposição subjuntiva de valor optativo –, e léxico.

Ao mesmo tempo que o cordeiro dota o lobo de um *poder transcendente* (ele nada tem a opor à vontade real), ele dá a conhecer, por seu comportamento verbal, que ao menos sabe como tentar assegurar sua sobrevivência. Esse ato de prudência, que participa, diria o filósofo, do "imperativo pragmático", não é repetido, pois é como se o cordeiro o julgasse doravante inútil. Que nos reportemos à ausência de marcas linguísticas de respeito nas duas outras réplicas (versos 20, 21 e 23). Nessa relação de submissão do primeiro ao terceiro actante, do *Eu* ao *Ele*, o dever intervém, portanto, como a modalidade que sobredetermina o *querer*, o *poder* e o *saber* do sujeito.

> *NB*: Essa estrutura *poder-dever* não é representada explicitamente (linguisticamente) nos textos gregos e latinos. O cordeiro de Phedro utiliza em sua primeira réplica apenas o banal "quaeso" de polidez:
> "Qui possum, quaeso, facere quod quereris, lupe? (v. 7)"
> "Como poderia eu fazer o que tu me reclamas, ó lobo?", traduz Nevelet, no século XVII. Mas o cordeiro de Esopo não fala. Seu discurso é indireto. Em contrapartida, o lobo se manifesta duas vezes em "estilo direto". Proponho interpretar essa desigualdade de tratamento em termos de hierarquia: no pseudodiálogo, apenas o detentor do poder se exprime.

Há dois empregos do terceiro actante. Graças ao espelho oferecido pelo cordeiro, acabamos de vê-lo como actante do discurso performativo. Ele está investido da modalidade do poder em sua forma mais acabada (o poder eu disse ser "transcendente"). Diante dele, o cordeiro é, explicitamente, uma figura do actante sujeito *deôntico*;

ao mesmo tempo, ele executa seu primeiro programa discursivo (versos 10-17).

O terceiro actante é ainda reconhecido por meio deste traço distintivo: ele é o sujeito de um discurso de verdade dito universal. Esse é seu segundo emprego. Isso não é de espantar se nos lembramos que a terceira pessoa já é chamada por alguns linguistas de "pessoa de universo". É assim que se passa quando o processo se desenvolve sem que lhe possamos atribuir um agente particular, uma "pessoa humana". Contentamo-nos, então, em registrar o fato: passa-se qualquer coisa. Em latim, "itur", "pugnatur", "potestur" se traduzirão por existe uma ida, um combate, uma possibilidade. Ora, nesses casos em que a "verdade" é concebida como se impondo a todos (assim como dois e dois são quatro...) não cabe mais o recurso a uma instância de enunciação particular, a um Eu. O discurso enuncia uma verdade que independe de toda referência a um sujeito que a assumiria.

A fábula é um gênero literário que explora, em meu entendimento, esse efeito de sentido. Lembremo-nos o início da dedicatória do *Livre premier des Fables*:

> Canto os heróis dos quais Esopo é a origem,
> Trupe cuja história, ainda que poetagem,
> Contém verdades que servem de lições.
> Todos falam no texto, até os tubarões.
> 5 O que eles dizem para todos é verdade
> De animais me sirvo para instruir a humanidade.

Tradicionalmente, a fábula transmite "verdades" que nos concernem "a todos quanto sejamos" e nos obrigam. Nosso fabulista chega mesmo a precisar em outra dedicatória que "o apólogo é um dom que vem dos Imortais (...). É propriamente um encantamento"[6]. É preciso, aliás, compreender desse modo a palavra latina "fābula". Tal como seus parentes – "fāma", "fātum" etc. –, ela faz referência ao "poder" da palavra separado de sua fonte humana"[7]. Estamos novamente às voltas com a pessoa de universo. A "divindade" profere um discurso; ela entrega a verdade a todos; ela garante a existência de valores eternos.

Gostaria agora de examinar o problema apresentado pela "moral". Ela se situa em um plano discursivo diferente daquele em que se desenvolve a narrativa. Diferença estrutural inicialmente. De um lado, a proposição de validade universal, nesse caso:

"a razão do mais forte é sempre a que vigora" (verso 1),

de outro, a ilustração; em suma, o axioma e os teoremas. Quer o leitor ou o ouvinte passem da moral à narrativa, como propõe La Fontaine, ou invertam seu procedimento, como incitam Esopo e Phedro; enfim, quer o processo seja dedutivo ou indutivo, a significação permanece equivalente. Uma circularidade se instala, tal como ocorre entre o ser o definido e a definição do dicionário.

O segundo traço distintivo diz respeito agora às modalidades: a moral é a forma apofântica (a apófase é, "no sentido original, a asserção que tem o caráter de certeza")[8]. Nesse tipo de enunciado, cujas marcas linguísticas são as da construção atributiva (do tipo X é Y) e dos em-

---

6. La Fontaine, *Fables*, Livro VII. Dedicatória a Madame de Montespan, versos 1 e 7.

7. E. Benveniste *Le vocabulaire des institutions indo-eurepéens*, vol. 2, Éd de Minuit, 1969, p. 139.

8. E. Husserl, *Logique formelle et logique transcendantale*, PUF, 1957, p. 75.

pregos genéricos (artigos definidos singulares, comparativos de superioridade e o temporal "sempre"), "ninguém" fala, ou, se quisermos, é uma "fala interpessoal e absoluta" que se faz entender e se impõe ao enunciatário[9]. Assim é constituída e comunicada a mensagem do terceiro actante.

E agora, a quem a mensagem é destinada? A todos os homens? Talvez, mas e precisamente nessa fábula do lobo e do cordeiro? Aos que desdenham da justiça, afirma Esopo. Aos que oprimem os inocentes, diz Phedro. Estando o enunciatário implícito, o universo de discurso se transforma com La Fontaine. Mas se analisamos a moral como um enunciado paradoxal (aliás, como um tópico) fica claro que as pessoas visadas são as que confiscam a razão para proveito próprio. *Category mistake* que convém denunciar logo de início, com humor, naturalmente, uma vez que, apesar de tudo, é preciso "agradar". Essa é a regra do Gênero.

"O conto faz passar o preceito com ele" (VI, 1, 4).

E se os poderosos cometem o erro lógico de aliar os contrários, a força de que dispõem com o direito que lhes escapa, é porque "a razão os ofende", nos conta La Fontaine (X, 1, 85), e obstrui seu poder: ela deve, portanto, dar-lhes passagem. Entretanto, eles pagarão "como é justo" àqueles cuja morte ordenaram, sejam culpados ou não (*ibid.*, 10):

"Este é o uso entre os grandes" (*ibid.*, 84).

Essa é sua forma de atender às leis civis; maneira, aliás, perversa[10], uma vez que exclui, de fato, toda relação

---

9. E. Benveniste, *op. cit.*, p. 133.
10. Ver a utilização que é feita desse qualificativo por La Fontaine em X, 1, 4.

intersubjetiva que não pertença à sua ordem modal, o poder.

O apanhado que fiz de uma semiótica modal deveria permitir que se apreciasse seu caráter operatório, pois é exatamente disso que se trata: qual descrição pode ser feita a partir dos conceitos modais? Em quê, esses instrumentos de análise nos ajudam a isolar os fatos de linguagem e a precisar seu estatuto?

Lembremo-nos de início, se for necessário, que as estruturas de significação de um texto, seja ele tão curto e "simples" quanto *O lobo e o cordeiro,* não estão saturadas e não poderiam sê-lo pela construção de um objeto de saber. O domínio do implícito escapa à delimitação, ainda que eu tenha me esforçado para demarcar as relações com o explícito linguístico.

Mas percebeu-se, espero, que basta um par de modalidades fundamentais, *o querer e o poder,* para diferenciar o primeiro actante (sujeito e não sujeito) do terceiro actante e determinar as instâncias do discurso.

O que me parece essencial se resume, portanto, a dois pontos:

- Ao nos referirmos à modalidade volitiva, pudemos examinar a operação de asserção sobre novas bases e introduzir o critério do julgamento. O sujeito pressupõe a presença do querer assim como o não-sujeito sua ausência. É ainda em função dessa modalidade que adquirem sentido os critérios sintáticos que eu propus: o critério quantitativo do número de processos cujo actante pode ser a origem, e o critério transformacional, que afeta unicamente o sujeito.
- A modalidade pragmática nos serviu de traço distintivo para identificar o terceiro actante e o domínio do universal que lhe é próprio. Ele se ma-

nifesta na instância da enunciação de dois tipos de discurso aparentemente pouco ligados, o performativo e o veridictório. A pessoa de universo fala. Ela tem a autoridade para falar, e o que diz tem que ser verdade para todos: "Um rei jamais mente" (IX, 121). Não é preciso menos que essa voz para repreender os crimes dos "grandes".

## CAPÍTULO VI
## SEMIÓTICA E HISTÓRIA[+]
*Fato e acontecimento*

> "Que sugestões preciosas (...) sobre o método e sobre a interpretação dos fatos, que ganhos culturais, que progressos de intuição nasceriam (...) de trocas intelectuais mais frequentes! É esse o preço do porvir da história (...), e também da justa compreensão dos fatos que amanhã serão história.
>
> L. FEBVRE

Noções como "fato" ou "acontecimento" não são facilmente delimitáveis. Qualquer analista pode fazer o teste em sua área. Para não abandonar nosso objeto, a história, contentar-me-ei em destacar, seguindo Ricoeur, "o uso, extremamente ambíguo que os historiadores fazem da noção de acontecimento"[1]. Acrescentarei que a noção de "fato" não me parece mais consolidada.

Ao interrogar-me sobre essa deficiência, gostaria de isolar alguns traços distintivos capazes de servir à descrição do semioticista, eventualmente à do historiador, caso ele acredite que seja útil à sua disciplina confrontá-la por um momento à semiótica do discurso. Tomarei, portanto, como ponto de apoio as instâncias da enunciação e as particularidades da organização textual conforme ela esteja relacionada à ordem do fato ou à do acontecimento. Procurando aqui analisar não o discurso do historiador, mas *os elementos a partir dos quais ele se constitui*, partirei de textos aparentemente banais: uma carta,

---
[+] *Protée*, vol. 15, nº 3, automne 1987.
1. Ricoeur, *Temps et récit*, I, Seuil, 1983, p. 288.

uma moção, um cartaz, uma inscrição. Na verdade, a carta já foi classificada nos *Archives* como primeiro índice de historicidade (*Procès-verbaux de la Convention*, 1793); a moção, o cartaz e a inscrição poderiam sê-lo, por menos que sejam considerados significativos dos "acontecimentos de 68".

> *NB*: Talvez não seja inútil lembrar ainda uma vez essa singularidade da semiótica, à qual ela deve suas relações com a linguística: é sobre a análise dos textos que ela funda sua prática.
> Meu primeiro exemplo (a moção, o cartaz, a inscrição) foi extraído de um artigo de Greimas, "Sur l'histoire événementielle et l'histoire fondamentale", *Geschichte-Ereignis und Erzählung*, 1973, pp. 140-1. O artigo foi profundamente alterado antes de ser incluído em *Sémiotique et sciences sociales*, Seuil, 1973, p. 161; ele não contém mais o fragmento que citarei.
> O segundo exemplo (a carta relativa à morte de Marat) foi emprestado de Gumbrecht, "Persuader ceux qui pensent comme vous", *Poétique* 39, 1979, pp. 363-84. Propus uma análise desse mesmo texto, dedicado à modalidade do poder em *Le Discours et son sujet*, I, Klincksieck, 1984, pp. 118-21 (*Lettre*, p. 213-4)

O exame do primeiro exemplo pode ser realizado de forma bastante rápida; ele nos permitirá avaliar a parte que cabe ao implícito, as operações de transformação realizadas, e, finalmente, o estatuto e a função do terceiro actante[2]. Citemos o texto de Greimas:

"Havíamos participado (...) com Roland Barthes, quando das jornadas de maio de 1968, de um Comitê de Ação cha-

---

2. Prefiro essa denominação à de "destinador", usual em semiótica narrativa, mas semanticamente, muito ambígua. Tomo de Tesnière a ideia de numeração.

mado Crítica das linguagens, o qual não era outra coisa senão a transformação de nossos dois seminários do ano. A primeira reunião do Comitê começou no silêncio psico--sócio-dinâmico tão característico da ação contestatória não diretiva. Então, durante os cinco primeiros minutos, o Comitê de Ação se calava: não havia presidente nem mesmo secretário para abrir a seção. O silêncio foi rompido por uma jovem filósofa [Catherine Clément]. Ela voltava da Sorbonne, onde o Departamento de Filosofia, reunido em assembleia geral, havia votado por unanimidade, dizia ela, uma longa moção de três páginas, cuja última frase afirmava 'é evidente que as estruturas jamais descem à rua'. Essa frase, sugeria ela, talvez pudesse servir de ponto de partida para a discussão. E, de fato, a discussão engrenou, e o comitê começou seus trabalhos. No dia seguinte, um cartaz afixado na porta anunciava: 'Barthes disse: as estruturas não descem jamais às ruas. Nós dizemos: Barthes também não.'"

Dessa narrativa podem ser extraídos dois enunciados:
a) (moção) "É evidente que as estruturas jamais descem às ruas", frase atribuída, em primeira análise, a um sujeito enunciante ($S_1$), o Departamento de Filosofia da Sorbonne.

b) (cartaz) "'Barthes disse: as estruturas não descem à rua. Nós dizemos: Barthes também não.'" "Barthes" e "nós" constituem os sujeitos $S_1$ e $S_2$.

Volto ao artigo de Greimas para registrar ainda essa passagem:

> "Há algum tempo eu me encontrava do outro lado do mundo, na Califórnia, no campus de San Diego. Ao entrar na sala reservada para minha conferência, encontrei, escrita no quadro-negro, em grandes letras e em bom francês esta frase: 'As estruturas jamais descem às ruas'. Em seguida pude encontrar o mesmo *slogan*, a mesma inscrição nas universidades do Meio-Oeste dos Estados Unidos."

Veja-se um terceiro enunciado:
c) (inscrição *slogan*): "As estruturas jamais descem à rua."

Esse último enunciado parece-me revelador da conversão de nível provocada pela entrada em cena do terceiro actante. De fato, os dois precedentes resgatam o dito dos sujeitos do dizer; já o terceiro é construído por apagamento. Ninguém mais fala. Mas conhecemos essa classe de discursos que integra outras unidades análogas, tais como os provérbios, a moral das fábulas, ou as máximas. Aqui, o enunciador pressuposto (quem fala?) deve ser procurado mais ao lado do segundo conjunto que do primeiro. Um critério nos poderia ser fornecido (será nossa hipótese de trabalho) pelo tipo de veridicção relacionado. Como os provérbios e a moral, trata-se de uma verdade com pretensão de "universalidade".

p É verdade
(a proposição é verdadeira do ponto de vista do É, símbolo do universal).

Com as máximas, temos uma verdade restringida (para nós, analistas-observadores) a uma comunidade, definida no tempo e no espaço:

p é verdade para NÓS
(a proposição é verdadeira do ponto de vista de NÓS, símbolo de uma generalidade limitada a um grupo, uma classe etc.).

Na moral das fábulas é, como se diz, a sabedoria das nações que é expressa (p É verdade); nas máximas, a ideologia dominante (p é verdade para NÓS). Assim se diferencia esta moral bem conhecida de La Fontaine: "A razão do mais forte é sempre a que vigora", ou aquela de La

Rochefoucauld: "A boa graça está para o corpo assim como o bom-senso está para o espírito." O modelo ideológico da aristocracia do século XVII, pode-se vê-lo ao ler esse último exemplo, combina a verdade ("o bom-senso" do espírito) com o belo ("a boa graça" corporal). A correspondência formal (a homologia: *a* está para *b* assim como *c* está para *d*) incita o leitor a estabelecer uma equivalência entre os termos: o corpo e o espírito, o belo e o verdadeiro. O mesmo ocorre com nossos três enunciados. O "Departamento de Filosofia", exatamente como o "nós" que o representa, adotou a conduta *ideologicamente* justa (racionalmente fundada) e axiologicamente (*politicamente*) boa; sua ação o comprova: eles descem à rua[3]. Inversamente, "Barthes", figura metonímica dos estruturalistas, sujeitos da "ciência, adota e somente pode adotar uma conduta injusta (mal fundada) e ruim: ele não desce à rua.

Nesse ponto de meu desenvolvimento sobre o "fato" e o "acontecimento", farei várias observações.

1. O discurso ideológico, cuja propriedade invariante é o "certo" assimila, por definição, necessariamente, as variáveis que extrai do universo de valores sociais. É essa posição fundamental do "verdadeiro" (do alético) que, desse ponto de vista, diferencia o discurso ideológico de qualquer outro tipo de discurso.

2. O detentor do discurso ideológico, explícito ou implícito, que identifico como terceiro actante da semiótica discursiva, não exerce esse papel a não ser por oposição a outro terceiro actante que também pretende ser detentor da verdade. A estrutura conflituosa é, portanto, constitutiva do que chamamos o discurso ideológico.

---

3. Ao contrário, A. J. Greimas, em sua análise de um "modelo ideológico da cidade", coloca o "racional" e o "político" no mesmo plano "axiológico". *In Sémiotique et sciences sociales*, Seuil, 1976, pp. 136 ss.

3. A presença implícita do terceiro actante ("positivo" ou "negativo") priva o sujeito ($S_1$, $S_2$, $S_3$) de seu estatuto de autonomia. Ele se torna, de alguma forma, despossuído de seu ato em proveito da instância hierarquicamente superior, o terceiro actante[4]. Ao mesmo tempo em que o sujeito troca de estatuto, passando da autonomia (relação binária) à heteronímia (relação ternária), o "fato" se transforma em "acontecimento". "Barthes" ($S_2$) se torna o delegado da ideologia "reacionária" dominante, assim como o "Departamento de Filosofia" e o "nós" ($S_1$, $S_3$) representam a ideologia "revolucionária" dominada.

4. O discurso ideológico se quer universal. Ele recusa, portanto, todo limite temporal (ou espacial). Ainda que o actante-observador (posição externa) considere tal discurso sobre o modo do

p é verdade para NÓS,

não há dúvida de que o sujeito em posição interna (integrado à relação ternária) a vê em seu conjunto no modo protetor do

p É verdade[5].

O que eu disse acerca do tempo vale também para o espaço. Efetivamente, o traço distintivo do terceiro actante, simbolizado pelo É, é sua *função de universalidade*. A passagem para o domínio regido pela relação ternária,

---

4. Sobre o jogo entre a relação binária (sujeito-objeto) e a relação ternária (destinador-sujeito-objeto), em que o terceiro actante ocupa uma instância superior à do sujeito, ver *Le discours et son sujet*, II, Klincksieck, 1985, no índice dos termos.

5. Posicionado externamente, o actante distingue, como observador, os modos de *de re* e *de dicto*; em posição interna, ele os identifica um ao outro.

ou, para ser breve, a passagem para o ELE, parece-me, portanto, a condição necessária e suficiente para transformação do "fato" em "acontecimento". Não é por acaso que alguns linguistas, ao refletirem sobre a categoria da pessoa, foram levados, também eles, a postular a existência de uma "pessoa de universo". Com formas como "trovejar", por exemplo, a língua denomina um tipo de fenômeno que escapa ao controle do que se chama "pessoa humana". Seria o caso de ficar surpreso? É sobre uma base análoga que o físico se apoia para opor "fato" a "acontecimento":

> "O fato 'trovejar', que primitivamente fazia sua entrada na consciência como 'experiência pessoal' [torna-se, se for partilhado] 'acontecimento' (objetivo). E é à totalidade de acontecimentos que pensamos quando falamos do 'mundo exterior real.'"[6]

5. O exercício da função de universalidade se reconhece, enfim, pelo fato de que "ninguém" mais fala. Nós o afirmamos acima: é o "nós" considerado por Einstein que se pronuncia, ou, por uma extensão audaciosa, a "Natureza", como escrevem frequentemente os cientistas (utilizando maiúsculas). Tais vozes, que dizem a "verdade" e selecionam os fatos que são passíveis de ser transformados em acontecimentos, constituem um paradigma do qual também fazem parte a Razão, o Progresso, a História, Deus, etc. O "Departamento de Filosofia", "Barthes", "nós" tentam em vão se exprimir: eles estão despossuídos de seu dizer, pois, na esfera do terceiro actante, a fala não é mais sua; ela é "como que independente daquele que a profere"[7].

---

6. Einstein, *La Relativité*, Payot, 1956, p. 160.
7. O fenômeno é comparável a diferentes níveis de linguagem. Cito aqui. Benveniste e seu estudo sobre a raiz *bhā- (oposição entre *in fans* e *homo*), *Le vocabulaire des instituitions indo-européennes*, II, Éd. de Minuit, 1969, p. 133.

Reunimos elementos suficientes para distinguir agora o acontecimento objetivo do acontecimento ideológico (pré-histórico). Dir-se-á talvez que o denominador comum é a referência ao *É* e a seu modo de elocução impessoal. Mas a instância de avaliação do acontecimento objetivo não funciona como a do acontecimento ideológico. Antes de se impor a todos, o acontecimento objetivo foi acolhido como tal pela "comunidade científica", segundo a expressão de Bachelard. Esse procedimento preliminar é capital. A regra será, por exemplo, que deve haver conformidade entre o quadro conceitual, o discurso que faz conhecer, o modo *de dicto*, e a prática experimental, o modo *de re*. Ora, como todos sabem, a ideologia não é acessível no modo *de re* e, na impossibilidade de poder satisfazer essa exigência, ela se volta para outra forma de necessidade, a coerência. O segundo texto anunciado (a carta sobre a morte de Marat) nos permitirá, no estágio em que se elabora o discurso histórico, apreciar a importância desse critério e do princípio correspondente: *o lógico supera o cronológico*.

A carta se apresenta na forma de uma mensagem dos membros da sociedade republicana de Tonnerre aos mandatários do povo. Ela cita o assassinato de Marat perpetrado poucos dias antes. Reproduzirei inteiramente apenas o primeiro, o segundo e o quarto parágrafos:

"Um grande atentado acaba de ser cometido, a representação nacional acaba de ser violentada na pessoa de Marat, o amigo do povo, o intrépido defensor de seus direitos.
"Um ferro liberticida nos arrebatou vosso digno colega, uma mulher... um monstro serviu de instrumento para a vingança dos federalistas e de todos os inimigos da liberdade.
"As épocas memoráveis da Revolução sempre serão marcadas por acontecimentos funestos e desastrosos! A cabeça do tirano tomba sobre o gládio da lei e Lepeletier é

assassinado; depois, a República enfrenta diferentes crises, o Senado francês é purgado dos traidores que o sublevam, uma Constituição popular, objeto dos anseios de um povo inteiro e obra deste Montaigne tutelar tantas vezes caluniado, é proposta à aceitação dos departamentos, ela deve afirmar a República, Marat é um dos cooperadores, Marat desmascara os traidores e os hipócritas, ele se torna sua vítima."

Se tomarmos inicialmente como ponto de referência o quarto parágrafo, poderemos notar que cada fato registrado pelos autores da carta entra em uma *sequência*, isto é, em um conjunto de programas ordenados no tempo e sujeito a uma lógica da pressuposição. A morte do "tirano" é seguida pelo assassinato de Lepeletier; o Senado é implantado (implícito), e então é "maculado" por "traidores" e, finalmente, é "purgado"; uma Constituição popular é elaborada e Marat, um dos cooperadores é assassinado. Ao ler a carta, os fatos se sucedem segundo essa regra: os patriotas constroem a República; os "traidores e os hipócritas" a destroem.

Retomemos um instante às operações que transformam um *fato* em *acontecimento*. A seleção é feita com base em atos integráveis em dois paradigmas opostos e complementares: o do *dom* (uns constroem) e o da *captura* (outros destroem). Projetados sobre o eixo sintagmático; eles são então ordenados no tempo; *dar* precede *tomar*. Mas trata-se de um "tempo socializado" (Benveniste), que faz pouco-caso da cronologia. Esse não é seu princípio de ordem. Ele leva a vantagem de *fixar o ato fundador*, o ponto –, no caso, um julgamento emitido pela autoridade legal, seguido de sua aplicação, a execução de Luís XVI, o "tirano". A monarquia de direito divino (implícito) é substituída pelo povo; o poder de um só, pelo poder de todos, a lei republicana. Diremos que a preocupação dos autores da *Mensagem* não é mais registrar um *fato* passado (*factum*), mas marcar a origem do *acontecimento*, do que acontece (*eventus*). Não apenas o fazer, mas um movimento orientado, uma série de ações atingidas por um *devir*. Para produzir o encadeamento desejado, não hesitam em manipular os fatos. Lelepetier foi assassinado na véspera da execução de Luís XVI. A ordem *dar-tomar* impunha que Lelepetier morresse após o rei. Inicialmente, o *dom*, em seguida, a *captura*. Se nos limitarmos ao quarto parágrafo, será possível orientar os acontecimentos partir do ato fundador e seguir seu desenvolvimento ordenado:

| *dar* | depois | *tomar* | depois | *dar* | etc. |
|---|---|---|---|---|---|
| a... | | a'... | | ... | |
| condenação do tirano à morte | | o assassinato de Lelepetier | | | |
| b... | | b'... | | b"... | |
| instituição do Senado | | denegrimento do Senado | | regeneração do Senado | |
| c... | | c'... | | ... | |
| elaboração de uma Constituição popular | | assassinato de Marat | | | |

Como já registramos ao analisar o primeiro exemplo (os acontecimentos de 68), a passagem de um plano a outro, do *fato* ao *acontecimento*, implica também transformações actanciais. O sujeito, dizíamos nós, é despossuído de seu ato em proveito do terceiro actante. O mesmo acontece agora. Voltemos aos dois primeiros parágrafos. Certamente se dirá que se trata da descrição de notícias sem importância: uma mulher mata um homem, Marat. Mas a *Mensagem* não afirma isso; ela diz: "O ferro liberticida arrebatou-nos vosso digno colega." Na construção subjacente *x* matou *y*, *y* é identificado duas vezes: tanto como objeto situado em primeira análise, sobre a isotopia individual ("o amigo do povo", "vosso digno colega"), quanto como objeto situado na isotopia coletiva ("a liberdade"). Que essa segunda isotopia seja dominante, temos por prova a substituição do sujeito sintático "um ferro liberticida" (isotopia coletiva), por, "uma mulher", por exemplo (isotopia individual). Era uma escolha a ser feita. O agente individual tem, aliás, tão pouco peso que é imediatamente convertido em instrumental. A própria palavra é: "uma mulher ... um monstro serviu de instrumento (...)". O desenvolvimento do papel sintático implica colocá-lo sob uma nova autoridade, um novo agente, dessa vez coletivo: os "federalistas", "os inimigos da liberdade":

| F{matar} (x,y) | | F{matar} (x,y,z) |
| *isotopia individual* | Transformação | *isotopia colectiva* |
| x: uma mulher | | x: os federalistas |
| y: Marat | | y: a liberdade |
| | | z: uma mulher |

Com as transformações actanciais e a ordem sintagmática imposta (lembremos a sequência iterativa em que *dar* precede *tomar*), o discurso adquire o grau de generalidade necessário à produção de efeitos de sentido de "objetividade". Mas as marcas do discurso ideológico são tenazes. A primeira, sabe-se, concerne à relação com o alético. Em nossos dois exemplos, o verdadeiro não se discute. O discurso ideológico é também um discurso dogmático. Como se diz (Lefort), a ideologia "fabrica a certeza". Nessas condições, o

p É verdadeiro

para o qual o discurso ideológico pede nossa adesão nada tem em comum com o

p É verdadeiro

do discurso científico, preliminarmente submetido ao controle da "comunidade científica" e sempre sujeito à revisão.

Seria preciso acrescentar que o alético só adquire todo seu peso epistemológico se a ordem apresentada se insere em um conjunto fechado. O analista das ciências humanas se beneficia, então, de um estatuto confortável. Ele tem as duas extremidades da cadeia, o ponto α e o ponto ω. Tal como esse historiador do século XIX, Augustin Thierry, tão seguro quanto o profeta que prediz fatos passados[8]. Em sua *Histoire du Tiers État*, o ponto α era, no século XII, a criação das comunas, e o ponto ω, a Monarquia Constitucional de 1830. Não havia mais nada a ser atingido e, de repente, a revolução de 1848 lhe pareceu um desafio ininteligível (Hartog). A atitude me parece típica de quem se arrisca a antecipar o porvir. Darei aqui somente mais um exemplo. O ato fundador do poder operário é, para Lênin (ele escreve em uma carta de 1918), a Comuna de Paris de 1871. Quanto ao ponto ω, sabe-se ao menos que ele leva o nome de "socialismo"[9].

A segunda marca do discurso ideológico, conforme postulei mais acima, é a conjunção necessária do verdadeiro com uma variável axiológica. É difícil escapar à fascinação da racionalidade agraciada por uma moral triun-

---

8. R. Jakobson, *Essais de linguistique générale*, Ed de Minuit, 1963, p. 75: "Schlegel, o precursor da linguística comparada e da tipologia, descrevia o historiador como um profeta de fatos passados."

9. *Procès des Communards*, Gallimard-Julliard, Coll. "Archives", 1978, pp. 12-3.

fante. Propp e depois Greimas sucumbiram a isso, como testemunha ainda o "esquema narrativo" do semioticista. Voltemos um instante à *Mensagem* dos republicanos de Tonnerre. A ordem dos predicados não é o único elemento em discussão (uma ordem fechada, se possível). É preciso ainda que seja a *boa* ordem, como se se tratasse de uma necessidade interna. A regra é, portanto, a seguinte: no interior de uma sequência, o primeiro e o último programa pertencem ao *dom*. Cada época memorável da revolução, para retomar os termos da carta, é marcada por um acontecimento benéfico: a morte do tirano, a regeneração do Senado, a Constituição popular. Claro, os "acontecimentos funestos e desastrosos" se intercalam como se felicidade e infelicidade devessem se suceder. Entretanto, a alternância não anula a dupla avaliação positiva: o ponto de partida (o ato fundador) e o de chegada são "felizes". A revolução tem por objetivo fundar a República, isto é, uma sociedade de libertos; ao período conflituoso, encenado em nosso texto pelo sintagma discursivo *dar-tomar*, sucederá igualmente o período contratual que deixa livre curso ao "regime da liberdade vitoriosa e aprazível"[10]. A "história" escrita pelos soviéticos obedece ao mesmo esquema: no início, a Comuna de Paris, o "embrião" da República dos Sovietes; ao final, "a vitória completa do socialismo"[11]. Contrariamente ao modelo da tragédia clássica, que nos faz passar da fortuna ao infortúnio, o modelo da ideologia (ou, no caso, da utopia) reserva para a posição dominante e reguladora a única fortuna. Essa certeza de uma conclusão feliz não é uma particularidade dos revolucionários (Montagnards de 1793 ou soviéticos da época contemporânea). Citemos

---

10. Ver *Le Discours et son sujet*, I, p. 121.
11. *Procès des Communards, op. cit.*, p. 13.

ainda como exemplo um filósofo como Nietzsche em *Le Gai savoir*. Ao examinar "o esforço de Napoleão", ele insiste em um sucesso capital: o imperador soube "trazer à tona todo um pedaço de natureza antiga", fazendo que uma Europa unida se tornasse a "senhora da terra". A França e a Europa haviam sido entregues aos homens de negócios, aos Filisteus; a "fraternidade" dos povos e suas "efusões floridas" os haviam tornado insossos. Era preciso, portanto, que o herói destruísse esse universo de valores medíocres (programas de *captura*) e em seguida remodelasse, "virilizasse", afirma Nietzsche, a sociedade (programas de *dom*). Passo por sobre outros méritos eminentes de Napoleão e conservo esse veredicto final em forma de síntese: temos sob nossos olhos um "período que todos os milênios vindouros olharão retrospectivamente com inveja e respeito, como um pedaço de perfeição"[12]. Aqui também o primeiro programa, o programa decisivo, é de ordem do *dom*.

Ainda que se possa inverter as perspectivas e declarar que é pelo infortúnio (portanto, por um programa de *captura* pressuposto) que se pontua e, sobretudo, se termina a história dos homens, permaneceremos prisioneiros do discurso ideológico. Essa é aparentemente a opção mais largamente adotada, se não assumida, pela historiografia contemporânea. É verdade para a "grande Revolução Francesa". Ela foi, conta-nos Braudel, "toda a história dramática do mundo" durante anos[13]. É ainda verdade para o século XVI. Como observa Ricoeur, o próprio historiador "não conseguiu evitar que sua magnífica obra [sobre *La Méditerranée et le monde méditerranéen à l'èpoque*

---

12. *Le Discours et son sujet*, I, pp. 117, 125, 126.
13. F. Braudel, "Leçon inaugurale au Collège de France", *Écrits sur l'histoire*, Flammarion, 1969, p. 22.

*de Philippe II*] fosse concluída com o quadro de uma morte, não, certamente, a do Mediterrâneo, mas a de Felipe II"[14]. É sempre verdade para o tempo presente, "nosso século de ferro", se acreditarmos em Nora. Talvez "a história não pare de se repetir, mas (...) a cada vez de forma um pouco mais trágica"[15].

Desse modo, não é tanto o enfoque, descrever a vida e a morte das sociedades e dos homens, que coloca o historiador em uma posição difícil, mas sua submissão a uma regra do tipo: um programa de *dom*, ou, ao contrário, um programa de *captura* deve concluir a narração. Último traço que nos expõe ao risco de alimentar a ambiguidade: o lugar concedido aqui e lá às *paixões*. Dir-se-ia que a "argumentação" não pode se privar dela. A *Mensagem* de 1793, o *Gai savoir*, de inúmeras ideologias políticas ou religiosas jogam assim com a "confiança". A regra parece então a seguinte: o predicado de *dom* já deu seus frutos e, qualquer que seja a frequência do retorno do *confisco* ele ocorrerá inevitavelmente. Uma vez que o sucesso é certo, não é de espantar que textos desse tipo induzam o leitor ou o ouvinte, como ocorre com o "herói", a comportamentos de busca. Ao adotar essa visão otimista do mundo, o historiógrafo tem nos contos e particularmente nos contos maravilhosos um correspondente narrativo. O epíteto é loquaz. É que a narrativa se fecha com a recompensa: "O herói se casa e sobe ao trono, escreve Propp, conferindo um título à sua última função. Por outro lado, quando a morfologia de *captura* predomina, ficamos sujeitos à 'piedade' e ao 'terror', as duas paixões trágicas, segundo a *Poética* de Aristóteles.

---

14. Ricœur, *op. cit.*, p. 313.
15. "L'événement et l'historien du présent. Entretien avec Pierre Nora", *Magazine littéraire*, nº 123, 1977, p. 37.

Ora, a frágil arte de escrever a história", se acreditarmos em Braudel, se deixa seduzir pelo infortúnio, como se a "profissão" de historiador "para estar em alerta, tivesse necessidade, sem fim, do sofrimento e da insegurança flagrante dos homens"[16]. A história inclui, assim, efeitos de "real" que a ajudam a passar do plano da convicção para o da persuasão, pois a ordem das paixões é tão necessária para persuadir outrem quanto a ordem das razões o é para convencer. E isso me parece verdadeiro mesmo que a história obedeça a outras solicitações, por exemplo lúdicas (e financeiras) – o historiador assume a tarefa de divertir o leitor[17] – ou políticas, quando a narração projeta em um risível convenção as estruturas de poder[18]. Voltemos uma última vez à *Mensagem* de 1793. A morte de Marat dava aos Montagnards a ocasião de reafirmar sua solidariedade. O contrato político não estava em perigo? Cabia a cada um renovar seu engajamento e adotar o comportamento passional mais adequado à circunstância: inicialmente, a expressão de dor; depois, a preocupação com a vingança: "Ao extravasamento da dor mais intensa sucedeu a mais profunda indignação" (3º parágrafo). Que o sangue dos contrarrevolucionários seja vertido "para satisfazer aos manes do mártir da liberdade" (7º parágrafo). Enfim, a manifestação de pieda-

---

16. F. Braudel, *op. cit.*, pp. 15-6.

17. "O discurso do historiador 'de sucesso' consegue (...) para o 'prazer do texto' se organizar 'como uma ficção'. A obra da história se volta então ao mesmo tempo ao divertimento, meio de evasão, e meio de 'formação' do cidadão do 'honnête homme', Duby, *Magazine Littéraire, op. cit.*, p. 23.

18. Barraclough: "A história é sempre o terreno da eleição da *fábula conhecida*", in "L'Histoire", *Tendances principales de la recherche in sciences sociales et humaines*, parte 2, tomo I, Mouton-Unesco, 1978, p. 482.

de: "a imagem desse homem virtuoso será para nós um objeto de veneração" (10º parágrafo). Tal encadeamento de paixões (a dor ressentida após a ofensa, a vingança implicada pelo assassinato, a piedade para com o mártir) convém ao patriota preocupado com a virtude. Sua vida dedicada ao "bem"[19] adotou por máxima: o cidadão que está "à altura da Revolução" (5º parágrafo) testemunha, sempre por meio de suas palavras e de seus atos dos valores imortais da República.

A entrada do terceiro actante no circuito acarreta muitas consequências, conforme vimos. Deter-me-ei finalmente em duas. Elas permitem melhor apreciar em quais condições o acontecimento "ideológico" se tornaria "objetivo". A primeira concerne à utilização do *alético*. A ideologia não conhece senão um único suporte discursivo, o mais favorável às suas teses:

p É verdadeiro.

O discurso científico, ao contrário, estabelece e respeita as regras de passagem de um estágio preliminar a outro marcado por

p é verdadeiro para NÓS

para um estágio definitivo:

p É verdadeiro.

A ideologia, no mais, utiliza um alético combinado com uma variável axiológica; necessidade *interna* que é

---

19. O bem público mas também o bem de cada um. Ver *Le Discours et son sujet*, I, pp. 125-6.

estranha ao domínio das ciências. A segunda consequência está relacionada à dimensão tímica das estruturas de diálogo. Talvez o cálculo ou a experimentação não tenham o que fazer com as paixões, mesmo que elas desempenhem seu papel em todas as fases da pesquisa[20]; já o discurso ideológico não se concebe sem elas. Ora, quando se trata de persuadir (e não apenas de convencer) não é necessário sensibilizar – empreendimento estranho, em muitos sentidos! – o "corpo social até a comoção" e colocar o leitor ou o ouvinte diante dessa "evidência" (o domínio do É verdadeiro): "o real vos fala"[21]?

Comparativamente, os outros critérios de filiação à esfera do terceiro actante – as três transformações, actancial, dêitica e diatética[22] – parecem menos discriminatórios. Nós os encontramos, de fato, nos dois campos, e o "objetivo" e "ideológico". Ocorre que com a progressão da análise tornou-se evidente, creio, que a conversão de um tipo de discurso em outro obedecia a regras e que, para passar finalmente do "ideológico" ao "objetivo" (ao histórico), convinha estatuir preliminarmente as formas discursivas da verdade e da paixão. Está aqui talvez uma das condições a serem preenchidas para se ter essa "justa inteligência dos fatos que amanhã serão a história" desejada por Febvre.

---

20. *Ibid.*, pp. 145-7.
21. M. de Certeau, *Magazine littéraire, op. cit.*, pp. 13 e 20.
22. A diátese remete ao fenômeno da voz; ela distingue segundo a instância de enunciação, o sujeito ou o terceiro actante (ver acima, p. 221) para a transformação dêitica, ver p. 220 e 223 (o tempo), p. 163 (o espaço); para a transformação actancial, ver p. 224.

CAPÍTULO VII
# LOUCURA E UTOPIA
## EM *LA VILLE*, DE PAUL CLAUDEL[+]

Em *La Ville*, dois personagens são expressamente taxados de "loucos": Pasme (primeira versão, 1893) e Lâla (segunda versão, 1901). Ora, ambos são utopistas. A relação entre *loucura* e *utopia* nos parece pouco habitual em Claudel e propícia para interessar àquele que se dedica à história das ideias[1].

Na primeira versão, a Cidade conhece uma espécie de greve geral. Estamos no início do ato II. Pasme faz parte de um grupo de operários que está em busca de um chefe. Ele ainda não é conhecido por seu apelido:

E há também Sueur e Lerouge e Charlot o mecânico, e o outro, como se chama? O louco (V. 1, 187).

A identificação acontece algumas páginas adiante, quando Pasme entra ativamente na discussão geral que opõe os delegados dos operários e os dos burgueses:

---

[+] *Au bonheur des mots. Mélanges en l'honneur de Gérald Antoine*, Presses Universitaires de Nancy, 1984, pp. 195-204.

1. Tomamos por referência a edição crítica publicada no *Mercure de France* (1967). As abreviações utilizadas remetem à primeira versão (V. 1) ou à segunda (V. 2), com a indicação da página.

PASME O LOUCO, *avançando*. Agora, é bastante disputado. Escutem-me (V. 1, 208).

Ao final do ato III da segunda versão (V. 2, 384), é a vez de Ivors, filho de Lâla e rei da Pólis, chamar sua mãe, por antonomásia, de "Rainha da Loucura". O motivo de essa acusação ser levada contra ela por seu próprio filho é, assegura ele, o fato de ela dever assumir a responsabilidade pela catástrofe geral. A revolta deu seus frutos:

Hoje tu vês tua obra, essas multidões arrasadas, essa cidade deitada no pó,
Essa forma de humanidade, combalida e disjunta e esses restos desvairados que se buscam pelo pousio (V. 2, 384).

A "loucura" parece, portanto, ligada ao fracasso de uma política. Entretanto, Ivors marchou sob as ordens de Avare. Ele é filho de Coeuvre por parentesco, mas de Avare por designação. É um senhor da guerra que no mínimo é responsável ao mesmo título que Lâla. Entretanto, o fato é que sua crítica é centrada no papel que sua mãe desempenhou na revolta. Ela, afirma ele, definira mal seus objetivos. Se ela merece ser denunciada como "a Mãe desse povo aberrante" é por ter exercido o papel de "mágica". Ela pediu ao homem que "voltasse seu rosto para o mar "cintilante", em direção à ilusão.

A atitude crítica de Avare em relação a Pasme é um pouco parecida. Como Lâla, Pasme perdera o jogo. Os operários bem que obtiveram a vitória, mas ele é seu prisioneiro. Amarrado a um pilar, ele é golpeado. Seus antigos camaradas cospem nele e olham-no, zombando. O que lhe é reprovado é, acima de tudo, ter "pregado" em vão. Avare reconhece que Pasme falava melhor que ele próprio:

Certamente o arroubo profético o tomou
Como ao oráculo primitivo das fontes ou de uma pedra
posta entre quatro pinheiros,
E a multidão enternecida enquanto ele falava,
Considerava sua boca o portal de um jardim! (V. 1, 240)

Mas seu discurso se ajustava mal à relação de forças antagônicas. Um dos operários explica:

[...] É como se usando mal a boca,
Tu tivesses te servido dela apenas para mugir! (V. 1, 241)

Não é preciso dizer que a acusação de "loucura" implica *a exclusão*. A situação de Pasme é, desse ponto de vista, bastante clara. Ele se torna livre após a passagem do enviado divino, o Estrangeiro. Mas quando "esse cão raivoso" (V. 1, 260) é colocado diante das duas alternativas, permanecer com o partido vencedor, disposto a fazer uma aliança com a nova autoridade (Deus), ou aproveitar sua liberdade e gozar a vida, ele não hesita:

Vivo! Eu vou para alhures
[...] Eu amo, eu amo.
A beleza dessa radiante morada! (V. I, 279 e 280)

Não haverá lugar para Pasme na sociedade cuja ordem e composição ele vê se desenhar adiante de si. Ele o sabe.

Lâla não parece mais querida. O rei Ivors e o bispo Coeuvre, seu marido, a rejeitam. No momento de se estabelecer "no meio da Cidade" e de constituir as leis, Ivors adverte sua mãe:

Mulher, certamente teu lugar não é entre nós (V. 2, 385).

Couvre, calando-se, fecha as portas da Igreja para ela, e a esposa não encontra mais graça diante do esposo. Ela não terá acesso à sociedade teocrática que eles edificam.

Notemos sem demora: a exclusão que pesa sobre Pasme, na primeira versão, não tem esse caráter brutal. De alguma forma, ele foi marcado pelo representante de Deus. Um dos "Consagrados" o tomou em seus braços. Esse gesto de acolhimento será um dia seguido do efeito. De nada adiantou ele ter recusado o convite para se juntar aos vencedores, seu tempo virá. Uma transformação de identidade de Pasme é doravante previsível:

> Não é em vão
> Que ele terá colocado o nariz contra as vestes sacerdotais
> Mas uns se alimentam pela manhã e outros fazem um festim ao meio-dia (V. 1, 280).

Se a exclusão, aqui temporária, lá definitiva (e Deus sabe se a distinção importa!) é considerada a consequência necessária da "loucura", é preciso ainda voltar à natureza da desrazão de que Pasme e Lâla supostamente sofrem, e analisar os discursos e o comportamento que justificam esse julgamento de cunho negativo.

Claro, nem Pasme nem Lâla se dizem "loucos". Na verdade, ambos têm por traço comum o fato de serem *iluminados*. Nós o vimos: Avare notara que um "arroubo profético" se apossava de Pasme quando este falava. Lâla reivindica para si mesma uma opinião desarrazoada. No ato II, antes que a destruição da Cidade tivesse chegado a seu termo, ela não teme afirmar seu parentesco com a pitonisa de outrora.

> E eu própria debruçando-me sobre esse povo enfraquecido, sinto-me como que embriagada por um odor de vinho e de pólvora e de uvas terrosas fermentadas. E eu me faria sua profetisa e o grito que daria os deixaria desvairados (V. 2, 337 e 338).

Quem fizesse uma análise temática seria então tentado a incluir Thalie, a mulher que se une a Coeuvre na primeira versão. Ela também "espanta" os homens:

> [...] Pois às vezes
> Um transe mais furioso a agita
> Como outrora no antro em meio aos cordeiros sacrificados, não tripudiou a Profetisa dos Ladrões!
> Ou como a Mênade manchada de sangue de boi
> Esmagando em suas mãos cachos de uvas em honra ao deus nascido de duas mães, não emitiu o grito feminino
> (V. 1, 161).

Evidentemente, Thalie faz parte do grupo dos iluminados. Entretanto, seu estatuto é outro. Ela não executa o mesmo tipo de programa que Pasme ou Lâla. A razão é simples: Claudel colocou Thalie na dimensão filosófica, formando um casal exemplar, ela procurava se definir como sujeito; ora Pasme e Lâla pertencem à dimensão política: eles elaboram um projeto coletivo do qual deve depender a construção da Cidade nova. De um ponto de vista mais geral, não é certamente a loucura em si mesma que é condenada, mas a "loucura" de Pasme e Lâla, loucura política aos olhos dos Vencedores. Senão o rei Davi, o chefe dos iluminados, também deveria ser excluído sob a imputação de "afrontar a lógica", de não "seguir a ordem". Mas está justamente aí seu mérito. Ele é o "Coribante real". Ao preceder à Arca, ele anuncia a vinda do próprio Jeová![2]

É preciso, portanto, retomar o exame das proposições de Pasme e Lâla. Analisemos inicialmente o ato político. A revolta se tornava inevitável. A Cidade devia ser destruída.

> *NB*: Se a palavra "revolta" figura uma vez na primeira versão, não encontraremos "revolução" nem em La Ville I nem em La Ville II.

---

2. P. Claudel, *Oeuvres completes*, Gallimard, 1962, XIX, p. 114.

Avare representa aqui e lá o agente dessa força de destruição. Ele constata e se regozija

> Eis, eis que o homem desesperado se levantará em seu próprio nome e que o vento leva o mar. Tanto melhor (V. I, 189).

Seu programa é simples:

> Arrasarei essa casa de corrupção [A Cidade]
> ...
> Farei recuar do lugar a raça humana
> A hora é chegada! (V. 2, 296)

Uma nota de Claudel sobre essa cena nos revela que em dado momento ele tivera a intenção de fazer de Avare o interlocutor, dando-lhe o personagem de Pasme, "o homem que ama a humanidade". Ao reler o texto da primeira versão, o vemos, de fato, se esforçar para encontrar um terreno de acordo com os Burgueses. Ele, um dos quatro delegados dos operários, não propõe nada menos que a *fraternidade* à parte adversária. Não são os inimigos que se encontram na praça pública para uma última negociação, são os homens que têm necessidade de dignidade, qualquer que seja sua posição social:

> Por que vocês se dirigem a nós como pessoas que não são como vocês!
> Certamente vocês se desprezam (V. 1, 210).

Pasme mostra com um gesto o que é preciso fazer:

> *Ele se aproxima de Pomaron* [um dos representantes dos burgueses] *e coloca as mãos sobre seus ombros.*
> Eu me aproximarei de ti, como um homem com seu cachimbo a quem se oferece fogo
> Até o calor de teu rosto. Vamos! Não te desvie, olha-me (V. 1, 208).

Os trabalhadores são ignorantes, é verdade, mas, por meio de seu trabalho, eles permitiram aos ricos conhecer a felicidade. Logo, eles têm direito à "piedade":

> Tenham piedade de nos, uma vez que nós lhes temos dado essa possibilidade de serem felizes.
> Vocês o sabem melhor do que nós (V. 1, 209).

Ora, o fato é este: os Burgueses recusam qualquer mudança. Eles insistem em se definir como "vendedores da servidão" (V. 1, 212). O que retorquir então a um "proprietário canalha" (retomamos aqui a fórmula de outro representante dos trabalhadores, V. 1, 211), ou então à afirmação: nada há, de verdade, de comum entre nós?

> [...] Vão-se embora, pois nós os rechaçamos todos!
> Oh homens infelizes! Vamos! Vamos banir os ricos e façamos uma cidade de pobres
> ...
> E que seja esmagado
> Como um maldito, aquele que ouse dizer: Eu possuo (V. 1, 210).

Pasme, homem que ama a humanidade, e Lâla serão, portanto, do partido de Avare, ao menos provisoriamente. Eles destruirão a Cidade. Mas a ruptura está relacionada à significação a ser dada ao verbo "ter" e a seu objeto. Quando a Cidade está em ruínas, Avare se encontra diante de Pasme, seu antigo companheiro feito prisioneiro, e, de alguma forma, extrai a moral de sua vitória

> Tu não compreendes
> Que uma justiça perfeita para todos, é a aquilo de que se apropriam
> O resto ["todos os outros", afirma uma variante]? Nós o fizemos (V. 1, 240).

A apropriação deve ser, portanto, total: o universo todo inteiro nas mãos de cada um. Esse não era o objetivo visado por Pasme. À maneira de Thomas More (*"nulla omnino spes est dum sua cuique sunt propria"*), ele reclamava a comunhão dos bens

> [...] que não haja mais diferença entre você e eu, entre o seu e o meu! (V. 1, 210).

E, além disso, por pouco que se esqueça o "para cada um", rapidamente retornou à situação de antes. Apenas os dominantes terão mudado: simples permutação de lugares. Para se convencer, basta ver como no início do ato III um dos partidários de Avare, o oficial Graillard, também chamado mais adiante de "rei Graillard", se proclama, sem pudor:

> Façamos uma raça de homens, e que todos os outros sejam nossos escravos (V. 1, 234).

Antes de se retirar definitivamente "com as coisas passadas", Avare estigmatiza mais uma vez "o homem inconsiderado", que ele opõe ao "homem sábio" do qual ele talvez fosse o protótipo; este prevaleceu pela força contra aquele:

> Amaldiçoado seja o homem,
> E toda obra de homem!
> Porque ele pratica a mentira,
> Murando os olhos com o que não existe.
> Quanto a mim, eu a destruí sob meus pés. Ao menos,
> Que esses escombros tenham autoridade e que o fedor viva!
> (V. 1, 243, *id.*, *in*: V. 2, 363)

Se a vitória tem um sentido, é exatamente este: o homem "pratica a mentira" e não deve ser deixado consigo. Ele não é uma referência.

Observemos: ao recusar Pasme ou Lâla, o partido de Avare se encontra, sob esse aspecto, do mesmo lado que o partido burguês. Constrangedora cumplicidade ideológica! Este não queria mais ouvir falar nem de fraternidade (nós o vimos), nem de igualdade. Aliás, foram os Burgueses que empregaram, para denunciá-los, os termos "república" e "federação":

> Por muito tempo falou-se de uma república de iguais, de uma vida segura para todos (V. 1, 192).

Eles estavam convencidos: os trabalhadores eram perversos:

> É esta a federação na qual vocês meditam: uma união à maneira da sodomia, uma fraternidade à maneira do incesto (V. 1, 217).

*NB: Para a significação a ser dada à "república" e à "federação" (dois hápax da primeira versão) não é inútil lembrar ao leitor que o contexto histórico próximo é o da guerra de 1870 com a Prússia na qual a França perdeu a Alsácia-Lorena e, em seguida, viveu o episódio da Comuna de Paris. Todavia, o texto de La Ville inverte os dados da história episódica. Aqui, foram os Trabalhadores que ganharam, e não os Burgueses; mais ainda, ao menos na primeira versão, com a ajuda dos Alemães (V. 1, 223 e 234). Essa colusão pareceria verossímil? É preciso crer que sim. Bakunin não havia esparramado o boato de que Marx, então um dos chefes da Internacional, era, na verdade, um agente de Bismark[3]?*

---

3. K. Marx e F. Engels, *La Commune de 1871*, UGE (col. "10/18"), 1971, p. 184.

Assim, os verdadeiros inimigos políticos dos Burgueses não eram tanto Avare, o herói vencedor do terceiro ato, ele próprio adepto ardoroso da força e da ordem, mas Pasme e Lâla. Um e outro (e aqueles que estavam à sua volta) haviam adotado o pensamento utópico: eles acreditavam em uma sociedade capaz de se transformar em uma associação fraternal. Nada ou ninguém poderia ser a fonte do valor supremo, a não ser o homem. Mesmo prisioneiro de seus antigos companheiros, amarrado a uma estaca, insultado, agredido, Pasme não teme repetir que o objeto de sua busca era e sempre será

> Ele, o homem feliz, emblema da alegria
> É porque
> Eu afirmei: Construamos uma cidade, e que ela seja como uma festa! (V. 1, 250)

Se "o homem vive com base no que vê", a realidade que se lhe oferece agora, não é mais a natureza, o campo, mas a cidade, e mesmo a cidade grande (V. 1, 219). Simbolicamente, ela é, afirma Lâla, "a forma da humanidade" (V. 2, 347). É nesse lugar que encontraremos "a unanimidade" (V. 2, 347). De fato, "viver unanimemente" supõe que a utopia tenha conseguido escapar à empresa do dinheiro. Pasme o afirma:

> [...] vivendo juntos, queremos viver unanimemente.
> Ricos não são mais necessários, aqui está o mal!
> Dinheiro não é mais necessário, e o jogaremos ao vento como serragem (V. 1, 218).

É verdade que a troca na sociedade burguesa requer a existência do ouro, mas é preciso ir além. A troca, insiste Lâla, não se reduz a uma transferência de bens pela intermediação de uma moeda. A mercadoria

[...] também é um signo
Da necessidade que a evoca, do esforço que a cria (V. 2, 347).

A nova sociedade deverá se apoiar no reconhecimento mútuo entre parceiros. É ele que permitirá a assinatura do contrato político. O princípio é simples. Ele ilumina a importância decisiva da relação intersubjetiva:

> [...] a pessoa humana só é encontrada em seu semelhante
> A ordem é condigna de sua alegria (V. 2, 346).

O projeto terá sucesso, prossegue Lâla,

> Quando o signo tiver encontrado seu valor, o homem será colocado com todos os homens em uma relação imediata (V. 2, 347).

É conveniente, então, substituir a noção de troca pela noção mais justa, mas fecunda, de "comunhão" (V. 2, 347).

Em uma cidade dominada pela fraternidade, os valores republicanos assumirão sua verdadeira significação. Cada um se dedicará ao serviço de todos. A regra desnecessária será: toma tua parte segundo tua necessidade, a Polis evitará a anarquia. Embora "não exista lei alguma" (V. 2, 331), o cidadão será constrangido por seu papel social. Ele fará parte do "Enxame". Eu sou, diz Pasme, após a destruição da antiga cidade, "essa etapa do progresso", tal como Avare a apresentava por derrisão (V. 1, 239),

> [...] sou eu que no tempo
> Dos telhados, conduzi esse pensamento sensato, como um jovem Rei de abelhas,
> De constituir a imensa residência do Enxame (V. 1, 279).

Como a abelha constrói sua célula, nos diz por sua vez Lâla assim,

[...] cada um fará para si mesmo sua lei (V. 2, 331).

Na cidade utópica, os homens não se encontrarão, portanto, iguais por natureza, como por magia, mas de acordo com sua função, tanto é verdade que "não há liberdade a não ser na necessidade" (V. 2, 348). O ataque lançado por Ivors contra Pasme é, consequentemente, bem mal fundado

> O que você queria não era claro: pois que podem se dar
> Duas coisas semelhantes uma a outra? (V. 1, 245)

A igualdade visada é completamente outra. Dir-se-ia que é como uma orquestra em que os instrumentistas, apesar de suas diferenças, concorrem para o acorde total; assim se exprime ainda Lâla:

> Que nada de humano seja subtraído à nossa alegria! E que a lei seja encontrada onde
> Nenhum homem possa se furtar a uma harmonia invencível,
> E que nada nele lhe seja perdido e vão (V. 2, 347).

*NB: Eis que estamos próximos da sociedade da Harmonia sonhada por Fourier ou da comunidade batizada "New Harmony" por Owen.*

Avalia-se melhor nesse ponto como se desenha uma figura política complexa: os valores republicanos entretêm aí relações tão estreitas que não se pode citar uma sem implicar as outras. A liberdade ("uma pura liberdade" diz Lâla, V. 2, 347) não tem sentido a não ser que decorra do fato de cidadãos iguais formarem uma *comunidade*

*NB: "Comunidade", esse também é o termo escolhido por Engels no lugar de "Estado": "Tão logo se possa discutir a liber-*

*dade, o Estado cessará de existir enquanto tal. Por esse motivo, proporíamos que em vez da palavra 'Estado' fosse utilizada, em toda parte, a palavra 'Comunidade' (Gemeinswesen), boa e velha palavra alemã que responde muito bem à palavra francesa 'Comuna'."*[4]

A confiança no homem, infundada, que os Vencedores proclamam, comporta por corolário, além da exclusão do Estado, a de Deus: "Chega de autoridade, na Igreja, no Estado ou na terra, e chega de dinheiro", escrevia Proudhon. E Pasme:

> [...] que pode haver melhor que o homem? Não há deus algum que o valha! (V. 1, 219)

No último ato, quando os escombros o cercam, ele vai maldizer "esse mundo Absurdo" (V. 1, 249):

> Tu compreendes, Pai Céu? (V. 1, 250)

Assim ele assiste como estrangeiro à ação dos Consagrados que convidam ao reconhecimento de Deus. Para Pasme, ele repete, nada equivale ao homem. Se agora ele chora, apesar de ter reencontrado a liberdade de ir e vir, é porque, tendo fracassado politicamente, ele não vê uma comunidade feliz se instalar:

> Oh Cidade dos homens! É por isso que eu choro, porque nada vejo de tuas torres
> ...
> Oh pinha! Não verei se aquietarem em ti as almas dos homens! (V. 1, 279)

Voltemos à segunda versão. Afirmamos mais acima que o rei Ivors e o bispo Coeuvre se dedicavam, no momen-

---

4. Lettre de Engels a Babel (1875), *in: op. cit.*, p. 246.

to em que acaba o terceiro ato, a edificar uma sociedade teocrática. Lâla ignora seu programa. Mesmo excluída, ela não manifesta nenhum pesar; antes, em sua resposta a seu filho, ela não se preocupa com as instituições já implantadas. Em nenhum momento faz menção à Realeza ou à Igreja. Ignorando o representante da Autoridade, é com o homem, "a pessoa humana" que ela insiste em querer dialogar. Coeuvre, prediz ela, não chegou ainda ao final de seu caminho. Sua identidade continuará a evoluir.

Ainda é preciso falar da derrota da utopia? É verdade que não haverá "república", mas, ao menos na primeira versão, a sociedade anunciada bem que comporta traços da "federação" e, inicialmente, da fraternidade. Deus deu o exemplo. Ele se fez nosso irmão. Será certamente preciso assinar um contrato com Ele no tempo vindouro, pois Ele é parte interessada em nosso destino. Ele existe. Essa é a nova anunciada, a qual todos são obrigados a levar em conta. Mas isso será, em suma, de igual para igual. Quanto ao rei, ele é o representante dos interesses da comunidade. Seu papel, lhe diz um dos Consagrados, é proteger os seus:

> Eu me pronuncio contra Deus a fim de que ele nos ouça com paciência (V. 1, 285).

Sete anos depois, a segunda versão obedece a outro princípio. Não é mais uma relação de parentesco que é alegada (não se encontrará uma única ocorrência da palavra "irmão", por exemplo), mas uma relação jurídica. Uma teologia da fraqueza é substituída por uma teologia penal. Não se trata mais do acordo entre duas partes, nem da paciência, mas da obediência. O homem é servidor e Deus é um "Senhor [...] impiedoso, iníquo e surdo à razão" (V. 2, 373). A "felicidade" não é mais um fim a ser atingido, mas a "ordem" que "reside no sacrifício" (V. 2, 364). Aos homens, enquanto suas vidas durarem, cabe homenagear o Criador de sua criação e, inicialmente, ao primeiro dentre eles, o Rei, "a coisa sagrada" (V. 2, 383), pois

> [...] nesse templo que é o mundo ninguém jamais pode escapar à necessidade de ampla cerimônia (V. 2, 382).

Certamente, de um texto a outro a mudança de perspectiva é total, ou antes, ela o seria se os direitos da utopia não fossem preservados. No momento em que a segunda versão se termina em uma espécie de triunfalismo romano, a chegada de Lâla traz surpresas. Os senhores temporais da teocracia, o bispo e o rei (e entre eles, o primeiro, que é também o pai, é o dominante), não são intimados a responder ao desafio lançado por Lâla, a utopista? Teu estatuto é imperfeito, afirma Lâla a Coeuvre, ainda te falta experimentar "a delícia de nada ter" (V. 2, 384).

Ouvimos ecoar assim, ainda que em um outro plano, a imprecação de Pasme lançada contra os ricos:

> E que este seja esmagado
> Como um maldito, que ousará dizer: Eu possuo (V., 1, 210).

"Ser e ter, esses são os dois primeiros verbos por meio dos quais todos os outros são feitos", lemos em *L'Otage*[5]. Eles são os mais pedidos. Constatamo-lo ao ler os discursos de Lâla: apenas a negação do *ter* permite, de fato, a passagem ao *ser*. Do mesmo modo, "loucura" e "utopia" são termos ligados. Parece-nos claro agora que, se a "utopia" constitui o objeto político ou filosófico de *La Ville*, a "loucura" é necessária para que se ganhe tal prêmio.

---

5. Claudel, *Thêatre II*, Gallimard, 1956, p. 243.

TERCEIRA PARTE
# VERDADE E REALIDADE

CAPÍTULO PRIMEIRO
# O DISCURSO DA VERDADE EM
## *LE MOULIN DE POLOGNE*[*]

A leitura de *Le Moulin de Pologne* propicia um raro prazer. É que o narrador nos parece diabolicamente talentoso. É verdade que os acontecimentos relatados são em si mesmos bastantes estranhos. Ele afirma frequentemente que os transcreve com escrúpulo; entretanto, essa posição de escrivão de ata não o impede de apelar à imaginação e ao humor[1].

É esse modo de narração ambíguo e apenas esse modo que eu gostaria inicialmente de apresentar, e depois, se possível, de analisar[2].

Para aqueles que não puderam ler esse curto romance, dizemos que se trata da história de uma propriedade chamada, não se sabe por quê, Le Moulin de Pologne, e de seus sucessivos proprietários (p. 26). Até aqui nada de especial. Acrescentamos então que outrora a proprieda-

---

[*] *Revue des sciences humaines*, tomo XLIII – nº 169 – janeiro-março de 1978, pp. 23-35.

1. As citações foram feitas a partir da edição atual do Livre de Poche, Gallimard, 1952.

2. Consequentemente, excluo o estudo do que não pertence ao texto: as sete epígrafes e o título do romance.

de havia sido "orgulhosa" e que "a peste" nela havia se instalado (pp. 5 e 12); que os proprietários haviam formado uma "infeliz família", fadada à funesta sorte dos Amalecitas exterminados, como todos sabem, por Davi (p. 29).

Personagens "excepcionais", fatos famosos ou "semelhantes a um pesadelo"; trata-se de um "drama (pp. 26, 30, 181). E o interesse do narrador por eles é ainda maior, uma vez que por certo tempo ele fora testemunha direta dos fatos e um dos principais implicados.

Desejoso de expor com veracidade o destino desses Amalecitas, o narrador declara adotar uma linha de conduta:

> Limito-me a dizer o que sei de fonte certa e mais simplesmente de muita gente (p. 46).

Esse é o discurso da verdade. Ele se apresenta sob a forma de uma proposição que começa por:

> É certo (está fora de questão) que...

Para o narrador parece mais fácil manter essa atitude em razão de sua profissão (ele é jurista); ele se apoia nos textos legais. Quanto a isso não há dúvidas. Eis o que é certo. Quando recebeu, com um pequeno tremor, aquele que todos chamam M. Joseph, ele colocou sobre sua mesa "alguns livros de direito" (p. 134). Esse é seu recurso:

> Eu estava em um terreno sólido e de predileção (p. 137).

Ou ainda

> Atirei-me em minha profissão como em uma boia de salvamento. [...] Eu me deleitava com *anúncios legais* e com

o *Journal officiel*. Isso constituía um terreno sólido no qual eu não deixava de me apoiar (pp. 138-9).

A referência à lei dá uma garantia de verdade e mesmo de realidade. É verdadeiro e real todo fato que se apoia em uma decisão de justiça. Como, por exemplo, se estabelece a ordem do direito sucessório?

> Eu [...] respondi [que ela tinha sido estabelecida] por magistrados parisienses que haviam extrapolado o escrúpulo, chegando mesmo a considerar que, ao contrário do que a lei ordena acerca da idade e da condição dos falecidos, e, uma vez que o cadáver de Clara fora encontrado em posição transversal até a metade na fenda da porta arrombada, Clara devia ser considerada a última a morrer (p. 137).

É, portanto, verdadeiro e real tudo o que está registrado oficialmente. Acerca de uma decisão tomada por um dos membros dessa ilustre família ele dirá que ela tem

> [...] marcas indiscutíveis e datadas uma vez que estão registrados em uma certidão cartorial (p. 51).

Quando o narrador se vê em dificuldades para apreciar o fato, ele vai imediatamente consultar "um velho procurador de Grenoble", muito bem estabelecido em razão de sua idade, de suas funções e detentor de um sólido conhecimento do "coração humano" (p. 151). Quem melhor que um representante do poder público pode discernir aqui e ali a verdade? O saber está certamente ao lado da lei e de seus magistrados. Assim se forma o primeiro modelo da realidade do narrador ("Wirklichkeitsmodell").

Embora não seja fácil suportar que um jurista admita que não há certezas, isso bem que é necessário às vezes. Que se passa de fato quando a história contada é antiga? Bem, o narrador, confiante em sua formação, faz pesquisas e exerce seu senso crítico. Ele busca a prova:

> Estou, devemos nos dar conta disso, em uma disposição mental que não dá credenciais a ninguém, nem boas bem más (p. 62).

Ele "passa os fatos lentamente sob [seu] lornhão" (p. 57). É a esse preço que o acontecimento se torna autêntico. Um objeto verdadeiro é reconstruído com paciência. Que uma solteirona, casamenteira por profissão e deusa de batalhas por vocação, morra de amores, como se diz, por um jovem que ela "tinha, como ela dizia, *recebido em seu avental de parteira e secado em seu vestido*" (p. 64), isso pode parecer "impressionante" (p. 69), mas:

> Eu jamais fui enredado pelo amor; não sei o que é isso. [...]. É, portanto, com um espírito despido de prevenções e muito difícil de enganar que fiz passar sob meu lornhão a maneira como Mademoiselle Hortense dispunha de Jacques (p. 69).

Quando ele lhe anunciou que ia se casar, "ela tentou correr atrás dele – que se esquivava de uma torrente de palavras impossíveis de se entender – desabou escada abaixo e quebrou as costelas" (p. 69). Nesse caso, não há lugar para dúvidas.

Para fatos recentes, os quais o narrador pôde testemunhar, o procedimento é ainda mais simples. Quando a cena se passou longe dele, ele pode se basear, com prudência, entenda-se, no relato das "pessoas sem importância" (p. 20). Elas não têm a tentação de enfeitar; apresentam o fato bruto. Sua mediocridade intelectual garante sua objetividade. Ele procede de modo diferente com os "cabeças" da cidade. Entre eles sempre se pode temer um acesso de imaginação. É, em geral, o caso quando eles pressentem que a ordem está ameaçada por alguma circunstância julgada temerosa e miraculosa (ver p. 21). Assim, qual papel atribuir a esse M. Joseph, que conseguiu transformar uma *"menina"* até então apagada em uma jovem e intrépida mulher? Um domingo, na esplanada da cidade, diante de todo mundo, Sophie, depois de ter caminhado de braços dados com M. Joseph, permitiu-se até mesmo beijar-lhe as mãos no momento em que se separavam:

> Parecia mesmo que ela havia se precipitado em suas mãos [...]. O fato havia sido reportado, como eu disse, por comerciantes que não tinham nenhum destaque. Como crer que essas pessoas podiam imaginar? Em minha opinião, as coisas tinham se passado exatamente dessa maneira. E as consequências eram de extrema gravidade. Não era nada menos que o despedaçamento de nosso mundo habitual. Ruía tudo o que havíamos pensado e construído em nosso pensamento. As revoluções de que tanto se fala não são outra coisa (pp. 20 e 24).

É preciso crer que os concidadãos do narrador, mesmo medíocres, sabiam observar. Mas ele próprio é uma espécie de modelo nessa matéria. Na "noite do escândalo" (pp. 25 e 86), ele estava lá, no melhor lugar. Era a ocasião do baile anual, procedia-se ao sorteio tradicional da tômbola. Julie, a heroína principal, se havia aproximado do Senhor P..., que garantia o bom andamento das atividades, e lhe havia perguntado, certamente de modo incongruente, se se podia ganhar a felicidade. Ele foi o único, na hilaridade geral, a não se deixar tomar pela estranheza e pelo caráter cômico do incidente e a ser capaz de fazer ao vivo a análise da situação:

> Sou o único a poder afirmar (sobre os evangelhos, se for preciso) que nesse momento, quando todo o Cassino ria dela, Julie se pôs, também ela, a sorrir; apesar da deforma-

ção de seus lábios, pelo que eu pude ver, posso jurar. [...] Eu estava persuadido de ter sob os olhos o destino em ação. E era o único a ter certeza de que tínhamos a extraordinária boa fortuna de ter sob os olhos o movimento dos Coste em seu túmulo (p. 113).

Estamos persuadidos, ao reler essa passagem, de que o acontecimento só adquire sua dimensão "histórica" se o narrador fizer com que sofra uma transformação, se ele o selecionar no meio de outros antes de declará-lo significativo. Que Julie se torne, nesse instante, nesse lugar, o arquétipo do destino que se abate sobre sua família, é uma interpretação que não estava ao alcance dos medíocres nem mesmo dos "chefões" (p. 17). Não basta retomar o adágio de Vico: *"verum factum"*. É preciso imaginação; é preciso ser capaz de "fazer poesia" (p. 55). É precisamente sobre o imaginário que se apoia o narrador para estabelecer seu segundo princípio de realidade.

Ele declara habilmente, na ocasião, que não "posa de artista" (p. 46), mas não importa, ele é muito atento, como pudemos observar, à encenação que funda o prazer, o seu, e a que ele empresta aos outros. Não é, certamente, o prazer em si que lhe interessa, mas as condições do exercício desse prazer. Não se trata de registrar que *Mademoiselle* dispunha de Jacques, mas como e por que dispunha. Bater-se contra a infelicidade dos Coste (Jacques é o neto do epônimo) era um empreendimento heroico que podia satisfazer essa mulher que tinha ares de dragão. Ela experimentava a volúpia de temer e de domar o *delirium tremens* de um destino tão excepcional. Que casamento teria conseguido satisfazê-la melhor?

> Em sua poltrona de impotente ela saboreava o orgulho de ser, mais do que qualquer um, *mulher até a raiz dos cabelos* (p. 68).

Outro fato do qual ele foi testemunha direta: Julie ficara "louca" (p. 75) durante uma crise nervosa (de um lado continuava bela; de outro, estava horrível com seu grande olho virado e o canto de sua boca torta [p. 75]). Após ter-se fechado para o mundo durante longos anos, encontrou como iluminar sua vida. "Ela começou a cantar" (p. 77). Depois descobriu as delícias do órgão graças a uma religiosa que tinha a reputação de boa musicista. Ela fez então o aprendizado da volúpia:

> Posso dizer que sou uma nulidade em música. Ela não me diz nada. Sou ainda mais livre por atrair a atenção sobre o fato de que algumas das improvisações dessa freira musicista às vezes coloriam as missas de um vermelho infernal (segundo M. de K...; conversa de salão).
> [...]
> Julie tornou-se um ogro da música. Ela se apossou dos instrumentos com tal furor que parece (é a sequência da conversa de salão) que a irmã Seraphine frequentemente tinha que esconder o rosto com as mãos. Mademoiselle R... sustenta que é porque então se sentia desvelada, portanto envergonhada (talvez mesmo extasiada, acrescenta ela) por essa maneira de gozar estar também em sua alma (p. 77).

A preocupação com a encenação não faz que o narrador esqueça seus deveres para com a verdade. Ele chega mesmo a ter que corrigir os testemunhos da época quando estes não se integram a seu sistema explicativo. É o caso de um dos heróis da narrativa, Pierre de M..., que ele não conheceu:

> O disse me disse (mas nunca se sabe de que são feitos depois de certo número de anos) o representam vermelho como um galo e de exterior monstruoso. "suando de desejo por todos os poros", dizem eles [...]. Duvido que os verdadeiros desejos desse corpo possam fazê-lo suar (p. 63).

Na verdade, ele tremeu "de vertigem" (p. 81). É um traço comum que ele partilha com todos seus companheiros de infortúnio e que uma análise atenta não podia deixar de revelar. Seu método, além disso, funciona bem.

> O juiz de Pierre de M..., morto muito tempo antes que eu nascesse, pelos modelos que em seguida eu tive sob os olhos (p. 62).

O narrador pode, portanto, registrar que, longe de querer escapar a seu destino trágico, todos buscaram sua própria aniquilação. Pierre de M. não escapa à regra, evidentemente

> Pierre de M... é quase um santo. Não seria preciso mais que um pouco de visão para descobri-lo imediatamente. O que prova que não me engano (caso seja preciso uma prova) é que o vemos muito rapidamente abandonar as mulheres para empregar um procedimento de pesquisa mais rápido. Ele se entrega ao álcool. E o faz com uma violência e uma alegria tais que não lhe falta um ar de majestade (p. 63).

De uma maneira geral, o narrador rapidamente ergue um cenário no qual dispõe seus objetos segundo sua inclinação. Ao envelhecer, Mademoiselle Hortense não poderia escapar, ele declara, à "adorável armadilha de amor" que Jacques lhe estendia (p. 64).

> Estou certo de que a solidão quase total na qual ela havia se fechado era ocupada por uma espreita constante. Sinto prazer em imaginar que mesmo quando fechava os olhos e ficava se embalando no calor do lar, ela nada fazia senão imitar os idosos, representar a comédia para o círculo dos mais próximos e que assim ela protegia a aposentadoria para a qual dirigia seu combate (p. 64).

Apoiando-se no que devia ser o ponto de vista dos contemporâneos, ele compõe, com naturalidade, como se tivesse sido testemunha, a cena em que Anaïs e Clara, as filhas de Coste, representaram, havia muito tempo, sua versão da necessária alegria das jovens esposas.

> Todo nosso teatrinho encontrava no fundo do coração de Anaïs e de Clara atores prontos a interpretar cenas familiares: tudo era lição, espetáculo, provérbio, jogo de sociedade, em que não houvesse separação de nenhuma espécie entre palco e plateia (p. 44).

E quando recebe, após a noite do escândalo, o temível M. Joseph, ele próprio arranja o cenário no qual os dois irão jogar sua partida. Cada um dos adversários conhece o campo do desejo do outro; é preciso, então, respeitar algumas regras. Não parecer dissimulado para não despertar desconfiança; ir ao encontro do que o interlocutor tem vontade de ver, mas sem bajulação; colocar, por exemplo, dois livros de direito sobre a mesa "artisticamente" quaisquer que sejam, mas não três; isso teria sido "provocação" (p. 134); arrumar um pouco a casa, "uma arrumação militar", mas também mostrar um pouco de negligência sem afetação. Uma meia furada na qual estará espetada uma agulha com seu fio de algodão resolve o problema desde que tenha sido colocada de modo conveniente:

> Esse instrumento foi destinado a figurar em de modo discreto sobre um canto da cômoda, quase sempre dissimulado pelo globo (entretanto transparente) do relógio (p. 135).

Um pouco de fogo ("Sei fazer o fogo muito bem. Parece que é o apanágio dos enamorados e dos poetas" p. 94) também será útil, pois será noite e fará frio:

Passei mais de uma hora construindo pouco a pouco em minha lareira um exagero de fogo (eu havia suposto ser de sangue branco)... (p. 135).

M. Joseph não está em débito. Ele também tivera a preocupação de "construir" sua pobreza (p. 15). Ele se devotará ao teatro na organização do Moulin de Pologne. Ator consumado ("M. Joseph podia imitar tudo com perfeição: a alegria, a cólera, o interesse, a satisfação, a amenidade, até mesmo a generosidade! Tudo: até se enganar" p. 144), M. Joseph transforma a casa, o jardim, as perspectivas e fixa o ritual das visitas da alta sociedade para melhor "prepar[ar] a sedução de Julie, desposada por ele. O que M. Joseph se aplica a pôr em funcionamento é um teatro do mais puro azul: o reino que ele construíra era do azul puro e simples estabelecendo, assim, em torno de Julie e de Léonce [seu filho], e preparando, em torno dos descendentes dessa raça perseguida, um ciclo de espaços organizados para a esperança terrestre" (p. 165). Tal teatro tinha por função primordial substituir o teatro vermelho denunciado pelo fundador da dinastia. A morte lhe parecia pouca coisa, havia dito Coste, mas "o constante aparelho no qual ela se apresentava" o havia revoltado:

> Toda vez era de forma brusca e em uma espécie de aurora boreal, uma exceção, vermelha e teatral (p. 35).

O espetáculo oferecido pressupõe que o sujeito que enuncia seja próximo e distante ao mesmo tempo; próximo, pois é ator, se não "cúmplice" (pp. 139 e 161), e distante, uma vez que ele encena a si próprio. Ao relatar essa infeliz história, ele multiplica, se podemos dizê-lo, o efeito de distância: ele acrescenta, de fato, à instância do narrador a instância temporal do ator e do diretor. Muitos anos depois, ele pode se outorgar a boa conta um discurso no qual se entrelaçam, a seu bel-prazer, o humor e a ironia. Por esse viés, nada há de tão trágico que não possa satisfazer ao princípio do prazer. O memorialista conhece bem esses prazeres da escrita.

É preciso dizer que o narrador sabe tirar partido das circunstâncias e que era muito auxiliado pelo ponto de vista que havia abraçado. Se não quisesse "correr o risco de ser esbulhado até os ossos", afirmava ele, convinha jamais abandonar seu papel de ator.

> No que teríamos nos tornado se nós também tivéssemos sido forçados [como Julie] a não mais representar a comédia? (p. 105).

Estar representando com os outros lhe dava oportunidade de manifestar sua superioridade ou de compensar suas faltas.

Como explicar que M. Joseph tivesse dedicado todo seu tempo a manobrar à seu bel-prazer os habitantes da cidade, assim como no teatro, a não ser pelo fato de aí estar sua verdadeira profissão? Aliás, "há no mundo outro ofício?", questiona ele ironicamente (p. 150).

O estatuto social do narrador é certamente menos brilhante. Ele é constrangido a oscilar entre a ironia e o humor conforme a comunidade ou a natureza lhe acordem uma posição forte ou fraca. Por exemplo, pouco acostumado ao comércio das mulheres, fechado, afirma ele, às coisas do amor, não agraciado fisicamente ("já disse que sou corcunda?", p. 180), ele se regozijava cada vez que via seus concidadãos tropeçarem onde ele podia triunfar; assim era com a dança. Ele dançava mal, evidentemente, exceto a polca em que se fica saltitando. A chuva era uma catástrofe para aqueles e aquelas que queriam aparecer. Não para ele:

De minha parte, vibro com a lama na noite de um baile. Sou um dançarino muito ruim As toaletes sujas e as solas úmidas me dão vantagem (p. 93).

Envolvido por um acaso malicioso em uma aventura quase épica na qual ele próprio destoava, ele se impunha a obrigação de manifestar um posicionamento modesto que ele assim resumia: sempre "calcar sua maneira de agir sobre a dos outros" (p. 20). Ele podia aceitar ser ridículo e mesmo se divertir a distância, se se encontrasse entre "os que contavam". O domingo em que M. Joseph levou consigo as duas deixadas de lado da cidade, Éléonore e Sophie, foi o estupor geral

> Estávamos petrificados. Se tivéssemos visto Sodoma e Gomorra, não estaríamos mais. [...] Durante todo o tempo da caminhada dessas três pessoas, tínhamos nos espremido uns contra ou outros e nos refugiado, quase poderíamos dizer, em volta do busto de M. Bonbonne, no ponto extremo de esplanada (pp. 18 e 20).

O nós é um plural inclusivo. Houve medo no momento, mas agora pode-se rir. Talvez apenas a escrita bem-humorada permita rir "da peste" (p. 12). Um analista pode assim fazer voltar uma situação; ir de encontro às conveniências sociais e fazer rir, sempre se defendendo de catástrofes aos borbotões:

> Cá estou um pouco embaraçado pela verdade [...]. Nada me parece mais risível [ao coração humano] que a narrativa das infelicidades acumuladas. Ora, é precisamente o que devo fazer e eu não gostaria que houvesse algo de que rir (p. 46).

De fato, em algumas páginas do capítulo três, morrem, pela ordem, Coste, sua neta Marie, sua filha Anaïs, um neto, sua segunda filha, Clara, seu genro Paul e seus filhos André e Antoine, Mlle. Hortense, Jacques, o filho de Anaïs, sua mulher Joséphine, o filho deles, Jean, "Ajax devastador" (p. 178), e, enfim, Pierre, o marido de Anaïs, que estava louco e internado desde a página 65. Aí está o que transgride o preceito de Aristóteles: "É preciso preferir o impossível que é verossímil ao possível inconcebível", mas que lança um desafio à realidade trágica; tanto é verdade, como afirma Freud, que "o humor tem qualquer coisa de libertador".

Se admitirmos que toda organização social produz um espaço polêmico regulado por uma lógica de lugares e um lógica de forças, diremos que o narrador ocupa sucessivamente os dois postos extremos: o mais humilde, nós o vimos, mas o humor lhe permite se reerguer; e o mais elevado, portanto o mais confortável, ainda que ele lhe pareça frágil: a ironia permite-lhe, então, dominar.

M. Joseph podia exibir um "sorriso sarcástico" quando tratava de negócios com um corretor de imóveis (p. 162). Sua supremacia o resguardava de toda réplica. Durante muito tempo, a cidade reverenciava "o ar de ligeira ironia que permanentemente orbitava seus olhos (pp. 13--14). Mas, mesmo sem atingir esses ápices ("A estrita verdade me obriga dizer que a boa sociedade de nossa pequena cidade jamais desdenhou minha humilde pessoa", p. 13), o narrador não se priva de praticar a ironia. Integrado à classe dominante, ele zomba dos comerciantes, essas pessoas sem imaginação. Ele pode ficar a distância apreciando a cena.

> A vida dos outros com duas vicissitudes, suas infelicidades, suas derrotas, é extremamente agradável de se ver (p. 43).

Ele se dá o prazer da caricatura: é por exemplo, Éléonore e Sophie que sofrem as consequências. Talvez os pais sejam ricos comerciantes, mas não conseguiram, apesar de suas fortunas, se fazer admitir na boa sociedade:

> Estávamos em maio. Os dias eram tépidos e cinzas, o que nos deixava muito apáticos e tornava muito agradável ser cruel sem risco. Deleitávamo-nos com Éléonore e Sophie. Suas famílias as exibiam com cuidado em Bellevue. Era uma maneira de proclamar que tudo ia às mil maravilhas no melhor dos mundos. Ninguém acreditava em nada e o mostrava abertamente. Sabíamos que era uma comédia, e vaiávamos abertamente os atores (p. 17).

De qualquer maneira, elas não se casariam. Além disso, Sophie

> estava ficando arredondada e às vezes já começava a andar como um pato de vez em quando. Para nós, era a rã que queria ser maior que um boi. Os mais bem-intencionados diziam a seu respeito: "Ela tem juízo." Invariavelmente respondíamos: "Ela faria melhor não tendo." Era uma alusão espirituosa às suas feições sem graça (p. 22).

Não surge ninguém que tenha vontade de dominar as regras do jogo da verdade. É preciso uma competência precisa, mas também tempo. Se a referência a um corpo de leis permite fixar um paradigma sem muita dificuldade, o imaginário, por outro lado, é praticado no dia a dia. "Ver as coisas com certo senso de comédia" implica ter conseguido – depois de quanta tribulação? – desenhar com exatidão uma perspectiva suficientemente ampla e clara do "destino comum" (p. 43). Em suma, a verdade é também ação.

O narrador não ganhou do dia para a noite olhos "experimentados e sagazes" (p. 109). Ele teve que trilhar o caminho habitual da pesquisa. Recensear os programas que se revelaram corretos e os que não se sustentaram; propor, a partir de sua experiência atual, explicações para acontecimentos passados; propor, nós o vimos, modelos simuladores:

> Agora conheço suficientemente as personagens do drama para imaginar, sem colocar muito de mim, sua conversação e seus gestos (p. 30).

É apenas assim, pouco a pouco, que o narrador descobre o que está verdadeiramente em jogo. Inicialmente, ele acreditara, juntamente com os cabeças da cidade, que M. Joseph havia vindo à sua cidade com o fim expresso de subverter a ordem social. Não era por falta de reflexão e de cálculo:

> Quanto mais refletíamos sobre a coisa, mais sentíamos que um alvoroço geral estava em vias de se produzir, e que com ele nada tínhamos a ganhar e tudo a perder (pp. 24-5).

A potestade eclesiástica que poderia ter servido de contrapeso não queria intervir. Enfim, M. Joseph ia tomar o poder sustentado pelo "partido da rua" (p. 25).

Fora um erro. Embora se tratasse, de fato, do poder, o problema havia sido mal colocado. O narrador, fiel ao ponto de vista da classe dominante, havia imaginado um modelo em que se afrontariam as classes sociais. A questão então era: quem é o senhor da cidade? Na realidade, era preciso se perguntar (os fatos nos levam a isso): quem é o senhor do homem?; portanto, trocar de isotopia, passar do político ao ontológico. Para consegui-lo, uma transformação do saber se impunha. A operação envolvia, por exemplo, "certos sentimentos que poderíamos chamar *bons*"; ele os explicava mal "na época" (p. 136); ele havia se enganado de etiqueta, certamente. Agora podia reavaliá-los. Quando o desenvolvimento da história dos amalecitas já está bem avançado, após a noite do escândalo, após o casamento de M. Joseph e Julie, ele guarda esta lição do novo proprietário do Moulin de Pologne: afirmar-se como senhor é conseguir, em proveito próprio, que o poder seja transferido. Veja-se este apólogo judicioso:

> A profissão do senhor [jurista] prosseguiu [M. Joseph] é o quê, afinal? Encontrar um meio legal de fazer passar para seu bolso o que está no meu. Há no mundo outra profissão? Eu imaginava que o senhor fosse mais esclarecido (p. 150).

Mudar o curso do destino dos Coste... Podia-se sonhar com uma manifestação de poder mais maravilhosa e mais convincente?

Graças à aventura de M. Joseph, o narrador compreendia retrospectivamente a aposta feita por Mademoiselle Hortense e retomada por esse fabuloso personagem. Até sua entrada na disputa ninguém da família Coste havia escapado a um destino trágico. Pior, todos faziam como as duas filhas do epônimo, Anaïs e Clara: o desafiavam (p. 34). É por isso que o que mais lhes faltava era a medida e o instinto de preservação. Eles não sabiam limitar seu desejo "ao cumprimento do braço" (p. 59). Bastava ao narrador atentar para Julie, a que ele melhor havia conhecido:

> Sua alma não tinha instinto de preservação (p. 153).

M. Joseph estava perfeitamente consciente do perigo que sua mulher corria e que ela o fazia correr:

> Era uma certeza absoluta. Ao menor sinal, mesmo que não fosse da morte, ao menor sinal das preliminares da morte, ela se precipitaria de corpo inteiro com o coquetismo dos Coste; se desonraria e o desonraria com apetite,

sem nenhuma reserva nem comedimento, faria com que falassem dela, se comprometeria ainda, abundantemente aos olhos de todos, esparramaria sua traição, o enganaria com o conhecimento e à vista de todos! (p. 166).

Essa aposta, o desejo de ganhar do "dom Juan das trevas" (p. 164), tinha feito que sucessivamente Mademoiselle Hortense e M. Joseph se levantassem, ao lado dos Coste, contra o destino.

Como homem de negócios, o narrador tinha a tendência de ver nos acontecimentos apenas sua dimensão financeira. Inicialmente, ele havia acreditado que M. Joseph se fixara como objetivo a felicidade material de Julie e de seu filho. Era "a época em que eu o julgava semelhante ao comum dos mortais" (p. 163). Aqui ainda lhe será necessário tempo para compreender que o objeto de desejo que M. Joseph fazia brilhar aos olhos de Julie era uma felicidade imaterial, um "reino" que "estava longe de ser desse mundo" (p. 165). Tornava-se claro agora que o verdadeiro projeto de M. Joseph, a exemplo do de Mademoiselle Hortense, havia sido o de igualar-se ao destino, nem que fosse por um momento, ou mesmo de superá-lo. Mademoiselle Hortense havia se esforçado para tratar, como "rainha" (p. 66), com a divindade e, para tanto, colocar-se no nível de "Moisés", o intercessor; aquele que disse a Deus: não façais mal a vosso povo. Talvez sua vitória tenha sido parcial e temporária, mas era preciso dar-lhe o crédito pelo salvamento de Anaïs, Clara e da descendência que elas tinham assegurado. Já o sucesso de M. Joseph era de um alcance todo outro; ele tinha construído um duplo reino, um para os sentidos, outro para a alma, e fundado uma dinastia. O que Mademoiselle Hortense havia esboçado, ele realizara.

Ora, novamente – quer dizer, com que apalpadelas se elabora um discurso de verdade – o analista deverá proceder a uma revisão de seu julgamento. O capítulo final dá a resposta do narrador à questão anteriormente colocada: quem é o senhor do homem? Não um deus misericordioso, como ele queria acreditar em sua ingenuidade, mas um deus cruel, que sacrifica suas vítimas à sua glória. É contra ele que Mademoiselle Hortense e M. Joseph haviam se batido[3]. Vitória de Pirro, se quisermos, mas quem teria sido capaz de fazer melhor? M. Joseph tinha todo o direito de se felicitar pela "gloriosa felicidade" da qual haviam gozado os Coste enquanto ele havia vivido (p. 172). Porém, no fundo, nada que justificasse a esperança de um mundo melhor. M. Joseph havia, além disso, dado uma última lição ao narrador, quando, em sua morte, rejeitara com doçura a ideia proposta por Julie, ela que jamais deixava de rogar ao bom Deus (p. 153) por uma vida eterna:

> "[...] jamais esquecerei a breve conversa que se seguiu. M. Joseph, as narinas já estreitas, estava muito calmo e muito tranquilo. Julie não deixava sua mão e lhe falava da vida eterna. "Ah! Certamente, não!", disse ele – "Por quê?", perguntou ela em voz baixa. – "Você verá", respondeu ele, sorrindo com indulgência (p. 168).

Privada de um protetor, a família dos Coste se entrega de novo ao destino como uma presa fácil. O último de seus representantes, Léonce, o filho de M. Joseph e Julie, deixa "para sempre" (p. 177) a propriedade, sua mãe e

---

3. Os amalecitas foram exterminados por Davi, dizíamos. Sim, mas o narrador inverteu os valores. O "diabo" (os amalecitas, de acordo com Santo Agostinho) é aqui justificado e Deus (Davi), condenado. Mademoiselle Hortense, anota Giono em seus cadernos preliminares, "tem a grave *inocência* do inferno". Ver Ricatte, "Prefácio" das *Oeuvres romanesques complètes*, Gallimard, 1971, pp. XLIII e XLIV.

sua esposa. Como o havia feito com grande inconveniência o filho mais velho de Anaïs, seu tio-avô, ele desapareceu. Ora, "aqui não se desaparece" (p. 51). Quanto às duas mulheres, abandonadas e traídas, não lhes restava nada a não ser a "corda no sótão" (p. 179). *Explicit opous mirandum...*

Assim, o discurso da verdade nos parece, agora, após termos seguido seus meandros, como muito mais hesitante do que teríamos pensado *a priori*. De fato, o primeiro modelo de realidade, o modelo simbólico teria prestado apenas poucos serviços ao narrador, caso não tivesse sido englobado e regulado pelo segundo, o modelo imaginário. Arsenal da competência cognitiva cujo funcionamento é preciso ainda apreciar.

Efetivamente, o narrador, em sua pesquisa sobre a natureza do poder, político ou metafísico, conforme a isotopia escolhida, tem necessidade de construir, de simular, dissemos, um espaço polêmico em que cada um dos actantes permite que seu adversário conheça por seus atos ou por seu discurso sua posição no tabuleiro, e as forças de que dispõe. É o tempo dos avanços progressivos e dos recuos prudentes.

O narrador nos deixa, por sua vez, esta lição: o saber não pode ser obtido senão por tentativas, e a verdade atingida é provisória e frequentemente amarga. O nascimento é obscura passagem...

CAPÍTULO II
A BOA DISTÂNCIA SEGUNDO
"L'HOMME ET LA COQUILLE",
DE PAUL VALÉRY[*]

O crítico literário ignora ou, ao menos, desconhece o princípio de pertinência que fez a força da descrição da linguística e depois da semiótica. A razão principal talvez seja o fato de o crítico não resistir senão raramente às seduções da "profundidade". Segundo ele, um bom texto de crítica, um texto "rico" deve oferecer ao leitor um inventário de perspectivas, preferencialmente insólitas, que abram o caminho para mergulhos espetaculares em direção ao "ser". Talvez o defeito de tal empreendimento seja aparente. Seria preciso, para que a coerência do discurso tenha alguma chance de ser mantida, evitar "falar de tudo", como reprovava Valéry à filosofia, e assegurar como corolário a "permanência do ponto de vista e da pureza dos meios" (*Cahiers* I, 793). Em suma, seria preciso que o literário sentisse necessidade de se semiotizar um pouco.

Em nosso exame de *L'Homme et la coquille*, procuraremos tirar proveito da advertência de Valéry. Recordemos

---

[*] *Micromégas*, Bulzoni, Roma, 1983, 2-3, pp. 135-44; *Actes sémiotiques, Documents* 55, 1984, INaLF-CNRS, pp.13-23; sob o título "Veridiction et réalité", *in Semiotics and Pragmatics*, J. Benjamins, 1989, pp. 205-14.

o argumento: o narrador recolhe uma concha na areia e procura identificá-la mais de perto. "Esse pequeno corpo de calcário oco e espiralado chama para si uma quantidade de pensamentos nenhum dos quais se conclui..." (*Oeuvres Completes*, I, 907). É essa busca epistêmica que nos esforçaremos para descrever em níveis. Gostaríamos de mostrar que há correspondência entre o sujeito observador e o objeto observado, entre o discurso de verdade sustentado e a realidade circunscrita. Apresentaremos essa relação de homologia (nosso princípio de pertinência) da seguinte forma:

| objeto  | x′ y′ z′ | realidade |
|---------|----------|-----------|
|         | ↕ ↕ ↕    |           |
| sujeito | x  y  z  | verdade   |

*NB.* A cada tipo de discurso veridictório, a cada sujeito (x, y, z...) corresponde de modo biunívoco um tipo de realidade, um objeto (x′, y′, z′...)

1. Questão de método: para apreender a realidade ou, ao menos, a primeira de suas aparências, o observador não pode proceder senão por negação. Diante dele, a "desordem ordinária do conjunto das coisas sensíveis" (*loc. cit.*, 886-7) e, em contraste, uma forma... essa concha: "Ela se oferecia a mim para *não ser* uma coisa informe" (*loc. cit.*, 893; o destaque é nosso). Do "real puro" não há nada a dizer, por definição. Ele é, nos diz Valéry, "insignificante, inexprimível, instantâneo, informe". Podemos, portanto, de uma maneira equivalente, denominar esse real puro de "não-real". O real é "inseparável" dele; ele vem *"depois dele"*, pois "não começamos pela ideia do real"; "ele é o não-(não-real)" (*Cahiers* I, 698, e 1241). Do mesmo modo, o encontro com o objeto concha

equivale a operar um primeira disjunção entre real e real puro (ou não-real). O que simbolizaremos sob a forma:

| objeto  | $R_2$ | v | $R_1$ | realidade |
|---------|-------|---|-------|-----------|
| sujeito |       |   | p é ∅ (verdadeiro) | verdade |

*NB.* $R_2$ indica o real, $R_1$, o real puro, que exclui toda proposição de verdade (p) e de modo geral todo discurso – daí o uso de parênteses em verdadeiro. As duas realidades são disjuntas (v).

2. Atingido esse primeiro patamar, como falar do real? Pode-se inicialmente fazê-lo à maneira dos estudiosos. Valéry leu seus livros. Ele leva em conta o que eles lhe ensinam sobre o "procedimento elementar" da emanação (em resumo, "uma caverna emana seus estalactites; um molusco emana sua concha"), ou sobre a "causa fundamental da hélice espiralada" e a "progressão periódica". Bastaria propor a questão ao matemático, mais especificamente ao geômetra: ele "leria facilmente" tal "sistema de linhas e superfícies 'toscas e o resumiria em poucos sinais, por uma relação de algumas grandezas" (*Oeuvres* I, 888-9 e 898). Se nos ativermos ao plano da realidade que eles se propuseram descrever, o discurso dos estudiosos escapa à contestação. É, portanto, muito natural, feita essa ressalva, conceder-lhes o benefício de terem formado *enunciados universais*. É essa extensão máxima do discurso (o discurso é válido para todos, quaisquer que sejam o lugar e o tempo) que simbolizaremos por:

p É verdade (a ausência de sujeito indica o universal).

Dada essa dupla correspondência:

| objeto | $R_2$ | ∨ | $R_1$ | realidade |
|---|---|---|---|---|
| sujeito | p é verdadeiro | | p ∅ (verdadeiro) | verdade |

3. Se os livros especializados nos fornecem uma informação, digamos, sobre a composição dos alimentos digeridos pelos moluscos que possuem concha, nada temos a objetar. "Li", registra Valéry, "que nosso animal toma de seu meio ambiente os alimentos nos quais existem sais de cálcio, que esse cálcio, uma vez absorvido, é processado por seu fígado e de lá passa para seu sangue" (*Oeuvres* I, 901). Provavelmente, mas os limites do conhecimento são rapidamente atingidos. Como não alfinetar alguns discursos desviantes? Eis um exemplo: os estudiosos até veem as coisas no microscópio (deixemos de lado o problema da "visão"), mas, segundo Valéry, eles "acrescentam uma quantidade de outras coisas que não acredito que tenham visto". Algumas são mesmo "inconcebíveis, ainda que se possa muito bem discorrer sobre elas" (898). Aqui está o ponto. "Discorrer" é, de certa maneira, confessar que nos sentimos incapazes de *fazer*. Ora, a regra que o observador se impõe é: ligar o saber ao poder. O ato é o melhor fiador do conhecimento: "*sei apenas aquilo que sei fazer*" (899). É por esse motivo que lhe parece ser conforme à sua deontologia distanciar-se de uma parte da comunidade científica, a quem não repugna enfraquecer a noção de realidade. Como o pesquisador verificaria a necessária equação "conhecimento = poder" (*Cahiers* II, 856), se, por acaso, os corpos sobre os quais ele deve manifestar seu empreendimento não mais

obedecerem ao princípio da localidade? Seria preciso então admitir que se pode mudar de universo, não mais empregar os mesmos termos, ou aceitar que se diga que há outras noções totalmente disjuntas, de "poder" ou de "corpo" ... (868). Em nosso texto, Valéry não ultrapassa o limite. Para dizer com todas as letras, ele não manifesta a menor vontade. Ele se atém a seu modelo cognitivo. Daí esta advertência um tanto solene:

> "Tudo o que se distancia *demasiadamente* (...) é refratário a nosso intelecto (o que se vê bem na física mais recente). Se tentarmos romper a barreira, imediatamente as contradições, as ilusões da linguagem, as falsificações sentimentais se multiplicam; e acontece que essas produções míticas ocupam e mesmo encantam por muito tempo os espíritos" (*Oeuvres* I, 899-900; destaques nossos).

Quando se olha um pouco mais de perto, torna-se necessário distinguir ao menos dois tipos de sujeitos cujos discursos são de extensão desigual; ambos dizem a "verdade" no interior da comunidade científica (graças a essa função eles adquiriram o estatuto de actante coletivo), mas num caso um diz a verdade para todos, e noutro ele diz apenas para os físicos da teoria quântica, isto é, para os adeptos de uma "física desorientada", segundo a expressão de Valéry (*Cahiers* II, 904). Essa comunidade restrita, da qual ele se separa, será simbolizada pelo substituto NÓS. Convém então fazer a oposição entre:

p é verdade para NÓS e p É verdade

e correlacionar a posição do sujeito com a posição do objeto ("distante" caso de NÓS, ou "próximo" no caso de ELE):

| objeto | $R_3$ | v | $R_2$ | v | $R_1$ | realidade |
|--------|-------|---|-------|---|-------|-----------|
| sujeito | P é<br>PARA NÓS<br>verda-<br>deiro | | P<br>É<br>verda-<br>deiro | | P<br>Ø<br>verda-<br>deiro | verdade |

4. Se a "física ultrarrecente" é rejeitada, ela o é por ter-se colocado em um declive que a leva diretamente, segundo Valéry, a substituir explicações por operações. Aqui está o perigo. A tentação, que sempre renasce, é substantificar, crer nas palavras, erigir, consequentemente, à maneira dos filósofos, um "real absoluto", que independe de toda observação (*Cahiers* I, 655). Que não se duvide, essa quarta forma de realidade "excita" os filósofos. Se acreditarmos em nosso analista, "a filosofia não consistiria, afinal, em fazer parecer que se ignora aquilo que se sabe e que se sabe aquilo que se ignora? Ela questiona a existência, mas fala seriamente do 'Universo'..." (*Oeuvres*, I, 897). Ela não escapa, portanto, à exclusão juntamente com o tipo de "realidade" que ela tem por objeto:

| objeto | $R_4$ | v | $R_3$ | v | $R_2$ | v | $R_1$ | realidade |
|--------|-------|---|-------|---|-------|---|-------|-----------|
| sujeito | P<br>Ø<br>verda-<br>deiro | | P é<br>PARA NÓS<br>verda-<br>deiro | | P<br>É<br>verda-<br>deiro | | P<br>Ø<br>verda-<br>deiro | verdade |

*NB*: O suporte discursivo de $R_1$ e de $R_4$ é registrado de forma muito parecida. A presença ou ausência de parênteses marca a diferença. Quando o alvo visado é $R_1$, não há discurso possível: p é Ø (verdade).
Quanto ao objeto "absoluto" $R_4$, ele chega a suscitar um discurso, o discurso da filosofia, mas o analista lhe nega toda validade: p é Ø verdade.

5. Assim, por exclusões sucessivas, nada resta além do real científico próximo, ou relativamente próximo ($R_2$), admitido por Valéry. É o campo objetal que lhe parece o menos inconveniente, se ele quiser fundar sua pesquisa individual.

Como todo "erudito", Valéry observa os fatos e isola os "traços" pertinentes. Ao adotar um ponto de vista de exterioridade e generalização, ele procede por homologação de algumas "formações naturais notáveis". Ele propõe, assim, uma relação que apresentaremos sob esta forma canônica: o "sistema melódico de sons puros" está para o grupo {cristal, flores, conchas} assim como os "ruídos" estão para a "desordem ordinária do conjunto de coisas sensíveis". Se procurarmos agora determinar um traço comum à primeira série (os sons puros, o grupo ternário) – ou seja, sua pertinência – diremos que cada unidade é totalizante. A análise se apoiará, portanto, sobre a noção de estrutura, cuja definição habitual lembraremos: um todo formado por fenômenos solidários de tal forma que cada um depende dos demais e não pode ser o que é senão em razão de sua relação com os outros. Retomemos o exemplo-tipo. A concha se oferecia a mim, escreve Valéry, para ser "uma coisa cujas partes e aspectos revelavam uma dependência, como uma notável série ordenada, em um tal acordo que eu podia, com um único olhar, conceber e prever a sequência de suas aparências". Enfim, o ponto de vista é gestaltista: a concha forma *"um todo"* (*Oeuvres* I, 893). Essa é a conclusão do parágrafo.

Mas, para analisar nosso objeto e sua formação, qual linguagem deve ser empregada? A ciência utiliza um sistema simbólico, necessariamente homogêneo, pois "um conhecimento cujos elementos não são feitos *ad hoc*, mas tomados na linguagem ordinária, não é ciência" (*Cahiers*, II, 837). A fronteira está, portanto, bem traçada. A linguagem do geômetra é absolutamente capaz de descrever a morfologia estrutural da concha, ao passo que a "linguagem ordinária não se presta muito a isso". Todavia, as duas devem renunciar a "exprimir a graça turbilhonante" (*Oeuvres* I, 889).

Insistimos neste ponto: o recurso à língua comum não leva nosso pesquisador a abandonar inteiramente a preocupação científica. Talvez fosse conveniente se perguntar por qual razão, concha por concha, Valéry escolheu como "herói" (904) um membro qualquer da espécie "Conca", "Casco", "Murex" "Haliotis" "Cauri", e não "Escargot" ou "Litorinídeo". No que estes últimos ficariam a dever em relação aos outros para "refletir sobre uma ação que visa à graça e que se acaba de modo feliz" (893)? É que ao se situar no mais baixo na escala dos valores "sensíveis" (extrínsecos) eles não são tão agradáveis de ver e acariciar quanto o "belo mineral" escolhido pelo observador. Mas atentar para os traços estruturais (intrínsecos) não impede a concordância dos pontos de vista. O procedimento de Einstein, fundado sobre a "arquitetura (ou beleza) das formas", é também o de um "grande artista", nota Valéry com satisfação[1].

Nós o vemos, somos constrangidos a introduzir em uma descrição fiel as imagens de beleza e, em última instância, de prazer que desde o início a concha suscita. Todo pesquisador concordaria se não se recusasse a dar atenção ao "ingênuo" que traz em si, se não reprimisse "a criança que permanece em nós e que quer sempre ver pela primeira vez" (*Oeuvres* I, 890). "Pulsão de pesquisa", "desejo sexual de saber", diria talvez um freudiano[2].

---

1. "Isso me toca intimamente – Einstein pode proceder como eu gostaria de ter procedido – pela via das *formas*" (*Cahiers* II, 875).
2. Citações de Freud por Pontalis, "L'enfant-question" (*Critique* 249, 227).

Em todo caso, tal busca é "ingênua" (*Oeuvres*, I, 890); ela implica um discurso de verdade talvez tão universal quanto o enunciado científico de extensão máxima (É), mas de estatuto diferente, uma vez que coloca em cena um não-sujeito; dito de outro modo, um actante cuja identidade é funcional. Simbolizaremos essa nova forma de discurso pelo substituto neutro ISSO:

p é ISSO verdadeiro

Nessa hipótese do semioticista, o "homem" é, portanto, assimilado a um fazer; ele não o assume. E Valéry também distingue entre o que depende de nosso querer e o que se liga à "nossa atividade orgânica profunda", entre o que construímos e o que se constrói; diríamos entre o sujeito e o não-sujeito (*Oeuvres* I, 896).

O processo cognitivo que então se desenvolve articula-se, ao que parece, em duas fases; a inicial, dedicada à forma potencial do saber, denominada aqui "expectativa": "Retire, portanto, o homem e sua expectativa, tudo acontece indistintamente, concha ou seixo" (898). A segunda introduz o "desejo", forma realizante do saber. O homem, nos diz o texto, "imprime" no real "a marca do desejo figurado que tem no espírito" (895). Por meio dessa operação, o objeto surge, ao menos em parte, como artefato do sujeito.

A melhor maneira de interpretar, se não de resolver, o "pequeno problema da concha", desse "ser que conhece apenas sua lição" (900), será, então, proceder por absurdo, presenteando o estranho animal com traços da sensibilidade humana. E, de fato, segundo Valéry, ele vive como sibarita. Crer-se-ia que adotou esta regra de conduta: "Para os sonhos de uma vida frequentemente interior, nada mais doce e mais precioso." Produtor de uma "substância extraordinária", habitante de uma morada revestida de um "suave lambri", "o solitário (...) se retira e se concentra" na "cavidade profunda e espiralada" que tão habilmente soube preparar para si (902).

Vê-se que o molusco não é verdadeiramente um animal. E para tornar ainda mais evidente o parentesco entre essas duas formas actanciais, o homem e a concha, basta considerá-los unicamente do ponto de vista da função (do que escapa ao querer). Uma e outro se constroem de uma maneira que não pode ser traduzida por nossos "modos de expressão e de compreensão". Mas o molusco tem ainda a vantagem de ser perfeitamente hermafrodita. Sigamos o desenvolvimento da espiral; ele é exemplar:

> "Ao final o canal se dilata bruscamente, rasga-se, se arregaça e transborda em lábios desiguais, frequentemente guarnecidos de rebordos, ondulados ou sulcados que se afastam como se feitos de carne, descobrindo na prega do mais doce nácar a origem, em aclive liso, de uma vida interior que se oculta e ganha a sombra" (889).

É, portanto, a concha que melhor representa a unificação sonhada do sujeito e do objeto, e o prazer sem fim que a nosso ver tal operação provoca.

Reunimos agora, acreditamos, as principais variáveis que definem a posição do pesquisador. Se ele tivesse se contentado em submeter um conjunto de fatos observáveis a leis de composição, a uma estrutura, ele teria partilhado o estatuto do actante coletivo. Mas sua ambição é outra. Ele não somente optou por se exprimir na linguagem ordinária e não na metalinguagem científica, mas também introduziu essa parte opaca do analista que temos denominado "não-sujeito". É talvez a operação a ser realizada caso se queria "compreender", com os meios limitados de que dispunha, o fenômeno do "inumano", unido por ele à concha[3]. Um e outro são produtos, ou melhor, formações da "Natureza viva"; de outra forma, desse terceiro actante imanente que invocamos para tudo o que não sabemos fazer e que escapa ao acaso (900 e 901). Eles pressupõem, em filogênese, o mesmo universal investido semanticamente de valores estéticos (a "beleza" formal) e passionais ("o desejo").

O analista não perdeu por esse motivo a preocupação com a objetividade. É verdade: suas preocupações são hoje as de um actante individual, seu domínio de verdade é, portanto, estreitamente circunscrito. Utilizaremos os substitutos da intersubjetividade EU-TU para registrar o plano de validade da comunicação:

p é EU-TU verdadeiro

Mas o projeto depende sempre da busca epistêmica de um sujeito científico. O que agora excede nosso pensamento e imaginação, os "fatos ainda totalmente inumanos" que nos desconcertam, serão, um dia talvez, contados entre as maiores e mais preciosas "descobertas" (899).

Mas, afinal de contas, nosso observador-modelo é certamente o "ilustre Einstein", que não pode ser confundido com os campeões suspeitos da "física mais recente", citada acima (904). Ele "criou um *ponto de vista*", mesmo que "não exista um olho humano que possa ser instalado nesse ponto" (*Cahiers* I, 816). Ao nos ensinar a não separar a geometria da física, o espaço do tempo, ele

---

3."Eis que, tendo lhe concedido tudo o que falta de *humano* para se fazer compreender pelos homens, [a Natureza] nos manifesta, por outro lado, tudo que falta de inumano para nos desconcertar..." (*Oeuvres*, I, 887).

nos indica a via a ser seguida quando apresentamos o problema crucial da "unidade da Natureza" (*Oeuvres* I, 906). Poderíamos objetar, por exemplo, que as temporalidades do molusco e do homem são dificilmente comensuráveis, que o molusco reclamaria uma observação de "algumas centenas de milhões de anos, pois para ele transformar no que se quer, no que se pode, é preciso não menos que isso" (898). Mas o princípio de um "crescimento não sensível" em um e outro permanece, e pode-se considerar o molusco como o simulacro do homem em um outro sistema de referências; tanto é verdade que "podemos imaginar o processo vivo apenas lhe comunicando uma maneira de ser que nos pertence" (903).

Movida, dir-se-ia, pela preocupação com a unidade, a concha conseguiu reunir o *intus* e o *extra*, isso é verdade no plano do desejo – citamos exemplos – e o é de forma ainda mais clara no plano estético. Há nela uma tal relação de conformidade entre interior e exterior, entre "os dois espaços tão diferentes, que sua organização a obriga a conhecer e a sofrer sucessivamente", que "somos bastante tentados a lhe supor um gênio de primeira ordem". Ao passo que "nossos artistas não tiram de sua substância a matéria de suas obras nem dominam a forma que perseguem, senão em uma aplicação particular de seu espírito, separável do *todo* de seu ser", o "menor molusco" nos faz ver a "ligação indissolúvel e recíproca da figura com a matéria" na qual se reconhece "a *perfeição* na arte" (904-5).

A complexidade das operações que o analista deve realizar depende, portanto, da aposta que ele faz, pois "não há olho que possa ver ao mesmo tempo a face e o perfil de um homem de um só golpe de vista" (*Cahiers* I, 816). Tentemos, entretanto, lembrar como foram localizados o alvo e a posição de atirador. O objeto deve se situar a uma *boa distância* do real "puro" ($R_1$) e do real científico ($R_2$), do "inumano" e do "humano", do informal e do formal, precisamente sua intersecção:

$$R_2 \between R_1$$
$$R_5$$

É nessa juntura que o inesperado ($R_5$) tem chances de se produzir.

O observador também tem um problema de distância a resolver com o objeto e consigo mesmo. Se ele exibe um estatuto de sujeito – e como poderia agir de outro modo? –, sua posição lhe permite apenas uma visão externa. Se conseguisse acrescentar o enfoque interno, ele teria encontrado para o mundo do ser vivo uma solução análoga à que foi proposta por Einstein no domínio da física. Esse tipo de enfoque é da alçada do não-sujeito, mas, ao final, que mais o analista pode fazer além de emprestar sua voz por meio de tentativas?

| objeto | ... $R_2$ $\between$ $R_1$ $R_5$ | realidade |
|---|---|---|
| sujeito/ não- -sujeito | p é EU-TU verdadeiro p é ISSO verdadeiro | verdade |

"É preciso fazer análises mais e mais finas, coesas, sutis, precisas – insuportáveis" recomendava Valéry. O trabalho comporta sempre uma falta. Ora "uma única coisa importa – a que se evita, infinitamente, indefinidamente, à *análise*, – esse nada, esse resto, esse decimal extremo" (*Cahiers*, I, 792). Eis-nos aqui prevenidos contra a tentação da exaustividade e da eternidade. Para dizer a verdade, o semioticista não sacrifica a esses mitos mais do que ao da profundidade já denunciada.

Nosso propósito era simplesmente fazer aparecer uma das estruturas organizadoras do texto *L'homme et la coquille*: de um lado, a relação de homologia entre sujeito/não-sujeito e objeto; de outro, entre a verdade e a realidade. Cabe ao leitor dizer se o semioticista na sua fidelidade a Valéry soube respeitar o princípio de pertinência e levar sua análise longe o bastante para tê-la tornado convenientemente "insuportável".

## CAPÍTULO III
## O SER E A PASSAGEM OU DE UMA SEMIÓTICA A OUTRA[†]

Uma vez que fomos convidados a refletir sobre os "Novos modelos conceituais", inicialmente eu gostaria de lembrar uma clivagem. Nos anos 60 havia uma linguística do enunciado e nos anos 70, uma linguística da enunciação. É ela que ainda por um instante domina, e seu embate com a pragmática não terminou. Paralelamente, nos anos 60, houve uma semiótica do enunciado (ou semiótica objetal), e desde os anos 70 uma semiótica da enunciação (ou semiótica subjetal) procura se constituir. Entre as duas disciplinas, linguística e semiótica, a oposição é de mesma natureza. A prevalência de um ponto de vista torna o outro obsoleto? Seria uma forma simplista de pensar. É preciso antes considerar que nesse "labirinto de caminhos" que é a linguagem (Wittgenstein (b), 203) necessitamos de vários instrumentos conceituais. E, quando se trata da semiótica subjetal, sou levado a considerar que o melhor modelo conceitual será o que permitir iluminar as articulações que são mais di-

---
[†] *TLE* (Théorie, Litterature, Enseignement), n° 6, PUV, 1998, pp. 91--112. Comunicação feita por ocasião de um colóquio realizado na Universidade de Paris VIII em 1988.

fíceis de perceber; por exemplo, as concernentes ao "campo posicional do sujeito" (*PLG I*, p. 190). O que pensar desse campo quando os elementos que o constituem se transformam e desaparecem? Eis um tipo de questão que eu gostaria de apresentar a partir dos textos extraídos principalmente de Proust e de Duras.

## O paradigma da distanciação

Falemos um pouco do *texto*. Ele não é o objeto de estudo do linguista nem do lógico nem do pragmático. O linguista se interessa por *La Structure des langues*, das línguas naturais, para retomar o título do pequeno livro de Hagège; já o lógico se preocupa com as proposições, isto é, pelos "objetos que representam as condições de verdade" (Armengaud, p. 44); o filósofo-pragmático, por sua vez, estuda os atos de linguagem. O linguista se detém, em princípio, nos limites da *frase*, pois somente nesse campo ele encontra as marcas formais de que tem necessidade para sua descrição; daí a importância acordada à sintaxe nesses últimos anos. Penso não apenas em Chomsky, mas também nesta nota que abre os *Éléments de syntaxe structurale* de Tesnière: os linguistas alemães não encontraram melhor palavra para traduzir sintaxe que *"Satzlehre"*, a saber, "ciência da frase" (Tesnière, p. 11). As proposições dos lógicos têm assim a aparência de uma frase, mas o projeto é totalmente diferente, uma vez que os dois valores a serem ligados são os da verdade e os da realidade. Esse enunciado protocolar dá o testemunho: "uma proposição é verdadeira quando tudo é como afirmado por meio dela" (Wittgenstein (a), 4.062), Enfim, a preocupação dos filósofos-pragmáticos não é a frase nem a proposição; mas o ato de enunciação, a performance realizada quando se diz, por exemplo, *ordeno que* ou *prometo que* etc. Não é menos verdade que os exemplos propostos continuam sendo frases ou antes enunciados de problemas que – como em linguística ou lógica – têm a aparência de frases.

Com o *texto*, o semioticista opta por outra dimensão, chamada, justamente, "transfrástica". Esse *além da frase* não é fácil de manipular, claro, mas, desde os trabalhos de Propp – diz-se as "descobertas de Propp" – e os prolongamentos que Greimas lhe soube dar nos anos 60, pode-se notar sua organização. Greimas sustenta, por exemplo, em seu estudo sobre *Deux Amis*, de Maupassant, que o percurso "sintagmático e linear do texto" se articula em unidades significantes; ele distingue, assim, as "grandezas textuais, tais como partida/retorno (analisáveis, logicamente, em disjunção/conjunção), ou violação/restabelecimento do contrato, ou ainda as provas qualificante, decisiva e glorificante etc. (1976, pp. 28, 263). Retomarei aqui – por sua clareza – a distinção proposta pelo autor em 1970: há três espécies de sintagmas narrativos: os performanciais (provas); os contratuais (estabelecimento e ruptura de contratos); os disjuncionais (partidas e retornos). A semiótica objetal e narrativa de Greimas está fundada sobre a ideia de que, de um lado, o texto é a dimensão modal da narrativa; de outro, que a própria narrativa pode ser (...) uma sucessão de enunciados cujas funções-predicados simulam linguisticamente um conjunto de comportamentos orientados para um fim" (1970, pp. 187, 191, 253). A regra do semioticista "objectalista" é: o texto oferece o simulacro do que se passa em nossas sociedades, onde "a troca mais pacífica implica o enfrentamento de dois quereres contrários e [na qual] o combate se inscreve no âmbito de uma rede de convenções tácitas" (1979, p. 246). Greimas comprovou seu ponto de vista em textos de formas variadas: não apenas com o conto e o mito, mas também com microtextos como provérbios e até mesmo com lexemas, como "cólera" ou "nostalgia", com as quais ele desenvolveu os implícitos narrativos.

Assim sendo, a hipótese de uma dimensão transfrástica articulável em unidades significantes não nos parece mais absurda. É, além disso, exatamente nessa direção que caminha a prática descritiva, seja ela linguística ou pragmática, quando utiliza as noções de contexto e, mais particularmente, de formas do implícito, como a pressuposição (o que já se sabe) ou da implicatura (o que é sugerido). Os exemplos tomados de empréstimo na área da filosofia da linguagem depois à linguística deveriam mostrá-lo.

Dada essa frase interrogativa:

O presidente entregou os documentos à comissão?

o leitor admitirá sem dificuldade que, nesse estado, a significação permanece indeterminada. Jacques, a quem devo esse exemplo, comenta: "Essa indeterminação só poderá ser eliminada se a frase for pronunciada em uma relação interlocutiva." E eis que estamos de volta ao transfrástico: "Quando A formula uma questão, ele se dirige a B", continua Jacques:

> Está implícito que A não conhece a resposta a ser dada por B, mas que este pode ao menos aceitar a forma da questão. A questão de A é uma tentativa de obter uma informação de B, a qual, segundo A, só poderá ser obtida por meio de uma pergunta expressa etc. (1983, p. 69).

O ponto de vista do linguista Hagège, que apresenta o "homem dialogal", não é diferente: não há jogo na linguagem sem remissão às "chicanas da fala", que são, por exemplo, a ambiguidade ou o mal-entendido. É preciso tempo para ver claramente, fabricar sua ideia ou interpretá-la (1985, pp. 250-1). Voltemos um pouco no tempo, até 1952: para um especialista da gramática comparada, discípulo de Saussure, que se pensava antes orientado para descrição das estruturas, Benveniste, "a condição da linguagem humana" é exatamente o diálogo; "Falamos com outros que também falam, essa é a realidade humana" (*PLG I*, p. 65). Um último exemplo da prática dos linguistas: em uma de suas crônicas no *Le Monde* (de 15 abril de 1988), Slakta assinala o lugar determinante tomado pelo transfrástico nos trabalhos de um gerativista, Ruwet. Dada a frase:

Pedro colocou sal no meu chá, o sacana.

A relação entre o atributo (sacana) e o nome próprio (Pedro) "é apenas um caso particular da relação entre os mesmos termos no discurso", comenta Ruwet. Daí esse fragmento de "discurso".

Pedro colocou sal no meu chá. O sacana saiu sem se desculpar.

"Em suma, aqui", observa Slakta, é "o discurso é geral e a frase, particular: posição surpreendente para uma teoria que tem por objeto a frase."

Seja qual for a surpresa, a tendência geral é precisamente o recurso ao transfrástico. Uma observação, entretanto: todos os exemplos apresentados fazem referência a situações de fala arbitrariamente segmentadas pela análise. Tive ocasião de examinar alhures a glosa de Culioli ao estudar essa frase (Coquet, 1983, pp. 10-1):

Mas claro que sacrificamos os cavalos!

Culioli comenta:

Chegaremos facilmente a (sobretudo se assistimos o filme): "Então, por que não os humanos?", uma vez que se sacrificam os cavalos, por que não se sacrifica(riam) os humanos?", etc.

O número de variáveis parece, então, indefinido (o fato de ter visto ou não o filme, o "etc."). Para evitar que o "custo teórico" da pesquisa se torne mais pesado (Berrendonner), é melhor, portanto, escolher a dimensão textual (que tem na *narrativa* uma de suas formas). Com o *texto* considerado o "paradigma do distanciamento", nós escapamos das áleas da oralidade. É "na e pela distância" imposta pelo texto escrito que se efetua a comunicação. Retomo aqui, por minha conta, a tese de Ricoeur citada por Geoltrain, 1979, p. 170[1].

Resumirei assim minha posição:

1. O *texto* é uma organização transfrástica articulável em unidades significantes.

2. O *texto* entra no paradigma da distanciação; em razão desse fato, podemos controlar melhor a multiplicação das variáveis.

## A encenação

Essa caracterização do texto me parece mínima e, por hora, suficiente. Todavia, é preciso que se tenha em mente desde agora que os analistas da linguagem, os poetas, os linguistas-semanticistas, os filósofos-pragmáticos,

---

1. "O texto é, para mim, muito mais que um caso particular de comunicação inter-humana, é o paradigma da distanciação na comunicação. A esse título ele revela um caráter fundamental da historicidade da própria experiência humana, a saber, que ela é uma comunicação na e pela distância" (Ricouer, 1975, p. 201).

os semioticistas... têm o hábito de trabalhar com uma projeção: para eles, a linguagem é como que um teatro no qual se encena uma peça. A noção de linguagem se torna, então, inseparável da de ator e de ação. Uns falam de "drama" (isto é, de "ato", etimologicamente); outros, de "cerimônia social"; outros, ainda, de "enunciado-espetáculo". Enfim, nessa hipótese, graças ao texto, a linguagem faz que compareçam os personagens que Claudel chama justamente de "citados", e que o semioticista denomina, à maneira de Tesnière, "actantes". De alguma forma, eles realizam diante de nós, leitores, "atos". "Para interrogar esse citado temos inicialmente de perguntar-lhe o que ele *faz* e o que *fazia* como um personagem em uma peça" o que ele faz e o que ele é (Claudel, 1963, p. 407). A questão pode ser colocada filosoficamente à maneira de Wittgenstein.

> Perguntem-se: em que ocasião, com qual objetivo afirmamos isso? Quais maneiras de agir acompanham essas palavras? (pensem no ato de saudação!) Em quais cenas são praticadas; com qual objetivo? (1964 [b], 489).

A mesma questão pode ser ainda apresentada à maneira dos linguistas ou dos semioticistas: o espetáculo é composto não de "palavras", cujo estatuto de unidade não é claro, mas de enunciados que formam um texto. Tesnière faz sua reflexão incidir sobre o número de participantes do "drama" implícito; Propp, sobre o número das ações ordenadas necessárias para que o espetáculo "completo" aconteça. Mas o problema colocado tanto aqui quanto lá é da mesma ordem: qual é o tipo de significação que uma dada sociedade e seus efêmeros representantes (nós mesmos...) constroem e encenam para si próprios? (Coquet, 1974, p. 100)? Não se pode responder a essa questão a não ser mediante a proposição de modelos que estimulem, por aproximação, as *regularidades* observáveis no funcionamento da linguagem. Sustentarei aqui que, de fato, bastam alguns actantes (os participantes do "drama") e algumas relações predicativas (as "ações" realizadas por eles) para constituir um modelo de base (Coquet, 1984, pp. 9 e 104 para os actantes; pp. 93, 109 e 128 para as relações predicativas).

Mas não basta pensar em termos de regularidades. A partir do momento em que me aproximo de meu objeto de estudo, o texto, sou constrangido a levar em conta seus arcanos. Encontro aqui a imagem do labirinto de Wittgenstein. Os actantes, definidos por sua junção predicativa, não comportam todos e a todo instante uma morfologia estável. Devo, portanto, adotar um ponto de vista a partir do qual seja possível integrar a estabilidade e a instabilidade das estruturas (Coquet, 1984 e 1985; cf, entrada Estabilidade/instabilidade). Dito de outra forma, devo dispor de um modelo que me permita seguir as *transformações actanciais* mesmo que sejam progressivas.

## As formas do "sujeito"

Eu já citei a fórmula de Benveniste que se apoiava no "campo posicional do sujeito". É por meio de suas posições que os actantes se interdefinem. No entanto, ainda aqui é preciso se perguntar se o termo "posição" é adequado a todas as circunstâncias. De fato, no pensamento estrutural ele remete a uma lógica de lugares, ao descontínuo, e não a uma topologia dinâmica, ao contínuo. Ora, é para esse segundo aspecto que gostaria de chamar a atenção a partir do rápido exame de uma passagem de *À procura do tempo perdido,* de Proust:

Eu me despia, deitava-me e, com Albertine sentada em um canto da cama, retomávamos nossa partida ou nossa conversação entremeada de beijos; e no desejo que único nos leva a encontrar interesse na existência e no caráter de um pessoa, permanecemos tão fiéis à nossa natureza, mesmo abandonando sucessivamente os diferentes seres que amamos, que uma vez, ao ver-me no espelho no momento em que abraçava Albertine, chamando-a "minha menininha", a expressão triste e apaixonada de meu próprio rosto – semelhante à que ele tivera outrora junto a Gilberte, de quem já não me lembrava, e semelhante à que ele teria, talvez, um dia aos pés de outra, se eu pudesse esquecer Albertine – me fez pensar que acima das considerações de pessoa (o instinto quer que consideremos a atual como a única verdadeira) eu preenchia os deveres de uma devoção ardente e dolorosa dedicada como uma oferenda à juventude e à beleza da mulher (Proust, III, p. 76).

Creio que tal texto faz com que, tal como eu propus, o actante seja definido por seu modo de junção predicativo. Cada predicado caracterizaria um actante. É dessa maneira que distinguirei inicialmente um "sujeito" (presença de um predicado de julgamento como "pensar") de um "não-sujeito" (exclusão de um predicado de julgamento). Retomemos o texto:

(...), ao ver-me no espelho no momento em que abraçava Albertine chamando-a "minha menininha", a expressão triste e apaixonada de meu próprio rosto (...) me fez pensar que... (*id.*).

Não se trata simplesmente de uma duplicação em um espelho, é a experiência da paixão que é aqui descrita. O espelho age como um operador de transformação; um outro lhe aparece repentinamente, um outro ligado ao desejo. Direi que o narrador adquiriu, nesse momento do passado, nesse lugar, o estatuto de não-sujeito. O espelho lhe revelou seu estado. Segunda função do espelho, dessa vez semântica: ele lhe permite reencontrar sua identidade. Situação banal: "procuramos um espelho para ver se não nos esquecemos de dar o nó na gravata" (*id.*, I, p. 498). Ao tornar-se novamente "sujeito", ele passa a ser portador de um julgamento sobre si próprio, sobre as propriedades de sua "expressão"; sua tristeza e sua paixão. Nesse momento da experiência (não houve mudança de "posição", mas somente uma mudança de ponto de vista), uma constatação se impõe: o "ser" é duplo. Se ele é capaz de realizar um ato de julgamento, é sujeito; se é incapaz, é não-sujeito. É esse par que chamarei de *primeiro actante*. Por outro lado, na medida em que o narrador agora se dá conta de sua experiência de então, ele se apresenta como "sujeito".

Em resumo, se quero analisar as formas do "sujeito", devo considerar três delas: a primeira pertence ao tempo da escrita, o narrador ($t_0$); outra, ao tempo da experiência, o narrador encenado ($t_{-1}$); a terceira, (ao ver [...] meu próprio rosto"), torna-se imprópria segundo nossa definição, apesar do emprego de pronomes da primeira pessoa, abandonará a denominação de "sujeito" e adotará a de "não-sujeito":

|  | Primeiro actante |
|---|---|
| $t_0$ | S |
| $t_{-1}$ | S e NS |

Ora, o não-sujeito conhece um novo avatar. Pode-se dizer que ele se apresentou pela primeira vez no modo do "fracionamento" (portanto, do descontínuo) caro a Marcel; por exemplo, "era, sobretudo, esse fracionamento de Albertine em numerosas partes, em numerosas Albertines, seu único modo de existência em mim" (*id.*, III, p. 529). O mesmo ocorre aqui; o espelho é a fronteira que separa os dois campos, o do sujeito e o do não-sujeito; mas na segunda vez acontece de outro modo. Não há ruptura, mas simplesmente a passagem do particular ao geral. O não--sujeito era confrontado a seu objeto (*segundo actante*), o objeto de seu desejo; doravante, ele está submetido a um poder transcendente, o exercido "pela juventude e pela beleza da mulher", e não a juventude e a beleza de Albertine.

Agora podemos retomar o texto e avançar um pouco:

> (...) expressão triste e apaixonada de meu próprio rosto (...) me fez pensar que acima das considerações de pessoa (...) eu preenchia os deveres de uma devoção ardente e dolorosa dedicada como uma oferenda à juventude e à beleza da mulher. Entretanto, à esse desejo de um "ex-voto" que honrava a beleza (...) misturava (...) qualquer coisa (...). Era um poder de apaziguamento (...).

Eis, portanto, as várias transformações às quais somos convidados a assistir. O objeto (o *segundo actante*) é oferecido à captura, mas agora ele impõe deveres; ele mudou, portanto, de estatuto semântico. Também mudou de universo de referência, uma vez que passamos do domínio privado e profano ao domínio público e sagrado. Por outro lado, a caracterização do não-sujeito é análoga. O texto utiliza a figura do quiasma para nos fazer compreender, iconicamente, se podemos dizer: ele era presa da tristeza (a) e da paixão (b); agora ele o é do ardor (b') e da dor (a'). O que muda no não-sujeito é que ele passou de uma relação de "autonomia", regrada pela intersubjetividade, para uma relação de "heteronímia", de subordinação a um terceiro (Coquet, 1984, p. 141, e 1985, p. 223). Adotando o comportamento do devoto, ele espera de seu deus misericordioso a paz de que necessita. E ele a recebe. Esse deus misericordioso com poder de "apaziguamento" toma a forma da mulher jovem e bela, como outrora tomava a de sua mãe que vinha, à noite, "trazer-lhe o repouso em um beijo". Chamo esse actante, sob a proteção do qual o não-sujeito é colocado, de *terceiro actante*.

Dito de outra forma, o universo de significação pode ser pensado – essa é a hipótese – em função de três actantes: o primeiro actante (sujeito e não-sujeito), o segundo actante (objeto) e o terceiro actante (aquele que é dotado de um *poder transcendente* e recebe as obrigações da devoção). Mas nós o constatamos: esses três actantes são de morfologia instável. É preciso, portanto, delimitar a passagem de um estatuto a outro. Alguns são assinaladas por limites (eu remeto ao papel desempenhado pelo espelho); outros, não. É o caso, por exemplo, quando, ao curso de duas operações simultâneas, o não-sujeito se torna heterônimo e o objeto, terceiro actante.

## Semiótica objetal e semiótica subjetal

Propor a relação estabilidade/instabilidade, apoiar-se na dimensão do contínuo, evocar o devir, distinguir o sujeito do não sujeito, relacionar a definição do actante a um tipo de relação predicativa, é reconsiderar a validade de uma reflexão semiótica que apostou, na época estruturalista, na estabilidade, no descontínuo, na aspectualidade, na eliminação das referências enunciativas. É fazer valer os direitos de uma semiótica da enunciação diante de uma semiótica do enunciado. Como o trabalho que foi e continua a ser feito em favor de uma linguística da enunciação não teria suas repercussões no domínio da semiótica?

Historicamente, a semiótica do enunciado, fundada por Greimas nos anos 60, encontra-se, parece-me, no cruzamento de duas influências. A primeira é *sociológica*. A semiótica procede, de fato, dos trabalhos de Saussure, e ele próprio se apoiava nos postulados de Durkheim. Pode-se retomar os termos do linguista: a língua, "exterior ao indivíduo (...) não existe senão em virtude de uma espécie de contrato estabelecido entre os membros da comunidade" (Saussure, 1995, p. 22). A língua é, portanto, uma instituição social; ela não comporta, enquanto tal, dimensão individual que integre o ato de fala. Dessa origem decorre o lugar concedido pela semiótica de base à noção de "espaço social", na qual Merleau-Ponty se apoiava, e, mais precisamente, à noção de *contrato*. Destaco, assim, em Greimas enunciados deste gênero: "O contrato (...) rege o conjunto narrativo." Ele requer um actante, chamado destinador, que represente a sociedade. É a ele que cabe estabelecer e depois, quando chegar a hora, sancionar o pacto social assinado com esse outro actante, dito destinatário-sujeito.

> O percurso do sujeito, que constitui a contribuição do Destinatário, é seguido da sanção (...) do Destinador. Vê-se que essa organização sintagmática, fundada na articulação do contrato, pode dar lugar a um escalonamento de unidades contratuais, tais como o estabelecimento, a ruptura, o restabelecimento e a execução do contrato (*Dicionário de semiótica*, p. 85).

A aplicação desse modelo conceitual implica riscos. Eu tomaria como exemplo a análise proposta por Greimas para um fragmento de *La Ficelle*, de Maupassant. Esse fragmento tem um estatuto particular para nosso autor, pois ele o considera uma micronarrativa que integra a "história completa da sociedade". Não pode haver saída feliz nessa perspectiva a não ser que o destinatário-judicador outorgue uma sanção positiva (figurativizada, por exemplo, por uma "retribuição ou por um reconhecimento") a alguém. Ora, essa micronarrativa não comporta, digamos, destinador. Essa ausência tem consequências desagradáveis para o "equilíbrio narrativo" (*Dicionário de semiótica*, p. 385). De fato, o fazer social, privado de Destinador final, é "desprovido de sentido".

Nós nos perguntamos sobre quais marcas formais está fundada tal argumentação. Greimas registra ao final do fragmento considerado – *La Ficele* se inicia com uma descrição de um dia de feira seguido de uma refeição na taberna da vila – um paralelismo entre a situação dos camponeses sentados à mesa e os carros estacionados no pátio: os veículos "vazios" se encontram em relação metafórica com os comensais, escreve ele. Que diz o texto de referência?

> Na casa de Jourdain, [o taberneiro], a grande sala estava lotada de comensais, assim como o vasto pátio estava repleto de veículos de todos os tipos, charretes, cabriolés, carros com bancos, tílburis, carruagens inqualificáveis, amarelados de lama, deformados, remendados, que erguem em direção do céu, como dois braços, seus varais, ou então com o nariz no chão e a traseira no ar.

Os veículos desatrelados tornaram-se, portanto, graças ao analista, veículos "vazios". Eles erguem "em direção ao céu, como dois braços, seus varais". Ora, o Destinador é transcendente em relação ao Destinatário-sujeito. E o que este pode e deve oferecer àquele não é nada: ele "estende os braços vazios para o céu, não tendo nenhuma mensagem a endereçar ao destinador". Eis que passamos de um veículo "vazio", visto que desatrelado..., para "braços vazios". Consequentemente, uma vez que não há mensagem a dirigir ao Destinador, a própria existência desse actante é denegada. Efeitos de teoria. Outro fato espantoso: sempre segundo a teoria, uma narrativa não pode prescindir de Destinador. Se esta não o possuir, o Destinatário-sujeito fará as vezes; ele se autodestina:

Os valores econômicos adquiridos na sequência do fazer social são destinados ao *consumo*, e a reunião no albergue se apresenta, então, sob a forma de uma refeição sacrificial derrisória cujo único fim é a autodestruição dos valores penosamente adquiridos (1983, p. 153).

E de novo a questão se coloca: quais marcas formais justificam essa análise? Duas passagens são utilizadas para corroborá-la; uma menciona a posição dos carros, inversa da precedente, "o nariz no chão e a traseira no ar". Greimas traduz essa posição (ou, por metáfora, esse comportamento dos comensais) como uma nova denegação do Destinador: "O destinatário-sujeito voltando as costas ao destinador (...) o ignora completamente." A segunda passagem remete à posição dos comensais, sentados de costas para o fogo da chaminé.

> Próxima da mesa em que estavam os participantes do jantar, a imensa chaminé, tomada por uma chama clara, lançava um calor vivo nas costas da fileira da direita. Três espetos giravam carregados de frangos, pombos e carneiros; e um delicioso cheiro de carne assada e do molho que banhava a pele tostada se erguia no átrio iluminando as alegrias, molhando as bocas.
> Toda a aristocracia da arado comia no seu Jordain, taberneiro e comerciante de cavalos, um espertalhão que tinha uns cobres.

Poder-se-ia pensar, ao contrário, que a fileira da direita ocupava o melhor lugar. O conto acrescenta: "O tempo estava bom para as verduras, mas um pouco úmido para o trigo." Se bem compreendo, o tempo estava chuvoso. Como quer que seja, em *Dois amigos*, conto do mesmo Maupassant, com o qual fazemos um paralelo, receber o calor nas costas é interpretado como uma marca de benevolência do Destinador. Em *La Ficelle*, o fogo é "recusado". "Fonte da vida", ele "espalha a luz e o calor, mas encontra apenas as costas daqueles que estão voltados para o outro lado"... Portanto, apesar de suas "alegrias", os comensais são tão negativos quanto seus carros com os narizes no chão e a traseira no ar. Poderíamos nos interrogar sobre o estatuto dos outros comensais, os que, por exemplo, ocuparam a fileira da esquerda e recebem de frente "a fonte da vida". Mas Greimas não coloca a questão. Última observação: o leitor terá notado a qualificação da refeição: "sacrificial". Greimas retomará esse sintagma em sua análise de *Dois amigos*. Por que introduzir a dimensão do sagrado? Também dessa vez, efeito da teoria, parece. Eu tentaria retomar o raciocínio subjacente do autor. A ausência do destinador é o produto de uma denegação. Ora, a teoria prevê que o Destinador é a origem e o fiador dos "verdadeiros" valores sociais. A autodestinação não pode ter, portanto, a não ser efeitos lamentáveis. A refeição é "derrisória". Quanto ao representante da "aristocracia do arado", o taberneiro, ele é justamente – sempre a dimensão do "sagrado" – o grande sacerdote oficiante ao lado do "fogo recusado", mas sua definição, "um espertalhão que possuía uns cobres", o desqualifica irremediavelmente. Ele não tem competência para pretender exercer esse augusto papel.

Convido o leitor a voltar aos textos de referência para apreciar mais exatamente a discordância entre teoria e texto e medir o impacto, a meu ver, e nesse caso preciso, abusivo, da teoria sobre a prática.

Abuso bem compreensível, não obstante, pois é preciso não esquecer que durante muito tempo a falta de uma teoria da linguagem condenou fatalmente o analista ao atomismo e ao emprego de procedimentos empíricos. O mérito de Saussure, depois de Hjelmslev, em seguida de

Greimas, não pode ser, portanto, subestimado. Durante os anos 50, os pesquisadores ficaram, com justa razão, fascinados pelo modelo fonológico. Para o semioticista trata-se, em suma, de fazer tanto quanto o fonólogo. A hipertrofia da noção de sistema talvez tenha sido um mal necessário.

É nesse ponto que coloco a segunda influência: a do modelo matemático e, mais precisamente, algébrico. A *álgebra* (e não a geometria) foi uma referência de cientificidade para Saussure e Hjelmslev. Mas quando se trata da linguagem e da significação não é razoável pensar em nos submetermos a procedimentos de formalização. Coloque o sentido porta afora e ele volta em seguida! O que era possível obter com sucesso, por outro lado, era uma conceitualização das articulações consideradas fundamentais do sentido. O *Dicionário de semiótica* respondeu perfeitamente a essa expectativa. Ele ensina que toda narrativa obedece a um princípio de organização. As regras mais gerais são dadas nos verbetes "esquema narrativo" e "percurso gerativo", ele próprio uma espécie de "esquema diretivo" proposto para reflexão. O percurso do sujeito (ver mais acima os camponeses no mercado, depois sentados à mesa da taberna) "é enquadrado dos dois lados por uma instância transcendente", a saber, o Destinatário inicial (manipulador) e o Destinador final (judicador). Em uma "partida", como diz Propp, "os sujeitos de fazer são simples operadores destinados a executar um esquema de transferência de objetos preestabelecido" (*Dicionário de semiótica*, p. 299). Todos terão notado a importância nessa passagem de noções como "esquema", "enquadramento" ou "preestabelecido". É que a metalinguagem, cuja construção obedece a uma preocupação de "coerência taxionômica" (*Dicionário de semiótica*, p. 2), tem a tendência de se apresentar, tal como um mônada leibniziana, como um mundo fechado.

Claro, por uma espécie de isomorfia entre o modelo e o campo de aplicação ao qual ele tem que se ater, os textos assumem por sua vez a forma previsível do objeto fechado. Nós nos convencemos ao ler, por exemplo, o resumo da análise do *Pinóquio* proposta por Fabbri. Somos confrontados, segundo Greimas, a "uma comunidade fechada sobre em si mesma", correlacionada a um "universo fechado de valores"; na sociedade agrícola toscana, "a circulação de riquezas [se] faz em circuito fechado" (1983, 30). Pudemos constatá-lo com a história da *La Ficelle,* na qual o mesmo procedimento acarreta os mesmos efeitos. Cada vez que a teoria é muito forte para o objeto de estudo, o problema do artefato volta a se colocar. Creio que é um bom método lembrar esse perigo.

A lição é clara. É preciso, entretanto, fornecer um corretivo. A força da teoria greimasiana nos parecerá excessiva apenas se o objeto de estudo se afastar muito do *domínio de validade* no qual ela demonstra sua capacidade: o espaço social (o mito, o folclore, os provérbios e os ditados etc.). Nos demais caos, ela responde perfeitamente a seu projeto: depreender as "formas elementares da narratividade" (1983, p. 28). Considerarei, portanto, que as regras mais gerais da organização da narrativa são uma aquisição que agora conhecemos, graças a esse tipo de semiótica.

Resta se perguntar como se pode passar do texto-narrativa ao texto-discurso.

Com o *discurso*, adotamos, de fato, uma problemática totalmente diferente. Continuamos a lidar com uma organização transfrástica, mas, dessa vez, relacionada a uma ou mais instâncias enunciantes. Em outras palavras, a noção de discurso não pode mais ser separada da de *instância*. Creio que Benveniste foi o primeiro, em um artigo de 1956, a relacioná-los (*PLG I*, p. 277). Alguns pronomes, escrevia, "pertencem à sintaxe da língua; outros são característicos do que denominaremos as "instâncias do discurso". No artigo sobre "A natureza dos pronomes" o autor relaciona, seguindo a tradição, o discurso à fala, mas esse ponto de vista é, de um lado, muito restritivo (não haveria discurso fora do domínio da fala) – eu remeto ao que eu disse sobre o texto e o paradigma da distanciação – e, de outro, muito próximo da preocupação estritamente descritiva do gramático: distinguir a instância linguística (o pronome) da instância do discurso (o ato de fala). O enfoque da semiótica subjetal e discursiva é mais geral e mais englobante. Ela procura demarcar os universos modais (uma dimensão modal caracteriza cada partição do universo de significação, Coquet, 1985, p. 129) ou ainda os "domínios semânticos", se adotarmos o enfoque paralelo da lógica natural (Grize, 1983, p. 167). Depois, situar aí os comparantes acerca dos quais temos que determinar o ser, o fazer e, sobretudo, o porvir. Desse modo, mais que fazer referência às instâncias do discurso, "aos atos discretos e a cada vez únicos, pelos quais a língua é atualizada em fala por um locutor" (*PLG I*, p. 277), vou me firmar em outra formulação do mesmo Benveniste, a qual está isenta de todo apego à oralidade: a instância é um "centro de referência" (*PLG II*, p. 84). Acrescentei "enunciante" (instância enunciante) por duas razões; por um lado, para destacar que a instância está no princípio de todo ato de produção discursiva (quer seja ela verbal ou não verbal; o gesto, por exemplo); por outro, para evitar os efeitos de oralidade inevitavelmente produzidos pelas expressões tradicionais retomadas pela pragmática, tais como "instância da enunciação" ou "instância da fala".

Quanto aos actantes, eles não podem ser assimilados às instâncias sem precaução. Apenas o primeiro (sujeito/

não-sujeito) e o terceiro actantes produzem "discursos". O texto de Proust forneceu o esboço desse modelo. Ao olhar essas três instâncias possíveis, notemo-lo, a semiótica objetal e narrativa, conhece apenas uma determinante: a representada pelo Destinador, inicial e final. A escolha concorda muito bem com sua opção sociológica, uma vez que esse actante, sob cujo domínio se encontra a totalidade da narrativa, é a fonte e o fiador dos valores sociais, valores supremos.

Além disso, colocar o problema da instância leva ao questionamento do novo estatuto da *predicação*. Questão batida, dirão. Talvez, mas mais escamoteada que enfrentada. Podemos nos espantar também por não existir o verbete "predicação" no *Dicionário de semiótica*. Bem sei que a orientação é outra, mas isso não o impediria. Mais espantoso ainda: é possível escrever um livro sobre *L'Énonciation*, muito estimulante, aliás, sem tocar nessa palavra (Cervoni, 1987). Entretanto, considero que a predicação é o termo *a quo* de uma semiótica que integra o discurso e seu sujeito. Assim, em 1929, a Escola de Praga apresentava a predicação como "*o ato sintagmático fundamental* (...), o próprio ato criador da frase". "Sintagmático", de fato, na medida em que os termos não significam por eles próprios (daí a impossibilidade de conceder à "palavra" um estatuto principiador). Elas significam em razão de sua combinação. O consenso é, creio, geral a esse respeito. Se não me engano, Benveniste propôs em 1967 o termo "sintagmação", para denominar essa operação, assimilável, parece-me, à composição não aditiva dos gestaltistas (Coquet, 1984, p. 137, nota 104*).* É preciso dar um passo a mais. Essa operação não se reduz a uma correlação do tipo *a* com *b*; ela consiste na *asserção* de uma relação entre *a* e *b*. Lembrarei, aliás, que "predicar" (de *predicare*, transposição do grego *catēgorein*) significa "assertar" (*PLG I*, p. 138).

*VERDADE E REALIDADE*

Não são as palavras, a frase, enfim, as formas, que devemos ter unicamente em vista; são as operações. Há qualquer coisa *a mais* além da simples adição de elementos manifestados; e esse mais vem da consideração da combinação de elementos manifestados. Devo a Descombes ter chamado minha atenção para um texto do *Organon* de Aristóteles no qual o problema já estava claramente colocado. Aristóteles reflete sobre o estatuo do verbo *ser* e das formas que ele pode assumir. Em si, *ser, não ser, sendo* são vazios de sentido (*psilón*), mas a presença de um desses termos torna possível a sintagmação. O texto grego diz *"prossemaínen (...) súnlhesin"*. As traduções francesas que tive a oportunidade de consultar falam de "acréscimo"; por exemplo:

> Em si mesmas, essas expressões nada são de fato, mas elas acrescem a seu próprio sentido certa composição... (Trad. para o francês: Tricot, 1984, p. 82).

Mas como se pode acrescentar o quer que seja a nada? Parece-me que a tradução inglesa (Loeb collection) escapa à aporia ao reservar a noção de implicação para *"prossemaínei"*:

> They indicate nothing themselves but imply a copulation or synthesis...

*"Prossemaínein"* é exprimir (*semaínein*) implicitamente, em mais (*prós*), dito de outra forma, instaurar uma sintagmação, uma síntese, na qual não se pode pensar sem levar em conta os componentes (*Sún*). Port-Royal permanecerá fiel a esse ensinamento.

Gostaria de fazer aqui duas observações que dizem respeito à extensão do fenômeno de predicação e de suas condições de emprego. Aristóteles raciocinava sobre o verbo "ser" e o papel que era preciso atribuir-lhe na constituição da proposição. Entretanto, a operação não se limita aos domínios da proposição (lógica) ou da frase (linguística). Ela está em jogo em outros níveis de língua, subfrásticos. Um único exemplo: os compostos. Lembremos que um estruturalismo estático aficionado, como convém, pela taxionomia havia enfatizado a lição de Saussure: na língua não existem senão diferenças. Esse posicionamento o levava a esquecer outra vertente da teoria, a sintagmatização. "Na língua, tudo resume a diferenças", é verdade, "mas tudo também se resume a agrupamentos". Assim, o que é o adjetivo *desejoso*, senão uma combinação de dois elementos solidários, que não adquirem valor senão por sua ação recíproca em uma unidade superior" (Saussure, 1995, pp. 148-9)? Os estudos de Benveniste sobre a composição nominal e as funções sintáticas obedecem ao mesmo princípio geral. A sintagmatização empregada em um dado nível de língua postula sempre um ato predicativo implícito. A segunda observação refere-se ao tipo de actante implicado pela predicação. É claro que, para os linguistas, os lógicos, os pragmáticos ou os filósofos, predicação e asserção são inseparáveis. É a posição mais comum; o analista a adota sem que acredite ser necessário justificá-la. Ora, tal actante não pode ser definido a não ser como "sujeito". A asserção não é dissociável do julgamento, traço definidor do sujeito, e, finalmente, da assunção, pois o ato judicativo tem uma dupla orientação; ele se aplica ao mundo dos objetos, mais figurativizado (*Darstellung*) que representado (*Vorstellung*), como observa justamente Ricoeur, e remete ao próprio produtor do ato. A assunção conclui o julgamento[2]. Esse

---

2. Sobre a relação entre predicação, asserção, sujeito e modalidade do querer, conferir Coquet, 1984, pp. 13-21 e p. 33, nota 21.

movimento reflexivo é bem evidenciado não somente pela semiótica de segunda geração, mas também pelas análises da lógica natural, cujo interesse já destaquei. Um de seus princípios quer que exista sempre um sujeito que assuma seu próprio discurso (Grize, p. 178). Mas quer se trate de uma ou de outra orientação, transitiva ou reflexiva, pode-se determinar o fundamento. O sujeito se disjunge de si mesmo tanto quanto do mundo. Em um ato de asserção ele se apresenta como um "Eu", e pela mediação de seu enunciado ele se coloca como uma terceira pessoa, como um "si". É o que texto de Prost mostrava claramente, creio. A asserção acarreta um processo de objetivação.

É o momento, penso, de abordar um problema difícil: o da "realidade". Eu o farei retomando mais uma vez as análises de Benveniste. Pela asserção, afirma o autor, dotamos o enunciado de um "predicado de realidade" (*PLG I*, p. 166). Ora, essa "realidade" afeta tanto o sujeito que se enuncia quanto o mundo convocado por ele e no qual ele tem seu lugar; aí está seu "campo posicional"; aí é exercida "a relação interlocutiva" (Jacques, pp. 52, 54-5, 61, 70). O analista do discurso deve integrar essa dupla referência. Certamente, a "realidade" que está em questão não é a do mundo exterior. Ao que eu saiba, a teoria das catástrofes pretende sozinha fornecer modelos conformes "às próprias coisas" (Petitot). A teoria da semiótica subjetal e discursiva diz simplesmente, a exemplo de Benveniste: "alguma coisa corresponde ao que é enunciado, alguma coisa, e não 'nada'"(*PLG I*, p. 92). Essa "alguma coisa", esse real, merece evidentemente ser explicitada. Se não for definida – encontramos o efeito de sentido do neutro – ela não "existirá" menos. No artigo de 1956, que concerne à psicanálise (de onde extrai a citação), Benveniste destaca os limites de nosso poder: nós até podemos "prodigar as denegações", mas ao fazê-lo não conseguiremos abolir a existência das coisas. Elas permanecem exteriores a nós. Acrescentarei que não podemos abolir nem as coisas nem o sujeito que somos quando, nos afirmando como tal, colocamo-nos, ao mesmo tempo, por objetivação, entre os objetos do mundo. Enfim, se aceitarmos essas duas proposições genéricas:

> Eu afirmo que eu sou Eu
> Aqui está minha identidade (Coquet, 1984, p. 39),

temos que nos situar em relação a dois princípios de realidade, embora não baste invocar um ou outro desses princípios. É necessário ainda precisar sob qual ângulo são válidos. Creio ser necessário insistir nesse ponto; não é a noção de realidade de forma isolada que é preciso examinar, mas a relação que ela estabelece necessariamente com a noção de verdade. Uma não caminha sem a outra. Retomemos a primeira proposição. Ao assertar, o sujeito que enuncia "visa a comunicar uma certeza". Portanto, uma verdade primeira. Além disso, "a asserção é a manifestação mais comum da presença do locutor na enunciação"; em outras palavras, do sujeito que enuncia no discurso. Dessa vez, trata-se da realidade primeira (*PLG II* [1970], p. 86). Assim, nesse nível fundamental (pois como remontar mais alto?), verdade e realidade são indissociáveis. O mesmo não ocorre quando o sujeito que enuncia apresenta sua identidade (segunda proposição). Ele está então sujeito às mesmas áleas, à mesma história transformacional que os outros objetos do mundo. Ele é "si", e não mais "eu". Com a primeira proposição, verdade ("certeza") e realidade ("presença") formavam uma totalidade, um conjunto finito e acabado. Com a segunda, os domínios estão disjuntos. A realidade que então está em questão varia ao sabor do estatuto morfológico acordado ao objeto, e a verdade passa a ser função da instância de discurso que a assume. Um caso típico é o do discurso científico cujas regras Benveniste, meu autor de referência, adota em um artigo antigo de 1956, eu diria com muita naturalidade, como bom sujeito epistêmico. A verdade tem aí a maior extensão possível, e a realidade assume a forma de um objeto de razão. O modelo é antigo. Recordemos o *Fedon*. É preciso se guardar de observar atentamente um eclipse, lembra Sócrates. Corre-se o risco de perder a visão. Em contrapartida, pode-se observar sua projeção sobre a água. A projeção não é a coisa, mas é seu *correlato objetivo*. Para um dos grandes lógicos da época moderna, Frege, dá-se o mesmo: o objeto de observação, digamos, eclipse (*Bedeutung*), não é outro senão sua imagem real, a projeção (*Sinn*). Penso que é no lado de cá das coisas ininteligíveis (*lógoi*), ou ainda deste lado da imagem real (*Sinn*), em suma, no lado da racionalidade, que Benveniste se colocou quando relaciona ao "sistema da realidade" (a formulação é significativa), o "É isso!" que se soma implicitamente a toda produção do enunciado (*PLG I*, p. 167). Nós abordamos assim o domínio da realidade das verdades segundas.

O que é feito, dirão, da "ilusão referencial" da qual tanto se falou? Lembramo-nos do peso atribuído a essa noção por Barthes em seus escritos teóricos dos anos 60. No plano mais geral, na perspectiva de uma linguística do enunciado e de uma semiótica objetal, não é preciso dizer que a única realidade que interessa, para retomar uma declaração um tanto provocativa de Saussure, é o sistema (Saussure, 1995, p. 44). O que fazer, então, da "realidade" ou da "verdade", cuja complexidade tanto me esforcei senão para apresentar ao menos para colocar entre parênteses? O ato de linguagem não tem lugar em um universo de relações formais: predicação e asserção não são objetos de estudo. Barthes, porém, vê também a ilusão referencial como teórico da literatura. E, de repente, a realidade é reduzida ao realismo. Um escritor como Balzac, por exemplo, afirma Barthes, aplica as regras de um código de representação. Se introduz objetos como um anel, uma luva; se faz rir sua heroína, é com o fim de produzir efeitos de real. Entretanto, o leitor sabe que as ações, os comportamentos, os sujeitos são "de papel". Tudo o que é relativo ao mundo, as datas, os nomes de lugares, os nomes de pessoas, deve ser debitado na conta da ilusão. Questão de coerência. Não há, portanto, matéria a ser contestada no interesse dessa noção. Muito ao contrário, o que é importante preservar, tanto nas ciências humanas quanto nas ciências duras, é o princípio dos domínios de validade.

Estabeleci a distinção entre predicação e asserção. Dessas duas operações, apenas a primeira é necessária ao ato de linguagem; quanto à segunda, ela é requerida apenas para a manifestação do sujeito. Ora, segundo minhas proposições, o primeiro actante é um par: sujeito e não-sujeito. Em outras palavras, se o não-sujeito não asserta, ele predica. Ele não asserta, pois não tem que determinar seu lugar em um "campo posicional"; ele já se encontra nele. Quer exerça aí uma função (Greimas diria: seu ser semântico é fixado uma vez por todas) quer, ao contrário, escape a toda coerção lógica e seu comportamento seja imprevisível e surpreendente em razão de sua estranheza (Coquet, 1984, pp. 65-7 e 104-9). Em suma, eis duas maneiras de predicar, isto é, de constituir um centro de discursividade. Remeto ao texto de Proust. O não-sujeito passional é essa figura que de repente aparece no espelho; o não-sujeito funcional é o crente, aquele que executa os deveres fixados por seu culto.

O que falta ao não-sujeito para que ele se torne sujeito é poder "se pensar *com* as coisas" (Poulain, 1985, p. 66). Encontramos aqui o problema crucial da ligação (*sún*), da correlação entre os termos (*súnthesis*) implicados pela sintagmação, do "ser-conjunto-de-qualquer-coisa-com-qualquer coisa" (Deguy, retomando o Heidegger de *Sein und Zeit*, 1987, p. 90). O sujeito, ao contrário, se pensa com as "coisas". Ocupando o mesmo campo posicional e se adaptando à sua duração, ele segue seu movimento; delimita suas transformações; pode aproximar-se delas, afastar-se, adquiri-las ou perdê-las. Ao ligar-me a essas formas do objeto (o segundo actante), gostaria agora, como fiz com as formas do sujeito, de insistir na instabilidade de suas estruturas em suas metamorfoses.

### As formas do objeto

Poderíamos inicialmente lembrar a definição clássica do objeto como realidade material que independe do observador (Coquet, 1984, p. 176). Era o caso do eclipse no exemplo citado mais acima, objeto observável, antes de ser integrado ao "sistema da realidade". Quaisquer que sejam as figuras traçadas por eles em um espaço dado, os objetos estão lá, bem distintos uns dos outros. Refiro-me aqui ao princípio de realidade segunda que enunciei. Como exemplo, cito um texto de Marguerite Duras:

> Eu lhe conto [a Lol V. Stein] o que se passou anteontem em meu quarto; eu tinha examinado bem meu quarto e mudado vários objetos de lugar, como que às escondidas, e de acordo com a visão que ela teria tido deles, se ela tivesse vindo, e também de acordo com seu lugar entre eles; ela mediça, entre eles imóveis. Eu os imaginei deslocados tantas vezes que um sofrimento se apossou de mim,

uma espécie de infelicidade se abrigou em minhas mãos por eu não poder decidir o local exato desses objetos em relação à sua vida (*Le Ravissement...*, p. 172).

Talvez os objetos sejam independentes do sujeito, suas existências não procedam dele, mas o inverso não é verdadeiro. Em um mundo como esse, o sujeito (que, além disso, não é apenas um observador) tem necessidade deles para se constituir como tal (registraremos de passagem que a noção de "existência" mudou de acepção). Segundo a fórmula citada por mim, o sujeito está com as coisas. Mas, se faço referência a essa página de Duras, uma exigência é enunciada (sem que sejamos instruídos sobre a autoridade que o enuncia): o sujeito deve colocar as coisas ("esses objetos") em seu "lugar exato" em relação a ele. Ele será, portanto, levado a fazer tentativas, a "organizar certo espaço", como é dito alhures (p. 105) e a avaliar o efeito produzido. A operação é ainda mais difícil de dar certo em razão de Lol perceber seu corpo como um "desses" objetos, um objeto exterior a ela, estranho, uma vez que ela o "leva para passear" (ela leva seu corpo "para passear na cidade"), muito embora o considere como o próprio local em que se situa seu sofrimento. Essa ambivalência, uma face externa, uma face interna, define em Freud o "corpo próprio"

> Ela o levou para passear na cidade. Mas isso não é suficiente. Ela se pergunta ainda onde esse corpo deveria estar ou onde colocá-lo exatamente para que ele cesse de se lamentar (*id.*).

Quer se trate do passado ou do presente, a constatação é negativa. Entretanto, o processo de conhecimento é "disparado":"Estou menos distante de saber que antes" (p. 173). Talvez o erro tenha sido acreditar que esse tipo de objeto dependeria de uma simples lógica de lugares; que bastava, em suma, "colocá-lo" lá onde ele devia estar. É verdade que, por um lado, ele é um objeto como outro qualquer; cabe ao sujeito calcular a distância que o separa dele, que o une a ele. Entretanto, por outro lado, o corpo não é um objeto; ele não obedece ao *princípio de distintividade*; ele forma um par com o sujeito, ele é parte afetada pela experiência do Eu. Por seu lamento, ele se faz conhecer como centro de discursividade; ele predica. Por esse outro lado, ele é um não-sujeito (Coquet, 1984, p. 186) que, ligado ao sujeito, não se manifesta sem ele. O corpo não é individualizado, ainda que Lol se refira a ele como se estivessem disjuntos:

> Por muito tempo eu estive a colocá-lo além de onde deveria ter estado. Agora creio que me aproximo de onde ele seria feliz (*id.*).

Esse lugar indefinido evocado por ela ("lá onde") só pode ser atingido conjuntamente, em um mesmo movimento contínuo, de reconciliação, sem que seja conhecido o termo do percurso, antecipado o fim da incompletude. O espaço permanece aberto, pois o que ela quer, um "querer absoluto" é "o que ainda não está soldado-solidificado em uma arquitetura finita, ela quer o que está em vias de nascer" (Luce Irigaray, p. 297), uma vez que não se pode falar de recomeço.

Eu já tentei ilustrar a instabilidade das estruturas do objeto, destacando com o exemplo de Proust um caso de transformação de estatuto: o segundo actante se tornava terceiro actante (Albertine, objeto de desejo, se tornava "a mulher" jovem e bela, objeto de devoções e de reconhecimento que sabe, tal como uma deusa, conceder, em troca, a paz a seu adorador). O texto de Duras nos confronta com uma ambiguidade estrutural; segundo o ponto de vista adotado, discernimos na mesma unidade discursiva, o "corpo", seja uma forma de objeto, seja uma forma de não-sujeito. Um segundo texto, extraído de *O amante*, me permitirá analisar outro caso de ambiguidade. O campo semântico não varia; trata-se sempre do "corpo", e, mais precisamente de sua metonímia, os "seios". A narradora muito jovem executa uma operação que não é evidente: ao isolar um objeto, sobre o qual ela tinha domínio, ela visa, ao mesmo tempo, nesse objeto, sua qualidade superlativa. O procedimento merece ser seguido um pouco mais de perto (pp. 89, 91 e 92). Admirando a beleza do corpo de sua companheira de pensionato, Hélène Lagonelle, ela se diz "extenuada pela beleza desse corpo, extenuada pelo desejo por Hélène Lagonelle". Desejo de apropriação do outro que se termina muito naturalmente, se podemos dizer, no desejo de "comê-lo": "Eu gostaria de comer os seios de Hélène Lagonelle." O processo geral é conhecido. O ato de manducação ou de devoração, de execução, foi frequentemente descrito em antropologia, em psicanálise, nos textos místicos, etc. O próprio padre é "alguém comido", observa Claudel, por exemplo (Coquet, 1985, pp. 32 e 193). Mas a maneira de tratar o objeto é singular. A narradora o recorta, por assim dizer, do real. Do corpo de Hélène Lagonelle ela guarda apenas uma "coisa", os seios, o "fabuloso poder". Deus a incitou a considerá-los como "coisas separadas", como objetos de um dom.

> O que há de mais belo dentre todas as coisas dadas por Deus, é esse corpo de Hélène Lagonelle, incomparável, esse equilíbrio entre a estatura e a maneira como o corpo carrega os seios, para fora de si, como coisas separadas.

É preciso dizer que essas "coisas" perdem seu correlato objetivo quando entram no universo do sagrado? Talvez não. Senão, Hélène Lagonelle não poderia continuar a mostrá-los em sua materialidade: ela mostra essas coisas para que as mãos possam amassá-los, para que a boca possa comê-los. Seu valor é além disso tanto mais precioso quanto o tempo é curto. Na verdade, tais formas "nunca duram, talvez um verão bem contado, no máximo". Mas ela os mostra também e sobretudo como coisas inteligíveis, como idealidades. Aqui está o paradoxo. Eles são reais e ideais ao mesmo tempo. Trata-se exatamente de sempre se apoiar na exterioridade do objeto fisco, uma substância, mas a narradora, pelo torneio dado ao enunciado, faz prevalecer a qualidade:

> Nada é mais extraordinário que essa rotundidade exterior dos seios projetados, essa exterioridade estendida em direção às mãos.

O que ela procura tocar, comer, afinal, não são os seios de Hélène Lagonelle, mas sua "rotundidade", sua "exterioridade", o que é totalmente diferente, convenhamos. O dom de Deus não é um ardil, mas pressupõe que o sujeito seja capaz de ligar intimamente, hierarquicamente, as duas componentes do objeto: suas propriedades físicas e sensíveis, sua materialidade, e suas propriedades ideais, sua quantidade. Ele deverá saber, por exemplo, avaliar a "doçura" da pele, ainda que ela esteja "prestes a não ser percebida", aproximar-se das fronteiras (ver "estar à beira de") e cuidar para não transpô-las sob pena de, se as transpuser, cair repentinamente no domínio da ilusão e sofrer cruelmente:

> A doçura de sua pele era qual a de certos frutos, ela está prestes a não ser percebida, um pouco ilusória. É demais.

"Um pouco ilusória" *já* é demais, insuportável. Uma vez que Hélène Lagonelle teve acesso "sem saber algum" ao grau absoluto da qualidade, vê-se bem por qual desvio a narradora preencherá seu desejo. Ele a faz ser identificada com o outro, ser o outro, ver também ela "essas formas da mais pura farinha". Pela mediação desse objeto (o que tem ele de mais belo, de mais fino de mais branco – esse encadeamento de superlativos que definem a "fina flor da farinha") ela lhe transfere a imagem do perfeito. Eu gostaria, diz ela, de "ser devorada por esses seios de flor de farinha que são os seus". Para ser consumado, "definitivo", o gozo tem necessidade do divino.

Ao tratar dos "Fondements syntaxiques de la composition nominale", Benveniste destacou, no momento de concluir seu artigo-chave, que "a atividade metamórfica" da língua pode ser, acrescentava ele, seu "trabalho mais singular" (*PLG II*, p. 164). O que é verdade nesse plano o é também, parece-me, no plano do discurso. Em todo caso, é nessa perspectiva que a semiótica subjetal, preocupada com sua autonomia, integrou e teorizou noções que são, a meu ver, fundamentais, tais como a predicação e a asserção, as instâncias, centros de discursividade, a história transformacional dos actantes, a relação realidade-verdade; em suma, o que havia sido colocado de lado, estudado separadamente ou ainda considerado uma "excrescência ou excedente enunciativo" (Berrendonner, p. 11) pela linguística, pela pragmática e pela semiótica de primeira geração.

## CAPÍTULO IV
## REALIDADE E PRINCÍPIO DE IMANÊNCIA[✢]

A língua é um objeto abstrato no qual as únicas relações que contam são as existentes entre os termos. Esse princípio de imanência, ao menos tal como compreendido pelos linguistas, se tornou tão conhecido e aceito ao longo do último meio século que praticamente não mereceria comentários. É o princípio que "funda a linguística como ciência da língua e ciência das línguas"[1]. Pensamento sistêmico que não tem lugar para a "realidade"; pensamento que é comum, em sua essência, a Saussure e a Hjelmslev. A escolha é clara: de um lado, o "pensamento científico"; de outro, "um realismo ingênuo"; essa é a constatação fiel estabelecida por Martinet em sua célebre resenha dos *Fondements de la théorie linguistique*: "A existência de objetos como outra coisa que não os termos de uma relação é uma hipótese metafísica da qual o pensamento científico tem interesse em se desfazer por considerar que o que um realismo ingênuo denomina objetos

---

[✢] *Langages* 103, 1991, pp. 23-35.

1. J. Dubois, *Grammaire structurale du français: de la phrase et les transformations*. Larousse, 1969, p. 6.

são pontos de cruzamento de redes de interdependência e de relações."[2] Desde então muitas escolas linguísticas se sucederam, mas o princípio permanece. Algumas observações contemporâneas deveriam ser suficientes. A "semântica das relações de verdade entre frases", chamada semântica "veri-relacional", de Martin, se funda explicitamente sobre "a imanência dos fenômenos linguísticos"[3]. O mesmo se dá com a semântica discursiva: para enfrentar os textos considerados obscuros como as *Illuminations* de Rimbaud, a regra é pesquisar não os desvios manifestados, mas a organização transfrástica imanente[4].

Entretanto, a renovação do interesse pela enunciação deveria nos levar a reconsiderar senão o próprio princípio, ao menos seu campo de validade. Dito de outra forma, uma questão ressurge com força: qualquer que seja a extensão do princípio de imanência, é necessário ou não reservar um lugar para a "realidade"?

Para melhor responder, um retorno à história recente não me parece inútil. Dubois afirmava: "O princípio de imanência funda a linguística." A formulação deixaria crer que há apenas uma única linguística possível e, em termos gerais, apenas uma única semiótica possível, apenas uma única teoria possível dos modos de significar. Ora, para nos limitarmos aos anos 30, é claro que havia uma divisão entre os adeptos de um imanentismo exclusivo "nominalista" e os que evocavam os direitos do "realismo", ainda que "ingênuo". A partir de seu pequeno tratado de 32 páginas, *Anleitung zu phonologischen Beschreibungen*,

---

2. A. Martinet "Au sujet des *Fondements de la théorie linguistique* de Louis Hjelmslev" *BSL* 42, 1946, p. 25. A tradução francesa [e a brasileira] traz o título: *Prolegômenos a uma teoria da linguagem*. Observamos a passagem ao indefinido.

3. R. Martin, *Pour une logique du sens*, PUF, 1983, pp. 13 e 18.

4. J.-C. Coquet, *Le Discours et son sujet*, 2, Klincksieck, 1985, p. 11.

publicado em 1935, Troubetzkoy fazia a distinção entre o que lhe parecia indispensável a um estudo científico – a conceitualização – e a proliferação terminológica. Era claro que não se podia fazer uma ciência apenas com "fatos", e que era preciso assumir os conceitos com todas as suas consequências lógicas: "o medo dos sofismos não deve nos levar a renunciar ao pensamento abstrato". Mas também era preciso tomar cuidado para não se deixar levar pelo "prazer de forjar conceitos (...) como ocorre entre os glossemáticos dinamarqueses". Para evitar as aberrações do nominalismo, Troubetzkoy receitava o mesmo remédio: não perder o contato com o "material concreto", em particular com a língua poética: "Basta comparar meus escritos com os de Louis Hjelmslev para sentir a diferença."[5] A linha divisória estava assim claramente traçada: de um lado, havia uma ciência linguística considerada uma espécie de "álgebra imanente das línguas"[6]. Era o projeto de Hjelmslev saudado com admiração e solenidade cerca de 20 anos depois por seu continuador, Greimas: "Talvez pela primeira vez o termo de científico atribuído a uma área das ciências humanas perde seu emprego metafórico."[7] Em suma, uma teoria lógica da linguagem. De outro lado, uma ciência linguística que integra o "material concreto" julgado ser necessário por Troubetzkoy. Em sua análise funcional do material sonoro, os praguenses julgavam também "necessário e inevitável" guardar "certo contato com a fonologia e a fonética", e isso "apesar de

---

5. Ver C. Hagège, "Extraits de la correspondance de N. S. Troubetzkoy" *La Linguistique*, 1967, pp. 115, 136 e prólogo dessa publicação.

6. L. Hjelmslev, *Prolegômenos a uma teoria da linguagem*. São Paulo: Perspectiva, 1975.

7. A.-J. Greimas, "Prefácio" a *Le Langage* de Hjelmslev, Minuit, 1966, pp. 11-2.

sua independência de princípio"[8]. Como o fenômeno poético, por exemplo, teria sido avaliado se "o lado palpável dos signos", o "significante", dizia-se na tradição da escola de Praga (aqui em oposição a Saussure e a Hjelmslev), e, singularmente, a substância fônica acústica não tivesse sido levado em conta?[9] No plano da significação, que integra o estudo da linguagem em ato, eles adotavam sem dificuldade o esquema tradicional de Bühler (1934). Recordemo-lo brevemente, ainda que ele seja bastante conhecido: a função da expressão (*Ausdruck*) é relacionada ao locutor. A função de apelo (*Appell*) visa ao alocutário; a função de figuração, de encenação (*Darstellung*) tem por alvo "o estado das coisas de que se fala"[10]. Como se poderia desconsiderar o discurso, a intersubjetividade e a referência? É o que Jakobson continua destacando quando muitos anos depois apresenta os caracteres e objetivos da linguística contemporânea"[11]. Entre os acontecimentos importantes, a precisão é significativa, Jakobson destaca a "comunicação notável [de Husserl em Praga], feita em 11 de novembro de 1935 ("Phänomenologie des Sprache")". Ao que se saiba, na ocasião o filósofo havia sobretudo retomado o tema da quinta *Médiation cartésienne*, a intersubjetividade[12]. Aqui estamos no coração do pensamento semiótico. É preciso ir no sentido preconizado pela teoria lógica da linguagem? É preciso sustentar os direitos do enfoque fenomenológico? Se queremos atingir a "realidade linguística total", afirma Jakobson –

---

8. N. S. Troubetzkoy, *Principes de phonologie*, Klincksieck, 1976, p. 15.
9. R. Jakobson, *Essais de linguistique générale*, Minuit, 1963, p. 218.
10. N. S. Troubetzkoy, *op. cit.*, p. 16.
11. R. Jakobson, "La Linguistique", *Tendances principales de la recherche dans les sciences sociales et humaines*, Mouton-Unesco, I, 1970, p. 546.
12. Ver E. Holenstein, "Jakobson und Husserl" *History of Linguistic Thought ant Contemporary Linguistics*, W. de Gruyter, 1976, p. 778.

projeto certamente "metafísico", quer dizer, insensato para Hjelmslev –, não se pode permanecer no "modelo saussuriano da língua considerada um sistema estático e uniforme de regras obrigatórias". O debate está assim bem situado: de um lado, os que adotam, como Hjelmslev, o ponto de vista estático, combinatório, de Carnap; de outro, os que são ligados à noção de dinâmica. Jakobson está entre estes desde o início de sua pesquisa, quando ainda participava Círculo Linguístico de Moscou[13]. Logo, não ficamos surpresos ao vê-lo nesse texto tardio ainda se opondo a Saussure e convidando o analista a "substituir [uma] construção simplista e artificial por uma ideia dinâmica de um código diversificado, conversível e adaptável às diferentes funções da linguagem e aos fatores do espaço e do tempo, ambos excluídos da concepção saussuriana"[14].

Jakobson tinha um aliado na Escola de Copenhague, Viggo Brøndal. Indo de encontro a Hjelmslev, Brøndal reivindicava o direito das "categorias reais" à existência. Sem dúvida alguma era necessário considerar, afirmava Brøndal, as propriedades formais do sistema, mas, ao fazê-lo sua "matéria" ou "substância", constituía um resto que seria inoportuno descartar. Seguindo nesse aspecto a lição antissaussuriana de Jespersen, Brøndal encerrava seu artigo fundador do primeiro número das *Acta Linguistica* assim: "O estudo das categorias reais, conteúdo ou base dos sistemas, será não menos importante que o da estrutura formal"[15]. Mas como interpretar o que Brøn-

---

13. E. Holestein registra "die sehr frühe Polomik Jakosons gegen die Statik " e data de 1919 e *op. cit.*, p. 783.

14. R. Jakobson, *op. cit.*, p. 517.

15. V. Brøndal "linguistique structurale", *Acta Linguistica*, 1, 1939 pp. 9-10 (Repris in *Essais de linguistique générale*, Copenhague, Munskgaard, 1943, p. 97).

dal entende precisamente por "categorias reais"? Uma primeira e cômoda resposta é relacionar o real às noções já propostas de "matéria ou de substância". Não se trata de aceder diretamente ao mundo "real" (à maneira do primeiro Husserl, Brøndal é fiel a uma fenomenologia transcendental), mas de simular o funcionamento da linguagem e sua orientação, sua "intenção". Brøndal concentra, assim, sua análise na primeira das categorias aristotélicas, a substância; ele a desdobra conforme ela seja o suporte do ponto de chegada do discurso, "o objeto de referência", ou de seu ponto de partida, "o sujeito de predicação"[16]. O término *a quo* é também a "matéria-prima", uma medida de capacidade que pede para ser preenchida; o término *ad quem*, o objeto transcendental, é a pedra fundamental do edifício: alguma coisa existe fora do discurso em direção à qual todo uso concreto da linguagem é logicamente orientado[17]. Ter-se-á notado que Brøndal associa as duas noções, a de referência (o "objeto de referência") e a de predicação ("o sujeito de predicação"). Notemos de passagem que para a Escola de Praga a predicação já tinha um estatuto à parte. Era *"o ato sintagmático fundamental"*, afirmava ela, "o próprio ato criador da frase"[18]. Ela insistia, portanto, no ato, sem, todavia, levantar a questão de seu autor. Indo de encontro a Hjelmslev, para quem a sintagmática remete a uma simples consecução lógica

---

16. Refiro-me aqui a um estudo muito fecundo de Larsen: "The substance has a double constitution: it is a both the object of reference and the subject of predication", "A Semiotician in Disguise: Semiotic Aspects of the Work of Viggo Brøndal", *The Semiotic Web 86. An International Yearbook*, Th. A. Sebeok and J. Umiker-Sebeok (orgs.), Berlin, Mouton de Gruyter, 1987, p. 51. Para a relação com Husserl, ver também p. 54.

17. Remeto aqui à *Langages 86*, 1987, número dedicado a Brøndal. Acompanho particularmente as pp. 33, 80 (para Jespersen), 86 e 97.

18. *Dictionnaire de Linguistique de l'École de Prague*, Ed. Spectrum, Utrecht/Anvers, 1966.

do tipo e... e..., para Brøndal a sintagmática é um "movimento". Assim como a linguagem que, ao se realizar, se desenvolve de uma maneira linear – e é um problema de sintaxe fundamental aos olhos de Brøndal –, também a construção da frase supõe um movimento de um sujeito em direção a seu predicado ou de um interlocutor rumo a seu objeto: "Uma teoria linguística edificada apenas sobre a relação (comparar a tendência nesse sentido entre os lógicos como Carnap) seria assintática ou desprovida de construção. A própria predicação ativa (o movimento de um interlocutor e de um sujeito em direção a um objeto e a um predicado) seria deficiente. O pensamento cessaria, se coagularia, morreria"[19]. Pode-se considerar esse movimento, parece-me, como análogo, em sua ordem, à operação que consiste em preencher um espaço vago, por exemplo, uma variável em uma função proposicional:

x é mortal → Paulo é mortal

A construção da frase só se torna inteligível se integrarmos esse parâmetro "espacial", o movimento. Mas é preciso ainda acrescentar o tempo, "esse grande obstáculo a toda racionalidade", nos conta Brøndal, pois a frase é um "ritmo lógico"[20], e como o ritmo, ela precisa do tempo para tomar forma. Uma frase não está jamais inteiramente determinada antes de sua conclusão. Dito de outra forma, a "sintaxe" é regulada pelo princípio de completude[21]. Se nos voltarmos agora para essa totalidade

---

19. Texto da *Théorie des prépositions*, citado em *Langages 86*, p. 50.
20. V. Brøndal *Essais de linguistique générale*, *op. cit.*, pp. 42 e 95.
21. Brøndal já havia adotado esse princípio em 1937 ao estudar o "ritmo lógico" da série orientada *nemo, quis, alius, omnis*, exatamente como Benveniste fará em 1948 ao analisar os ordinais e os superlativos. Ver Coquet, "L'un et le Tout", *Travaux du Cercle Linguistique de Copenhague*, vol. XXII, 1989. Ver aqui neste volume a p. 63.

que engloba as frases, chamada "discurso", diremos que o que a caracteriza é sua intenção. Os dois termos estão tão bem relacionados que Brøndal os une com um hífen "discurso-intenção" e o opõe a "língua-sistema". Ele analisa essa entidade como "Uma totalidade rítmica, uma ordem no tempo (...) em que cada elemento (...) toma lugar e desempenha o papel que depende desse lugar"[22].

Quanto ao referente, ele é aquele que, apesar de estar colocado fora do discurso, é visado por ele. Já o dissemos, o estudo da língua não termina com o exame das relações internas; ele deve integrar alguma outra coisa da qual a imanência não pode dar conta. Essa outra coisa é o "ponto de referência" do discurso, seu *relatum* (a coisa colocada em relação)[23]. Brøndal se situava voluntariamente na mesma linha que Brentano e Husserl. Pode-se ainda lembrar a posição de Frege. Para cada um deles, de fato, o término *ad quem* era claramente a referência: nós avançamos (*vordringen*) em direção à referência (*Bedeutung*)", afirmava Frege. Pela linguagem caminhamos em direção às coisas. É por esse movimento orientado que passamos do vazio ao cheio, da ausência à presença, de *Sinn* a *Bedeutung*[24]. A linguística estrutural não apresenta, portanto, um *front* unido do qual se quis por tanto tempo dotá-la; apenas os "nominalistas" promoveram a ideia de um sistema sem coisas e sem sujeito[25].

---

22. V. Brøndal, *Essais de linguistique générale*, op. cit., p. 55.
23. *Ibid.*, p. 63.
24. "O sentido ideal é um vazio e uma ausência que pedem para ser preenchidos", escreve Ricoeur em seu artigo "La Structure, le mot, l'événement", *Esprit*, 5, 1967, p. 809. Ao estudar a referência ele traça um paralelo entre Frege e Husserl.
25. Ver P. Ricoeur, *Tendances principales de la recherche dans les sciences sociales et humaines*, Mouton-Unesco, II, 2, 1978, p. 1414.

*VERDADE E REALIDADE*  325

A continuação do estruturalismo dinâmico, representado por Jakobson em Praga e por Brøndal em Copenhague, seria realizada algumas décadas mais tarde, nos idos de 1970, pela linguística da enunciação. Benveniste apresentou o "aparelho formal" em um texto célebre que abre um número da *Langages* dedicado à *Enunciação*, em março de 1970. É um ponto de referência cômodo[26]. Não é preciso dizer que textos anteriores do próprio Benveniste o anunciavam. Os estudos sobre a morfologia nominal, por exemplo, publicados em 1948, supunham a presença ou a ausência de um ato específico de enunciação, dito ato de assunção. É esse traço pertinente relacionado a uma mudança de sufixo que permite a Benveniste distinguir autor de agente[27].

Em vez de retomar o paralelo tradicional língua-fala e enunciado-enunciação, como se o problema tivesse sido colocado corretamente uma vez por todas (de um lado o objeto "científico"; de outro, o objeto "metafísico"), haveria algum proveito, parece-me, interrogarmo-nos acerca da enunciação apenas pelo viés de um ponto cego, o estatuto acordado à "realidade" no estudo da linguagem[28].

A solução mais comum em linguística foi, recordemos, sua exclusão. Pode-se retorquir que certamente exis-

---

26. O número da *Langages* trás um artigo de Strawson e faz abundantes referências a Austin, Searle e Grice. De acordo com Armengaud, é também a partir dos anos 70 que a pragmática, prolongamento da linguística da enunciação, afirma ela, tenta unificar a corrente analítica de Oxford e a corrente formalista, *La Pragmatique*, PUF, pp. 8 e 18.

27. *Noms d'agent et Noms d'action en indo-européen*, Maisonneuve. Essa distinção leva a opor sujeito (o autor) ao não-sujeito (o agente). Ver Coquet, *Le Discours et son sujet*, I, Méreidiens-Klincksieck, 1989, pp. 65-6.

28. "O que a 'consciência' não vê, é o que nela prepara a visão do resto (assim como a retina é cega no ponto a partir do qual se propagam as fibras que permitirão a visão)", observa Merleau-Ponty. *Le Visible et l'invisible*, Gallimard, 1964, p. 301.

te em qualquer estudo sobre a língua um suporte material, o som, mas ele não é estudado por si mesmo; apenas o sistema importa: "Esse sistema é a única realidade que interessa ao linguista." Essa é a fórmula forte, sem atenuantes, que se pode ler no *Curso de linguística geral* de Saussure (p. 49). Para retomar outra expressão significativa do mesmo autor, "o objeto exterior" se define como a coisa, o som, o signo gráfico. Por essa operação de disjunção preliminar, a linguagem é, de alguma forma, expulsa da realidade. É a escolha de Hjelmslev; é também a da corrente greimasiana na semiótica da Escola de Paris. A partir de tais premissas, torna-se artificioso conceder um lugar à enunciação.

Outro modo de abordagem menos drástico consiste em considerar que há uma correspondência entre as duas grandezas, a linguagem e a realidade, seu "referente"[29]. A disjunção não é questionada, mas uma relação de necessidade é estabelecida entre os dois conjuntos. Benveniste escreverá, por exemplo, que "a linguagem faz referência ao mundo dos objetos, simultaneamente, tanto de um modo global, por meio de seus enunciados completos, quanto na forma de frases que se relacionam a situações concretas específicas, ou ainda sob a forma de unidades inferiores que se relacionam a "objetos" gerais ou particulares, tomados da experiência ou forjados pela convenção linguística"[30]. Aproximamo-nos, assim, do ponto de vista lógico, que, para estabelecer a "verdade" de suas proposições, supõe uma "homologia da estrutura entre o discurso e a realidade"[31]. A teoria do "quadro" apresen-

---

29. Os termos referência, referente, referencial não fazem parte do léxico saussuriano nem, aliás, do vocabulário da Escola de Praga.
30. *PLG I*, p. 137.
31. P. Ricoeur, *Tendances...*, II, 2, p. 1.269.

tada por Wittgenstein no *Tractatus* talvez seja a melhor ilustração. A correspondência fluida do linguista se torna uma relação em espelho para o lógico. Nem por isso ela é facilmente defensável. Em que momento palavras da linguagem como "água", "ouro", "átomo" etc. são equivalentes para esse e aquele locutor? Que sabemos nós de sua "natureza" hoje? Os critérios de realidade evoluem, observa Putnam em sua crítica à noção de referência. Como, então, estabelecer entre a palavra e seu referente a correspondência desejada? Tomemos o exemplo da palavra "ouro": "o fato é que nenhum conjunto de critérios operacionais pode fixar totalmente sua significação, pois à medida que desenvolvemos melhores teorias da constituição do ouro e testes mais elaborados acerca do comportamento das substâncias (inclusive o comportamento sob relações que antes não éramos capazes de mensurar), podemos sempre descobrir defeitos nos testes precedentes." Putnam conclui: "A verdade não transcende o uso."[32]

A esses dois procedimentos, exclusão ou princípio de correspondência, pode-se opor a relação dinâmica que une linguagem e realidade. Nós o vimos, era a escolha de Brøndal. É preciso, então, retornar um instante à noção de movimento. Se integrarmos na análise "a língua em uso e em ação", segundo a expressão de Benveniste, seremos levados a não dissociar o movimento do ato de fala. Pela linguagem, e graças a ela, garantimos o contato com o mundo. Não é por acaso que Benveniste ou Jakobson se voltaram para essa função que um etnólogo,

---

32. H. Putnam, *Représentation et réalité*, Gallimard, 1990, pp. 76, 131 e 190. Greimas registrava já em 1966 contra os semânticos "realistas" como Ullmann, que uma transposição das significações contidas nas línguas naturais em conjuntos significantes não linguísticos era impraticável. *Semântica estrutural*, pp. 14-5.

Malinowski, chama de "comunicação fática (na tradução de Benveniste). Não afastamos a comunicação, mas "no fundamento de tudo há o poder significante da linguagem que precede o de dizer qualquer coisa"[33]. Compreendemos que os homens podem não ter nada a comunicar; isso não os impede, em razão de sua simples tagarelerice, de construírem elos entre eles; manterem a coesão social, de manifestarem sua convivialidade. Malinowski destaca esse último ponto. Cabe, portanto, à linguagem operar a mediação entre o homem e o homem, entre o homem e seu meio-ambiente. Para retomar a análise fenomenológica, a linguagem "se evade por entre o que ela diz, se supera e se estabelece em um movimento não intencional de referência"[34].

Introduzimos agora o agente ou o autor do ato (o não--sujeito ou o sujeito segundo minhas proposições), e devemos levar em conta seu poder de transformação. Talvez, em si, a linguagem "não acarrete um deslocamento corporal" como o imposto por outro "sistema representativo"; por exemplo, a escultura. Entretanto, basta que ela seja colocada em ação; ou seja, que haja discurso ("língua-discurso", escreve Benveniste) para que os parceiros ajam um sobre o outro, transformando-se um ao outro, modificando os limites, e fazê-lo alterando o estatuto de seu "campo posicional"[35]. Enfim, se é verdade que o movimento é ligado ao ato de fala e ao ato do sujeito, ele o é, em primeiro lugar, ao corpo; em geral ausente das análises linguísticas, como se a predicação não começasse a

---

33. *PLG II*, p. 234. O leitor de Benveniste terá notado que ele jamais faz uso da oposição língua/linguagem. Nesse mesmo artigo, Benveniste afirma de igual modo: "O próprio da linguagem é inicialmente significar" (p. 217).

34. P. Ricœur, *Tendances...*, II, 2, p. 1.520.

35. *PLG I*, p. 30, e *PLG II*, p. 234.

não ser com a reflexividade, como se devêssemos reservá-la ao "sujeito". Ora, pelo meu corpo tenho poder sobre o mundo que me cerca, eu o vejo, o toco. Assim se desenha uma dinâmica cujos traços posso especificar: ao passo que uma coisa qualquer é movida, "meu corpo" *se* move, "meu movimento *se* desloca"; consequentemente, minha reflexão se esboça: "A experiência perceptiva é como um primeiro solo sem o qual não se pode viver."[36]

Chegamos assim à última possibilidade: a realidade não é uma grandeza a ser excluída; tampouco é assimilada à referência que concebemos como correspondente ou como objeto intencional. Ela é uma grandeza integrada à linguagem. Dito de outra forma, a análise da linguagem não pode ser conduzida de forma conveniente a não ser que a linguagem e a realidade sejam consideradas duas grandezas que se interpenetram. A posição fenomenológica de Merleau-Ponty me parece mais bem adaptada para delimitar mais de perto o fenômeno. Em todo caso, é precisamente ela que Benveniste adotou em seus estudos sobre a enunciação. Precisemos antes de prosseguir: Jakobson e Brøndal recorreram a Husserl, como já tive a oportunidade de assinalar. É significativo, notava, por exemplo, Jakobson, que Brøndal termine seu artigo inaugural do primeiro número das *Acta Linguistica*, de 1939, com uma referência às "meditações penetrantes de Husserl sobre a fenomenologia"[37]. Na verdade, para Brøndal, que se apresentava como um "lógico da linguagem", Husserl havia tido o mérito de propor – se não de estabe-

---

36. M. Merleau-Ponty, *L'oeil et l'esprit*, Gallimard, 1964, p. 18 et *Le primat de la perception*, Cynara, 1989, p. 85.

37. R. Jakobson "La Linguistique", *Tendances principales de la recherche dans les sciences sociales et humaines*, I, Lahaye-Paris, Mouton, Unesco, 1970, p. 546.

lecer – uma "conexão íntima entre o discurso e sua lógica pura". Mas os dois linguistas estavam na época das *Recherches logiques*, quando Benveniste não era referência, mas sim a fenomenologia da linguagem, que ganhou visibilidade com um discípulo holandês de Husserl, Hendrik Pos, que cita Jakobson, e no qual se apoia Merleau-Ponty. Para Pos, em uma contribuição também datada de 1939, "Phénoménologie et linguistique", o empreendimento fenomenológico consiste não em "reposicionar as línguas existentes no âmbito de uma eidética de toda linguagem possível, isto é, [em] objetivá-las diante de uma consciência constituinte universal e intertemporal" – permaneceríamos, então, no âmbito de uma língua objeto –, mas em fazer "retornar ao sujeito falante, ao meu contato com a língua que falo"[38]. Lendo Benveniste é precisamente esse retorno que se torna necessário se quisermos experimentar a linguagem-realidade[39]. Para se convencer, basta retomar a análise da "instância de discurso", noção introduzida por Benveniste em 1956. No ato de enunciação (ou ato de discurso ou ainda ato de fala), ela é dupla: ao mesmo tempo, formal e substancial; de um lado, é instância linguística, o indicador "eu" por exemplo, é o referido; de outro, mudança de plano; a instância é o referente, isto é, a pessoa (ou o indivíduo) que enuncia "a presente instância de discurso". Ela é, simultaneamente, dado lexical e "presença da pessoa sem a qual não há linguagem possível". "Signo vazio", afirma ainda Benveniste, elemento de paradigma, portanto, unidade

---

38. Conforme Merleau-Ponty, *Signes*, Gallimard, 1960, p. 106.

39. Benveniste se apoia apenas incidentalmente na fenomenologia e jamais cita, parece-me, Husserl, Pos ou Merleau-Ponty, seu colega no Collège de France. Reciprocamente, quando Merleau-Ponty necessita de um referente linguístico ele recorre a Guillaume, e não a Benveniste.

substituível por "tu", "ele", "nós" etc., e "signo pleno", não substituível; termo "viajante" e termo "ancorado", comenta Ricoeur. Oscilamos, assim, entre uma e outra significação da mesma expressão "eu", ou ainda, talvez com mais justiça, oscilamos entre uma expressão "eu" e uma posição "eu": "O sujeito se coloca tal como o mundo o mostra"[40].

O leitor já teve a oportunidade de perceber o par presente-presença nas citações de Benveniste que acabo de fazer; eis que agora surge a noção de "posição" proposta por Ricoeur, mas utilizada também pelo mesmo autor. Lembremo-nos que, de fato, desde 1950 Benveniste fazia a definição de sujeito depender de sua inscrição em um "campo posicional" (no qual ecoa o "campo de presença" husserliano, frequentemente citado por Merleau-Ponty). Benveniste, parece-me, está sempre muito preocupado em marcar corretamente a relação de inserção do sujeito, sua ancoragem. Um levantamento das ocorrências do prefixo "-in-" ou da preposição "em" é convincente nesse aspecto. Citemos alguns: Benveniste se apoia na "presença do locutor na enunciação" e na "inserção do discurso no mundo" ou na do locutor em um momento novo do tempo e em uma textura diferente de "circunstâncias e de discursos". Por outro lado, para dialogar, o locutor "enuncia sua posição" e "implanta o *outro* diante de si, qualquer que seja o grau de presença atribuído por ele a esse outro"[41]. Eu poderia multiplicar os exemplos, mas retomarei somente uma posição esclarecedora

---

40. E. Benveniste, *PLG I*, p. 277-8 e 280-1. Ricoeur, *O si mesmo como um outro*, p. 65, e "La Structure, le mot, l'événement", *Esprit*, 5, 1967, p. 812. Ainda em *O si mesmo...*, pp. 62-3, Ricoeur lembra em continuidade a Wittgenstein, que "eu" pode ser indicado ou mostrado, não referido ou descrito.

41. *PLG II*, pp. 38, 85-6.

estabelecida por Benveniste quando deseja mostrar a distinção entre tempo linguístico e tempo crônico. Insiro, afirma o autor, um acontecimento no tempo linguístico (o tempo da intersubjetividade) enquanto o situo no tempo crônico (o tempo quantificado). Assim, solidamente ancorado, *ego* (e não o sujeito) é considerado "centro de enunciação"[42]. A partir desse ponto central e primeiro, ordena-se o mundo dos objetos que o cercam e onde se desenvolve sua atividade. De fato, "o sistema das coordenadas espaciais se presta (...) a localizar qualquer objeto não importa em qual campo, uma vez que este que o ordena, é ele próprio designado como centro e coordenada (...). O objeto está próximo ou distante de mim ou de ti, ele é também orientado (adiante ou atrás de mim, acima ou abaixo), visível ou invisível, conhecido ou desconhecido etc."[43]. Poder-se-ia acrescentar que o espaço em que *ego* se encontra é aberto ou fechado para o exterior. É o que nos ensina o exame das preposições latinas *prae/pro*. Utilizar *pro* é marcar uma exterioridade, portanto, uma descontinuidade entre *ego* e o objeto observado: o navio avança para fora do porto (*prodīre*); inversamente, *prae* indica que permanecemos no interior e onde não há descontinuidade; o observador e seu objeto estão ligados, mesmo que o objeto ocupe o ponto extremo do campo: vá adiante, eu te seguirei em um instante (*I prae, iam ego te sequar*). "É, de certa forma, uma neces-

---

42. Benveniste não leva em conta o sintagma "sujeito da enunciação", como o registrou Normand. Os termos "centro" ou "instância" (ver o prefixo -in) destacam uma perspectiva fenomenológica. A noção de "sujeito" enquanto tal está ligada à operação de assunção e é então secundária. Para Normand, a ausência do sintagma marca uma derrota na elaboração de uma teoria da enunciação. "Les termes de l'énonciation de Benveniste", *Histoire, Épistémologie, Langage*, 8, II, 1986, p. 202.

43. PLG II, pp. 70 e 85.

sidade interna que faz surgir *sequi* em seguida a *prae*: uma vez enunciado *prae*, o objeto é figurado como contínuo."[44] Assim, o mundo se nos faz presente; não só espacialmente, pelos objetos que nos cercam; mas também temporalmente: "Da enunciação procede a instauração da categoria do presente." O presente é "essa presença no mundo que apenas o ato de enunciação torna possível". "Contínuo, coextensivo a nossa própria presença", ele é o "centro gerador e axial conjunto" do tempo. Naturalmente, essa presença do mundo (*Dasein*) rapidamente atinge seus limites. Dialogando com o outro, não tenho referências imediatas a não ser o "ontem" e o "amanhã" em relação ao meu "hoje"; eu posso, é verdade, aumentar meu campo de presença e me referir ao "anteontem" ou ao "depois de amanhã", mas além dessas séries paralelas entro no tempo crônico e faço apelo à numeração (há dez dias que eu não o vejo; eu o verei em dez dias)[45].

Uma vez que Benveniste introduziu em 1965 a noção de *centro* organizador do espaço e do tempo, fazendo, assim, ao menos implicitamente, referência ao *Dasein*, podemos nos perguntar se ele não teria aproveitado para mudar sua visão do *ego* e do sujeito. Lembremos inicialmente a célebre fórmula: "É 'ego' quem *diz* 'ego'." O locutor é o sujeito. É a síntese de toda a tradição[46]. Ora, em Benveniste, falar supõe um ato concomitante de apropriação ou de assunção da língua. O discurso é "a língua assumida pelo homem que fala"[47]. Entretanto, falar e assumir caminham sempre aos pares? As formulações são

---

44. *PLG II*, p. 143.
45. *PLG II*, pp. 74, 79 e 85.
46. Ver o artigo *ego* do *Dictionnaire de linguistique* de Dubois *et al.*, Larousse, 1973.
47. *PLG I*, p. 293.

ambíguas tais como esta em que Benveniste coordena os predicados: "declarar-se locutor é assumir a língua", deixando a porta aberta a duas interpretações que não implicam nem uma nem outra interdependência dos processos: trata-se seja de uma sucessão temporal (assumir vem depois de falar), seja de uma mudança de plano (assumir é um ato lógico-semântico e falar, um ato linguístico). Mas, geralmente, o pensamento de Benveniste não deixa nenhuma dúvida: falar e assumir são indissociáveis. Ele dirá, por exemplo, tratando-se da utilização de pronomes pessoais: "Se um dos homens os pronuncia, ele os assume." Sua doutrina sobre esse ponto não me parece variar. Nós a encontraremos sem dificuldade na distinção introduzida por ele, em 1956, entre linguagem como sistema de signos e linguagem "assumida como exercício pelo individuo", as duas ordens que alguns anos mais tarde ele denominará semiótica e semântica[48]. A questão agora ganha novas cores: estaria Benveniste estabelecendo uma diferença entre o antigo par "*ego*-sujeito" e o novo, "*ego*-centro da enunciação", comparável à oposição heideggeriana entre *Ich*, o sujeito provido de julgamento, e o ser-aqui, *Dasein*? A resposta é, evidentemente, não; Benveniste talvez não tenha tido tempo de ir até o final de sua análise e retificar proposições nas quais ele deixa entender que basta falar para ser sujeito. Ora, não é verdade que a linguagem seja sempre "assumida" pelo locutor[49]. Aliás, Benveniste evoca incidentemente situações nas quais "nos encontramos impelidos por uma

---

48. *PLG II*, pp. 69 e 84.
49. No *Dictionnaire de linguistique*, já citado,"não assumir equivale a uma distância introduzida pelo locutor entre ele e seu enunciado: Talvez Paulo venha amanhã. "Talvez" é a marca dessa distância. O ponto de vista de Benveniste é totalmente outro.

força irresistível", que acarretam um "comportamento involuntário". É o caso da blasfêmia, "jaculação brutal, arrancada pela intensidade do sentimento", ou pelo excesso, quando trata da preposição latina *prae* ou da preposição alemã *vor*, com a qual é traçado um paralelo, aplicada "exclusivamente a estados ou ações involuntários". Assim, em Plauto "chorar de alegria" se dirá: *prae laetita lacrimae prosiliunt mihi* e em alemão: *vor Freude weinen*, em que *"vor* indica [como *prae*] movimento de grande intensidade resultante de um impulso[50]. De igual modo, nos enunciados que estão sob a influência do tímico a noção de sujeito parece singularmente imprópria. Faríamos a mesma observação se levássemos em conta não mais a imprevisibilidade, mas seu oposto, o automático. Tornou-se banal assinalar que "a linguagem é recriada no indivíduo por operações que escapam largamente à vontade e à consciência"[51]. As línguas ao se semiotizarem registram tais processos. Benveniste o mostrou bem em outra ocasião, em seu ensaio sobre os nomes de agente e os nomes de ação em indo-europeu: um sufixo nominal é imaginado para traduzir uma ação programada. A dupla identidade do Prometeu de Ésquilo testemunha desse fato. Ao executar o que se esperava dele, ele trocou de estatuto: herói histórico, autor de uma proeza, ele havia sido o doador do fogo; agora é o herói legendário: ele se tornou um simples doador de fogo e será visto apenas do ponto de vista de sua função.[52]

---

50. *PLG I*, p. 146; *PLG II*, pp. 141, 142 e 262.

51. N. Chomsky, "Les conférences de Whidden", *Réflexions sur le langage*, Flammarion, 1981, p. 13.

52. E. Benveniste, *Noms d'agent...*, *op. cit.*, pp. 16, 49-50, 61. O estudo dos sufixos implica o estudo dos processos: dito de outra forma, a morfologia depende da sintaxe e da constituição da noção de "sujeito" e, finalmente, de não-sujeito.

Para evitar a ampliação abusiva da noção de sujeito, da qual se registram exemplos mesmo em Merleau-Ponty[53], o analista é levado a propor uma classe actancial construída sobre a exclusão do julgamento, a do não-sujeito, em que o prefixo marca a ausência, como na oposição privativa. Ao colocar-me em um plano geral, direi que é preciso estabelecer a bivalência do actante: sob uma de suas formas, a do sujeito, ele asserta sua fala e seus atos; sob o outro, ele se contenta em predicá-los. Assim como a predicação é suficiente para caracterizar o não-sujeito, predicar e assertar, combinados em só processo, caracterizam o sujeito[54]. Para encenar seu universo (*Darstellung*), a instância enunciante predica; para assumi-lo, ela asserta. Assim, quando Balzac escreve: "'Ser amado por ela ou morrer!', tal foi a sentença que Sarrasine aplica a si próprio", ele apresenta o jovem escultor como sujeito apaixonado, mas um sujeito ("tal foi a sentença"). Em seguida acrescenta: "Ele estava tão bêbado que não via mais a sala nem os expectadores nem atores nem ouvia mais a música. Melhor ainda, não havia mais distância entre ele e a Zambinella, ele a possuía, seus olhos, fitavam-na apossavam-se dela." Agora se vê a marca da perda de capacidade de julgamento (a alucinação visual) e a transformação brutal em não-sujeito. O campo de presença, como diz Husserl, mudou. O universo que o não-sujeito predica (que encena) é totalmente disjunto do universo assertado pelo sujeito[55].

---

53. Assim lemos em *Le primat de la perception, op. cit.*, p. 49, este enunciado: "Esse sujeito que assume um ponto de vista, é meu corpo como campo perceptivo e prático..."

54. Formulação já antiga que eu me permito retomar tal e qual; Coquet, "Les modalités du discours", *Langages*, 43, 1976, p. 68.

55. Certas línguas têm a possibilidade de marcar morfologicamente o universo do sujeito. Assim é com o comox, língua ameríndia, em

Podemos agora dar um passo a mais e tentar precisar os modos de aparição e de distribuição do não-sujeito. Ancorado com o sujeito nesse centro gerador de espaço e tempo que Benveniste denominou "centro de enunciação", ele constitui um dos componentes do primeiro actante, sendo o outro o próprio sujeito[56]. Ele se alternam, como mostraram ou como ficou implícito nas citações precedentes de Benveniste e Balzac, ou então ele constitui, de certa maneira, sua base permanente. Ilustrarei os dois casos com textos que tomei emprestados de Merleau-Ponty quando o autor cita sua referência habitual, *Em busca do tempo perdido*. Começamos com esse lembrete de que a linguagem nos tem e que não somos nós que a temos; que é o ser que fala em nós e nós que falamos do ser"[57]. A experiência que aqui chama a atenção de Merleau-Ponty é a da sonata de Vinteuil. Ela tem o mérito de nos desvelar uma propriedade notável do mundo percebido: a necessidade. Jamais o pensamento reflexivo experimentará a força irresistível de que fala Benveniste tão bem quanto a percepção; assim é com o violonista que, ao ouvir os "gritos repentinos" do piano, "se precipita sobre seu arco para os recolher". E Merleau-Ponty comenta: "Esses turbilhões abertos no mundo sonoro não compõem, enfim, senão um único (...). O ser invisível e, por assim dizer, fraco é o único capaz dessa textura serrada."[58] O não-sujeito é o agente que torna presente certa ausên-

---

que o sistema verbal pode se terminar por um sufixo "que indica a assunção de enunciação", afirma Hagège, *Le Comox lhaamen de Colombie britanique*, Ameríndia, 2, Association d'Etnolinguistique Amérindienne, Paris, 1981, pp. 121-2.

56. J.-C. Coquet, *Le Discours et son sujet* I, *op. cit.*, p. 206.

57. M. Merleau-Ponty, *Le Visible et l'invisible,* Gallimard, 1964, p. 247.

58. *Ibid.*, p. 199. O texto de referência encontra-se em Proust, *A La recherche du temps perdu*, I, Gallimard, 1954, pp. 351-2.

cia no contato com a realidade primeira, o que Merleau-Ponty chama "o ser bruto"[59]. E essa operação de apreensão da própria coisa só é possível pelo fato de ela ocupar uma posição antiassertiva[60]. Uma outra maneira de apreciar o estatuto do não-sujeito é considerá-lo antes que ele ceda gradualmente lugar ao sujeito. O texto de Proust, trata-se do despertar do narrador, é citado na *Phénoménologie de la perception*. Quando desperto, escreve ele, as coisas, as regiões, os anos giram em torno de mim. A função do corpo, uma vez que o "espírito" está se desfalecendo ("minha mente que, sem êxito, se agita para procurar saber onde estou"), consiste em esboçar "uma espécie de reflexão", afirma Husserl propondo hipóteses para reconhecimento das formas: "meu corpo, muito entorpecido para se mexer, procurava, conforme sua fadiga, determinar a posição de seus membros para deduzir a direção da parede, o lugar dos móveis, para reconstruir e para denominar a residência em que se encontrava. Sua memória, a memória de suas costas, de seus joelhos, de seus ombros, lhe apresentava, sucessivamente, os vários quartos onde havia dormido, ao passo que, à volta dele, as paredes invisíveis mudavam de lugar segundo a forma do cômodo imaginado, em um turbilhão nas trevas"[61]. O corpo próprio nos convida, assim, a elaborar uma espécie de "topologia primeira que é o local do saber antes do saber"[62]. Os objetos estão lá, mas na desordem e sob uma forma instável. Para passar do pré-lógico ao construído,

---

59. M. Merleau-Ponty, *L'Oeil et l'esprit, op. cit.*, p. 85.

60. O fenomenólogo diria "antipredicativa", mas o remanejamento dos conceitos me leva a converter essa formulação em antiassertiva.

61. Abrevio a citação feita por Merleau-Ponty, *Phénoménologie de la perception*, Gallimard, 1945, p. 211, de Proust, *op. cit.* p. 6.

62. J. Hyppolite, "Existence et dialectique dans la philosophie de Merleau-Ponty". *Les Temps modernes*, 184-5, 1961, p. 236.

do não-sujeito ao sujeito, é preciso que eles percam sua plasticidade e reencontrem sua estabilidade, seu lugar e sua época. Ainda aqui as "experiências da carne" são o meio indispensável para que se instale o campo posicional do sujeito.

Vimos como se desenham os domínios da realidade. Com a perspectiva fenomenológica que Benveniste abre na linguística, o primeiro domínio é o da predicação. Pela predicação manifestamos nossa inserção no mundo. O segundo domínio da realidade, que pode ser considerado o correlato objetivo do primeiro, é o da asserção. O primeiro pode existir sem o segundo, mas o segundo não pode existir sem o primeiro. Não há sujeito que seja privado de predicação. Falta dizer o essencial: o segundo domínio é o também o lugar em que "o irrefletido é compreendido e conquistado pela reflexão", vale dizer pelo *ego*[63]. Assim se completa o retorno a Benveniste.

---

63. M. Merleau-Ponty, *Le primat de la perception*..., *op. cit.*, p. 56.

BIBLIOGRAFIA

ARISTOTE, *Organon, De l'Interprétation,* Paris, Vrin, 1984.
ARMENGAUD F., *La Pragmatique,* Paris, PUF, 1985.
ARRIVÉ M., a) *Linguistique et psychanalyse – Freud, Saussure, Hjelmslev, Lacan et les autres,* Paris, Méridiens Klincksieck, 1986.
b) *La Grammaire d'aujourd'hui, guide alphabétique de linguistique Française* (avec Gadet F. et Galmiche M.), Paris, Flammarion, 1986.
c) *Langage et psychanalyse, linguistique et inconscient – Freud, Saussure, Pichon, Lacan,* Paris, PUF, 1994.
AUGUSTIN (Saint), a) Confessions, Paris, Les Belles Lettres, 1947.
b) *Les Dossiers H.,* Paris, Éd. L'Age d'Homme, 1988.
AVILA (sainte Thérèse d'), Œuvres complètes, Paris, Desclée de Brouwer, 1964.
BACHELARD G., *Le Rationalisme appliqué,* Paris, PUF, 1949.
BARRACLOUGH G., "L'Histoire", *in Tendances principales de la recherche en sciences sociales et humaines,* partie 2, tome 1, Paris--La Haye-New York, Mouton-Unesco, 1978.
BARTHES, R., "Présentation" de *Recherches sémiologiques, Communications,* 4, 1966.
BAYARD, P. "*Hamlet* ou *Hamlet*: le conflit d'interprétations", *Psychanalyse à l'Université,* 16, 63, 1991.
BENVENISTE E., a) *Noms d'agent et noms d'action en indo-européen,* Paris, Maisonneuve, 1948.

b) *Problèmes de linguistique générale*, 1, Paris, Gallimard, 1966 [*Problemas de linguística geral I*, 4 ed. Trad. Maria da Glória Novak e Maria Luísa Neri, Campinas: Pontes, 1995].

c) *Le Vocabulaire des institutions indo-européennes*, 2, Paris, Minuit, 1969.

d) *Problèmes de linguistique générale*, 2, Paris, Gallimard, 1974 [*Problemas de linguística geral II*, 2 ed. Trad. Eduardo Guimarães *et al.* Campinas: Pontes, 2006].

e) *La Correspondance L. Hjelmslev-E. Benveniste* (1941-1949), *Philologie*, 6, Sendai, Un. Tohoku-Gakuin, 1995 (à paraître dans *Linx*, Colloque Benveniste à Cerisy, 1997).

BERGSON H., a) *Essai sur les données immédiates de la conscience*, Paris, PUF (1889), 1946.

b) *La Pensée et le mouvant*, Paris, PUF (1938), 1987.

BERRENDONNER A., *Éléments de pragmatique linguistique*, Paris, Minuit, 1981.

BASSELEL J., "Onze concepts clés. Lexique", *CinémAction*, 58, 1991.

BIBLE *La Bible Segond*, Londres, Société biblique britannique et étrangère, 1910.

BLANCHOT M., *Le Livre à venir*, Paris, Gallimard, 1959.

BORDRON J. F., "Transitivité et symétrie du temps. Préliminaires à une sémiotique du temps", *in Travaux du Cercle linguistique de Copenhague*, vol. XXII, 1989.

BOVON, F., "La parabole de l'enfant prodigue", *in Exegesis,* Neuchâtel, Delachaux et Niestlé, 1975.

BRANDT, P. Å., "Avant-propos: sur la quantification", *in* V. Brøndal, "Omnis et totus" et A. J. Greimas: "Comment définir les indéfinis?", *Documents*, 72, 1986, *Actes sémiotiques* INaLF-CNRS.

BRAUDEL F., *Écrits sur l'Histoire*, Paris, Flammarion, 1969.

BRÉAL M., *Essai de sémantique., Science des significations*, Paris, Hachette (1897), 1924.

BRØNDAL V., a) *"Omnis* et *totus:* analyse et étymologie" (1937), *Documents* 72, 1986, *Actes sémiotiques*, INaLF-CNRS.

b) "Linguistique structurale", *Acta Linguistica*, 1, 1939.

c) *Essais de linguistique générale*, Copenhague, Munksgård, 1943.

CAMUS A., a) *L'Etranger*, Paris, Gallimard (1942), 1957.

b) *Caligula*, Paris, Gallimard (1944), Folio-Théâtre, 1993.

CASSIN B., *La Décision du sens, Aristote: Livre Gamma de la Métaphysique*, Paris, Vrin, 1989.

CERTEAU M. de, "L'Histoire, une passion nouvelle, table ronde", *Magazine littéraire*, 123, 1977.

CERVONI J., *L'Énonciation*, Paris, PUF, 1987.

CHOMSKY N., "Les conférences de Whidden", in *Réflexions sur le langage* (1975), Paris, Flammarion, 1981.

CLAUDEL P., a) *Tête d'Or* (1890-1901), *Théâtre* 1, Paris, Gallimard, Pléiade, 1956.

b) *La Ville* (1893-1901), Paris, Mercure de France, 1967.

c) *Connaissance du temps* (1904), *Œuvre poétique*, Paris, Gallimard, Pléiade, 1957.

d) *Partage de Midi* (1906), Paris, Gallimard, Folio-théâtre, 1994.

e) *L'Otage* (1911), *Théâtre* 2, Paris, Gallimard, Pléiade, 1963.

f) *Œuvres complètes*, XIV, Paris, Gallimard, 1958.

g) *Œuvres complètes*, XIX, Paris, Gallimard, 1962.

h) *Œuvres complètes*, XXI, Paris, Gallimard, 1963.

COQUET J. C., a) "Sémantique du discours et analyse de contenu", *Connexions*, 11, 1974.

b) "Les modalités du discours", *Langages*, 43, 1976.

c) "L'implicite de renonciation", *Langages*, 70, 1983.

d) *Le Discours et son sujet*, 1 (1984), Paris, Méridiens Klincksieck, 1989.

e) *Le Discours et son sujet*, 2, Paris, Klincksieck, 1985.

f) "Linguistique et sémiologie", *Documents* 88, 1987, *Actes sémiotiques*, INaLF-CNRS. Ici-même, p. 31 et sq.

g) "L'Être et le passage ou d'une sémiotique à l'autre", *TLE*, 6, 1988. Ici-même, p. 211 et sq.

h) "Réalité et principe d'immanence", *Langages*, 103, 1991. Ici--même, p. 235 et sq.

i) "Note sur Benveniste et la phénoménologie", *Linx*, 26, 1992. Ici-même, p. 73 et sq.

DAMASIO A. R., *L'Erreur de Descartes. La raison des émotions*, Paris, O. Jacob, 1995. Deguy M., a) Actes, Paris, Gallimard, 1966.

b) *La Poésie n'est pas seule. Court traité de poétique*, Paris, Seuil, 1987.

c) *Aux Heures d'affluence*, Paris, Seuil, 1993.

DELEDALLE G., *Théorie et pratique du signe,* Paris, Payot, 1979.

DELESALLE S., "Sémantique, norme et esthétique à la fin du XIX' siècle", *in L'Histoire de la langue française* (1889-1994), Paris, CNRS, 1985.

DESANTI J. T., *Réflexions sur le temps. Variations philosophiques* 1, Paris, Grasset, 1992.

DESCLÉS J. P., a) "Systèmes énonciatifs et analyses de données textuelles", *Études littéraires,* 10,3, Laval (Québec), 1977.

b) "Représentations et machines cognitives", *Revue de l'Institut catholique de Paris,* 35, 1990.

DESCLÉS J. P. et GUENTCHEVA Z., "Fonctions discursives", *in Le Texte comme objet philosophique,* Paris, Beauchêne, 1987.

*Dictionnaire de linguistique,* J. Dubois *et al.,* Paris, Larousse, 1973.

*Dictionnaire de linguistique de l'École de Prague,* J. Vachek, Utrecht--Anvers, 1966.

*Dictionnaire raisonné de la théorie du langage,* A. J. Greimas et J. Courtes, Paris, Hachette Université, 1979.

DOSSE F., *Histoire du structuralisme,* 2, Paris, La Découverte, 1992.

DUBOIS J., *Grammaire structurale du français: la phrase et les transformations,* Paris, Larousse, 1969.

DUBY G., "L'Histoire, une passion nouvelle, table ronde", *Magazine littéraire,* 123, 1971.

DURAS M., a) *Le Ravissement de Lol V. Stein* (1964), Paris, Gallimard, Folio, 1980.

b) L'AMANT, Paris, Minuit, 1984.

EINSTEIN A., *La Relativité,* Paris, Payot, 1956.

ENGELS F., *Lettre* à Bebel, *in Marx/Engels: La Commune de 1871,* Paris, UGE, 10/18, 1971.

ESOPE, *Anthologie de la poésie grecque,* R. Brasillach, Paris, Stock, 1950.

GADAMER H. G., "Un écrit 'théologique' de jeunesse de Heidegger", *in* M. Heidegger, *Interprétations phénoménologiques d'Aristote,* Paris, TER, 1992.

GEOLTRAIN P., "Distanciation et appartenance: la notion de texte", *in Introduction à l'analyse du discours en sciences sociales,* Paris, Hachette-Université, 1979.

GIONO J., *Le Moulin de Pologne,* Paris, Gallimard, Le Livre de Poche, 1952.

GODEL R., *Les Sources manuscrites du Cours de linguistique générale de F. de Saussure*, Genève-Paris, Droz-Minard, 1957.

GREIMAS A. J., a) "Comment définir les indéfinis?", *Études de linguistique appliquée*, 2, 1963 (*Actes sémiotiques, Documents* 72, INaLF-CNRS, 1986).

b) *Sémantique structurale*, Paris, Larousse, 1966 (PUF, 1986). [*Semântica estrutural*, Trad. Haquira Osakabe e Izidoro Blikstein. São Paulo, Cultrix / Editora da Universidade de São Paulo, 1976.

c) "Préface" à *Le Langage* de L. Hjelmslev, Paris, Minuit, 1966.

d) *Du Sens*, Seuil, 1970.

e) "Sur l'histoire événementielle et l'histoire fondamentale", *in Geschichte-Ereignis und Erzàhlung*, Munchen, W. Fink, 1973.

f) *Sémiotique et sciences sociales*, Paris, Seuil, 1976.

g) (avec J. Courtés), *Dictionnaire raisonné de la théorie du langage*, Paris, Hachette-Université, 1979. [*Dicionário de semiótica*, Trad. Alceu Dias Lima et al. São Paulo, Cultrix, 1989.]

h) *Du Sens II*, Paris, Seuil, 1983.

i) H. G. Ruprecht, "Ouvertures métasémiotiques: entretien avec A. J. Greimas", *RSSI*, 4, 1, Toronto, 1984.

j) – "Conversation", *Versus*, 43, 1, Milano, 1986.

– "De la nostalgie. Étude de sémantique lexicale", *Bulletin XI*, 39, *Actes sémiotiques*, INaLF-CNRS, 1986.

k) "En guise de préface", *NAS (Nouveaux Actes Sémiotiques)*, 1, 1989.

l) (avec J. Fontanille), *Sémiotique des passions*, Seuil, 1991. Grize J. B. et Pieraut-Le Bonniec G., *La Contradiction. Essai sur les opérations de la pensée*, Paris, PUF, 1983. [*Semiótica das paixões*. Trad. Maria José Rodrigues Coracini. São Paulo: Ática, 1993].

GUMBRECHT H. U., "Persuader ceux qui pensent comme vous", *Poétique*, 39, 1979.

HAGÈGE C., a) "Documents", *La Linguistique*, 1, 1967.

b) "Le Comox lhaamen de Colombie britannique", *Amerindia*, 2, Paris, Association d'Ethno-linguistique amérindienne, Paris, 1981.

c) *La Structure des langues*, Paris, PUF, 1982.

d) *L'Homme de paroles*, Paris, Fayard, 1985.

HARRIS Z., *Discourse Analysis Reprints*, La Haye, Mouton, 1963.

HARTOG F., "L'Œil de l'historien et la voix de l'histoire", *Communications*, 43, 1986.

HEIDEGGER M., a) *Interprétations phénoménologiques d'Aristote* (1922), Paris, TER, 1992.

b) *Être et Temps* (1927), Paris, Gallimard, 1986.

c) *Questions I et II* (1943-1955), Paris, Gallimard, Tel, 1968.

HÉNAULT A., *Le Pouvoir comme passion*, Paris, PUF, 1994.

HJELMSLEV L., a) "La notion de rection", *Acta Linguistica*, 1, 1939.

b) *Essais linguistiques* (1959), Paris, Minuit, 1971.

c) *Prolégomènes à une théorie du langage* (1943), Paris, Minuit, 1968.

HOLESTEIN E., a) *Jakobson ou le structuralisme phénoménologique*, Paris, Seghers, 1975.

b) "Jakobson und Husserl", *in History of Linguistic Thought and Contemporary Linguistics*, Berlin-New York, W. de Gruyter, 1976.

HUSSERL K., a) *Méditations cartésiennes* (1931), Paris, Vrin, 1992.

b) *Expérience et jugement* (1939), Paris, PUF, 1970.

c) *Logique formelle et logique transcendantale*, Paris, PUF, 1957.

HYPPOLITE J., "Existence et dialectique dans la philosophie de Merleau-Ponty", *Les Temps modernes*, 184-185, 1961.

IRIGARAY L., *Parler n'est jamais neutre*, Paris, Minuit, 1985.

JACQUES F., "La mise en communauté de renonciation", *Langages*, 70, 1983.

JAKOBSON R., a) *Essais de linguistique générale*, Paris, Minuit, 1963.

b) "La Linguistique", *in Tendances principales de la recherche dans les sciences sociales et humaines*, I, La Haye-Paris, Mouton-Unesco, 1970.

KÖVECSES Z., *Emotion concepts*, New York, Berlin, Heidelberg, Springer-Verlag, 1990.

LARSEN S. E., a) *Actualité de Brøndal* (éd.), *Langages*, 86, 1987.

b) "A Semiotician in Disguise: Semiotic Aspects of thé Work of Viggo Brøndal", *in The Semiotic Web 86. An International Yearbook*, Berlin, Mouton-de Gruyter, 1987.

LÉVI-STRAUSS C., a) "La Structure et la Forme" (1960), *in Anthropologie structurale*, II, Paris, Pion,1973.

b) "J.-J. Rousseau, fondateur des sciences de l'homme" (1962), *op. cit.*

c) *Le Regard éloigné,* Paris, Pion, 1983.

d) *De près et de loin* (avec D. Eribon), Paris, O. Jacob, 1988.

MALDIDIER D., NORMAND C., ROBIN R., "Discours et idéologie: quelques bases pour une recherche", *Langue française,* 15, 1972.

MARIN L., "La raison du plus fort est toujours la meilleure", *in Recueil d'hommages pour A. J. Greimas,* 2, Amsterdam, J. Benjamins, 1985.

MARTIN R., *Pour une logique du sens,* Paris, PUF, 1983.

MARTINET A., a) "Au sujet des *Fondements de la théorie linguistique* de Louis Hjelmslev", *BSL,* 42, 1946.

b) *Éléments de linguistique générale,* Paris, Colin, 1960.

MARX K. et ENGELS F., *La Commune de 1871,* Paris, UGE, 10/18, 1971.

MEILLET A. et VENDRYES J., *Traité de grammaire comparée des langues classiques* (1924), Paris, Champion, 1948.

MERLEAU-PONTY M., a) *Phénoménologie de la perception,* Paris, Gallimard, 1945.

b) *Signes,* Paris, Gallimard, 1960.

c) *L'Œil et l'esprit,* Paris, Gallimard, Folio, 1964a.

d) *Le Visible et l'invisible,* Paris, Gallimard, Tel, 1964b.

e) *Le Primat de la perception et ses conséquences philosophiques,* Grenoble, Cynara, 1989.

METZ C., a) "Histoire/Discours", *in Langue, discours, société, Pour Émile Benveniste, Paris, Seuil, 1975.*

b) *L'Énonciation impersonnelle ou le site du film,* Paris, Méridiens – Klincksieck, 1991.

NERLICH B., *La Pragmatique. Tradition ou révolution dans l'histoire de la linguistique française* (Inaugural-Dissertation), Univ. de Düsseldorf, 1984.

NORA P., "L'événement et l'historien du présent. Entretien avec Pierre Nora", *Magazine littéraire,* 123, 1977.

NORMAND C., a) 1972 ; v. Maldidier D.

b) "Linguistique et philosophie: un instantané dans l'histoire de leurs relations", *Langages,* 77, 1985.

c) "Les termes de renonciation de Benveniste", *Histoire, Épistémologie, Langage,* 8, II, 1986.

PARRET H., a) "L'Oubli naturel des linguistiques du temps", *in La Linguistique fantastique*, Paris, Denoël, 1985.

b) "La Sémiotique", *in Encyclopédie philosophique universelle*, I, Paris, PUF, 1989.

c) "La voix humaine", *Archivio di Filosofia*, 1-3, 1992.

d) "Préhistoire, structure et actualité de la théorie hjelmslévienne des cas", *Nouveaux Actes sémiotiques (NAS)*, 38, 1995.

PETITOT J., *Morphogenèse du sens*, Paris, PUF, 1985.

PHÈDRE, *Fables ésopiques* (texte latin), Paris, Hachette (sans date).

PIAGET J., *Le Structuralisme*, Paris, PUF, 1968.

PONTALIS J. B., "L'Enfant-question (à propos de la première observation de Mélanie Klein)", *Critique*, 249, 1968.

POS H. J., "Phénoménologie et linguistique", *Revue internationale de philosophie*, 2, 1939.

POTTIER B., "Un Mal-aimé de la sémiotique: le devenir", *in Recueil d'hommages pour A. J. Greimas*, Amsterdam, J. Benjamins, 1985.

POULAIN J., "Comment guérir de l'épistémologie par l'analyse du langage ou le temps de la philosophie", *Protée*, vol. XIII, 1, 1985.

PROPP V., *Morphologie du conte* (1928, 1$^{re}$ éd. ; 1969, 2$^e$ éd.), Paris, Seuil, Points, 1970.

PROUST M., *A la Recherche du temps perdu*, 1 et III, Paris, Gallimard, Pléiade, 1954.

PUTNAM H., *Représentation et réalité* (1988), Paris, Gallimard, 1990.

RÉCANATI F., a) "Le Développement de la pragmatique", *Langue française*, 42, 1979.

b) *La Transparence et l'Énonciation*, Paris, Seuil, 1979.

RICATTE R., "Préface" des *Œuvres romanesques complètes* de J. Giono, Paris, Gallimard, 1971.

RICHARD J. P., *Proust et le monde sensible*, Paris, Seuil, 1974.

RICŒUR P., a) "La Structure, le mot, l'événement", *Esprit*, 5, 1967.

b) *Le Conflit des interprétations*, Paris, Seuil, 1969.

c) "La Fonction herméneutique de la distanciation", *in Exegesis*, Neuchâtel, Delachaux et Niestlé, 1975.

d) *La Sémantique de l'action*, Paris, CNRS, 1977.

e) "La Philosophie", *in Tendances principales de la recherche dans les sciences sociales et humaines* II, 2, La Haye-Paris, Mouton--Unesco, 1978.

f) *Temps et récit*, I, Paris, Seuil, 1983.

g) *Temps et récit*, II, Paris, Seuil, 1984.

h) *Temps et récit*, III, Paris, Seuil, 1985.

i) *Soi-même comme un autre*, Paris, Seuil, 1990. [*O si mesmo como um outro*, Trad. Lucy Moreira César. Campinas: Papiros, s.d.]

j) "Débat du 23 mai 1989 entre A. J. Greimas et P. Ricœur", *in* A. Hénault, *Le Pouvoir comme passion*, Paris, PUF, 1994.

ROBIN R., v. Maldidier D. (1972).

ROPARS M. C., "Christian Metz et le mirage de l'énonciation", *in Christian Metz et la théorie du cinéma*, Paris, Méridiens Klincksieck, 1990.

ROUGERIE J., *Procès des Communards*, Paris, Gallimard, "Archives", 1978.

RUPRECHT H. G., a) "Ouvertures métasémiotiques: entretien avec A. J. Greimas", *RSSi*, 4,1, 1984.

b) "Écueils de parcours: la modalisation de la connaissance chez E. Husserl et A. J. Greimas", *in Sémiotique en jeu*, Paris--Amsterdam-Philadelphia, Hadès-Benjamins, 1987.

RUWET N., a) *Introduction à la grammaire générative*, Paris, Pion, 1967.

b) "A propos de la grammaire générative. Quelques considérations intempestives", *Histoire, Épistémologie, Langage*, 13, 1, 1991.

SARTRE J.-P., *Situations*, 1, Paris, Gallimard, 1947.

SAUSSURE F. de, a) *Cours de linguistique générale* (1916), Paris, Payot, 1964. [*Curso de linguística geral*. Trad. Izidoro Blikstein e José Paulo Paes. São Paulo: Cultrix, 1995.]

b) *Cours de linguistique générale* (troisième cours, 1910-1911; notes de E. Constantin), Tokyo, Univ. Gakushuin, 1993.

c) Cf. Godel R.

d) Cf. Wunderli P.

SCHMIDT-RADEFELDT J., *Paul Valéry linguiste dans les Cahiers*, Paris, Klincksieck, 1970.

SLAKTA D., "Chronique" du *Monde* (15 avril 1988).

TESNIÈRE L., *Éléments de syntaxe structurale*, Paris, Klincksieck, 1959.

THOM R., "Topologie et linguistique", *in Mémoires dédiés à G. de Rham*, Berlin, Heidelberg, New York, Springer/1970.

TROUBETZKOY N. S., a) "Extraits de la correspondance", présentés par C. Hagège, *La Linguistique*, 1, 1967.

b) *Principes de phonologie* (1939), Paris, Klincksieck, 1976.

VALÉRY P., a) *Œuvres* 1, Paris, Gallimard, Pléiade, 1957.

b) *Œuvres* 2, Paris, Gallimard, Pléiade, 1960.

c) *Cahiers* 1, Paris, Gallimard, Pléiade, 1973.

d) *Cahiers* 2, Paris, Gallimard, Pléiade, 1974.

WAGNER R. L., Pinchon J., *Grammaire du français classique et moderne* (1962), Paris, Hachette, 1967.

WATKINS C., "L'apport d'Émile Benveniste à la grammaire comparée", *in E. Benveniste aujourd'hui*, 1, Paris, BIG (Bibliothèque de l'Information grammaticale), 1984.

WATZLAWICK P., Weakland J. et Fisch R., *Changements. Paradoxes et psychothérapie*, Paris, Seuil, Points, 1975.

WITTGENSTEIN L., a) *Tractatus logico-philosophicus* (1921).

b) *Investigations philosophiques* (1953), Paris, Gallimard, Tel, 1961.

WUNDERLI P., *Saussure-studien*, Tübingen, Gunter Narr, 1981.

# ÍNDICE DOS AUTORES

Abel, 60
Ambrósio (Santo, 115)
Apolinário, 33
Aristóteles,113, 119, 229, 263, 305
Armengaud, 286,325
Arrivé, 9, 43, 60
Agostinho (Santo), 90, 91, 115, 268
Austin, 325
Ávila (Santa Teresa de , 21, 22, 38, 40

Bachelard, 82, 86, 91, 92, 159, 163-6, 168-72, 174, 222
Badiou, 173
Bakunin, 241
Balzac, 195,310,336, 337
Barraclough, 230
Barthes, 44, 49, 193, 216, 217, 219-21, 309, 310
Bayard, 153
Bebel, 245

Benveniste,1-3, 7, 8, 14-17, 20, 21, 25, 44-8, 53-61, 65, 66, 77, 79, 83-6, 88, 90, 91, 99-109, 112-8, 120, 124, 140, 141, 149-56, 194-6, 198, 204, 207, 210, 211, 223, 289, 292, 306, 307, 309, 316, 323, 325-35, 337, 339
Bergson, 94, 122, 123, 131, 136
Berrendonner, 290, 316
Besselel, 157
Bíblia, 87, 127
Binswanger,26
Blanchot, 131
Bloomfield, 100
Bopp, 178, 180
Bordron, 86
Bouguereau, 25
Bovon, 23
Brandt, 69, 72
Braudel, 228, 230
Bréal, 177-81,185, 187, 192, 198, 199

Brøndal, 2, 3, 63-9, 72, 74, 100, 107, 111, 119, 120, 154, 194, 321-5, 329
Brugmann, 100
Bühler, 320

Camus, 15-22, 118, 125
Carnap, 3, 67, 100, 194, 321, 323
Casetti, 149
Cassin, 2
Celeyrette-Pietri, 189
Certeau, 232
Cervoni, 304
Chomsky, 286, 335
Claudel, 7-9, 11, 12, 19, 32, 120, 129-31, 203, 233, 237, 238, 247, 291, 314
Constantin, 5
Coquet, 20, 30, 55, 58, 67, 74, 84, 88, 107, 112, 113, 139, 140, 289, 291, 292, 295, 303, 304, 306, 307, 310, 311, 313, 314, 318, 323, 325, 336, 337
Courtés, 50-2, 79
Culioli, 204, 289
Cunningham, 155

Damasio, 11, 20, 21
Damourette, 17
Darmesteter, 179, 180
Darrault, 25
Deguy, 136, 311
Deledalle, 47
Delesalle, 179, 180
Desanti, 117, 119, 122, 123, 128, 130

Descartes, 171, 205
Desclés, 78, 118, 152, 155
Descombes, 305
*Dictionnaire de linguistique*, 333, 334
*Dictionnaire de linguistique de l'École de Prague*, 66, 204, 322
*Dicionário de semiótica*, 50, 52, 73, 79, 297, 298, 301, 304
Dosse, 101
Dubois, 101, 317, 318, 333
Duby, 230
Duras, 8, 133-6, 156, 286, 299, 310-3
Durkheim, 297

Einstein, 221, 278, 281
Engels, 241, 244, 245
Esopo, 206, 208-11

Fabbri, 302
Febvre, 215, 232
Fontanille, 13
Foucault, 147, 200
Fourier, 244
Frege, 204, 309, 324
Freud, 15, 17, 18, 113, 132, 166, 263, 278, 312, 335

Gadamer, 2, 113
Genette, 150
Geninasca, 46
Geoltrain, 290
Giono, 268 ss.
Giraudoux, 37
Godel, 43, 48, 187

*ÍNDICE DOS AUTORES* 353

Greimas, 13, 49-52, 58, 61, 63, 65, 67-72, 74, 79-83, 148, 149, 152, 154, 157, 195, 197, 198, 206, 217, 219, 227, 287, 296-302, 310, 319, 326, 327
Grisono, 122
Grize, 200, 303, 307
Guentcheva, 78
Guillaume, 154, 330
Gumbrecht, 216
Gurwitsch, 6

Hagège, 6, 9, 47, 48, 286, 289, 319, 337
Harris, 48, 135, 148
Hartog, 89, 226
Heidegger, 1, 2, 12, 31, 113, 115, 116, 118, 119, 122, 123, 129, 130, 137, 311
Hénault, 10, 24
Heráclito, 1, 2, 196
Hjelmslev, 2, 3, 5, 6, 51, 61, 64, 66, 67, 100, 111, 146, 152, 194, 198, 300, 301, 317-22, 326
Holenstein, 2, 6, 320
Humboldt, 180-182
Husserl, 4, 7, 12, 13, 24, 31, 64, 67, 91, 99, 100, 101, 106, 111, 119, 120, 128, 204, 210, 320, 322, 324, 329, 330, 336, 338
Hyppolite, 338

Irigaray, 313

Jacques, 99, 100, 254, 256, 258, 263, 288, 307

Jakobson, 2, 6, 25, 46, 47, 100, 111, 192, 194, 226, 320, 321, 325, 327, 329, 330
Jespersen, 321, 322

Kant, 13
Klein, 25
Klein (grupo de), 72
Kövecses, 14
Kuhn, 2, 157

Lacan, 9, 31
La Fontaine, 197, 200, 203, 205, 206, 210, 211, 218
Lakoff, 72
La Rochefoucauld, 219
Larsen, 63, 64, 67, 322
Lefort, 225
Lênin, 89, 226
Leroy, 178
Lévi-Strauss, 23, 42, 49, 50, 83, 87, 88
Littré, 179, 206

Maldidier, 147
Malinowski, 328
Marin, 208
Martin, 235
Martinet, 179, 318
Marx, 241
Maupassant, 35, 154, 287, 297, 299
Meillet, 76, 77, 85, 188
Merleau-Ponty, 1, 4, 5, 7, 9, 11, 15, 17, 18, 25, 78, 91-3, 96, 98, 99, 105, 106, 108, 111, 113, 115, 116, 125, 131, 132,

134, 139, 154-6, 158, 195, 297, 325, 329-31, 336-9
Metz, 148-51, 153, 157
Milner, 60
More (Thomas), 178

Nerlich, 178, 185, 192
Nietzche, 18, 86, 92, 228
Nora, 229
Normand, 100, 101, 332

Owen, 244

Parret, 3, 8, 13, 77, 157
Peirce, 46, 47, 67, 192
Petitot, 119, 307
Pfänder, 4
Phedro, 206, 208, 210, 211
Piaget, 53, 188
Pinchon, 56
Pontalis, 106, 278
Pos, 4, 106, 154, 330
Pottier, 80, 81, 83, 102, 199
Poulain, 311
Propp, 49, 50-2, 227, 229, 287k 291, 301
Proudhon, 245
Proust, 24, 93, 94, 97, 139, 196, 286, 292, 293, 304, 310, 313, 337, 338
Putnam, 154, 327

Quine, 100
Quintiliano, 107, 113, 155

Rask, 178
Récanati, 47, 103, 157

Ricatte, 268
Richard, 94, 195
Ricoeur, 10, 18, 23-25, 50, 99-101, 103-5, 108, 109, 111, 115, 123, 127, 129, 153, 154, 157, 215, 228, 229, 290, 306, 324, 326, 328, 331,
Rimbaud, 31, 32, 318
Robin, 147
Ropars, 149
Rougerie, 89
Ruprecht, 4, 51
Ruwet, 120, 146, 289

Sapir, 86
Sartre, 124
Saussure, 4, 5, 43, 47-9, 85, 151, 153, 179, 180, 182, 183, 187, 189, 190, 289, 296, 297, 300, 301, 306, 309, 317, 320, 321, 326
Schleicher, 178
Schlegel, 178, 226
Schmidt-Radefeldt, 177
Slakta, 289
Stalin, 89

Tertuliano, 54, 87
Tesnière, 216, 286, 291
Thierry, 88, 89, 226
Thom, 127, 187, 192, 203
Troubetzkoy, 5, 6, 107, 319, 320

Ullmann, 327

Valéry, 25, 58, 177-92, 200, 271-9, 283, 284

Vendryès, 76
Vezin, 12
Vico, 256

Wackernagel, 100
Wagner, 56, 80

Waktins, 59
Watzlawick, 41
Weinreich, 199
Wittgenstein, 285-6, 291, 292, 327, 331
Wunderli, 48

# ÍNDICE DAS NOÇÕES

Acontecimento, 14, 54, 57, 87, 91, 103, 115, 116, 118, 121, 122, 127, 130, 138, 140, 156, 177, 186, 191, 215, 219-4, 227, 231, 254, 256, 332

Actante (ver primeiro actante, segundo actante, terceiro actante), 10, 22, 25, 48-51, 55-60, 70-2, 82, 84, 86-8, 90, 96-8, 112, 118, 121, 126-8, 130, 131, 155, 156, 163, 168, 170, 172, 173, 175, 196, 200, 202-9, 211, 212, 216, 218-20, 224, 231, 232, 269, 275, 279, 280, 281, 290, 292-6, 298, 303, 304, 306, 310, 311, 313, 316, 336, 337

Asserção, 12, 84, 202, 204, 205, 210, 212, 304, 306-8, 310, 316, 339

Assunção, 120, 130, 133, 135, 138, 156, 157, 306, 325, 332, 333, 337

Autonomia/heteronímia, 17, 59, 126-8, 130, 131, 163, 196, 220, 295, 316

Centro (de discursividade...),13, 51, 55, 83, 85, 113, 155, 310, 313, 316

Comunicação, comunicar, 2, 12, 44, 45, 65, 150, 186, 194, 196, 281, 285, 290, 308, 320, 328

Contínuo/descontínuo, 16, 64-6, 78-80, 82, 85, 91, 98, 102, 103, 106, 115, 127, 181, 182, 185, 188, 189, 196, 203, 292, 294, 296, 313, 333

Corpo, 2-12, 14-7, 21, 25, 31, 60, 92, 93, 95, 96, 106, 126, 131-3, 136, 137, 139, 140, 155, 156, 158, 169, 190, 219, 232, 257, 264, 266, 272, 275, 312-4, 328, 329, 336, 338

Devir, 66, 75, 79, 82, 83, 92, 94, 98, 158, 162, 164, 170, 170, 173, 224, 296
Dinâmica, 5, 9, 15, 162, 175, 187, 198, 292, 321, 317, 329
Discurso, 1, 3, 5, 12-4, 19, 25, 26, 32, 33, 41, 44-9, 51-5, 58, 60, 61, 66, 67, 71,72, 74, 79, 80, 83-5, 90, 91, 97, 102-8, 112-4, 116, 117, 119, 120, 127, 140, 148, 150, 152, 155, 156, 159, 160, 162, 164, 166, 168, 170, 174-6, 185, 194, 195, 197, 198, 200, 205, 207-13, 215, 219, 220, 222, 225, 226, 228, 230, 231, 232, 235, 251, 252, 261, 267, 269, 271-3, 276, 279, 289, 302-4, 307-9, 316, 320, 322, 324, 326, 328, 330, 331, 333

Espaço, 14, 15, 97, 102, 105, 107, 155, 157, 191, 196, 218, 220, 232, 263, 269, 281, 297, 302, 311-3, 321, 323, 332, 333, 337
Estático, 5, 101, 155, 306, 321
Experiência, 2, 6-8, 12, 14, 18, 20, 21, 23, 25, 40, 55-7, 83, 85, 90, 92, 93, 95, 106, 112, 118, 120-2, 127, 130, 131, 133-40, 160, 166, 170, 173, 190, 202, 205, 221, 265, 290, 293, 294, 313, 326, 329, 337

Fenomenologia,1, 4-6, 9, 25, 64, 67 ss., 84, 99, 100, 101, 105, 106, 111 ss., 140, 152, 154, 155, 195, 322, 329, 330
Força, 5, 10, 13, 15-8, 23, 25, 95, 130, 131, 133, 201, 203, 211, 238, 240, 242, 271, 302, 318, 335, 337

Imanência (princípio de), 3, 17, 64, 149, 317, 318, 324
Instância, 7, 10, 12, 14, 15, 17-9, 21, 22, 52-5, 59, 60, 72, 83-6, 89, 90, 91, 97-9, 104, 105, 107, 108, 113-5, 117-22, 124, 126-8, 130, 131, 133, 134, 135, 137, 138, 140, 141, 151, 153-6, 163, 170, 187, 194-6, 204, 207, 209, 213, 220, 222, 232, 260, 278, 301-4, 309, 330, 332, 336
Intencionalidade, 92, 119, 120, 128, 130

Julgamento, 10, 19, 20, 21, 23, 38, 58, 83, 90, 96, 119, 133, 156-8, 196, 202, 204-6, 212, 223, 236, 268, 293, 294, 306, 334, 336

Modalidades,20, 55, 57, 199, 203-5, 208, 212, 216, 306
Movimento, 5,6, 15, 16, 19, 23, 33, 65, 67, 92, 93, 99, 102-4, 108, 119, 120, 126, 129, 130, 136, 141, 156, 164, 179, 224, 256, 307, 311, 313, 323, 324, 327-9, 335

# ÍNDICE DAS NOÇÕES

Não-sujeito (ver primeiro
actante), 10-2, 17-22, 24,
25, 38, 41, 57-9, 73, 84, 90,
91, 96, 114, 119, 132,
133-40, 156, 196, 206, 207,
212, 278, 280, 283, 284,
293-6, 304, 310, 311, 313,
314, 325, 328, 335-9

Objeto, (ver segundo
actante),1, 3, 4, 6, 10, 14, 15,
16, 33, 44, 46, 47, 51, 52, 56,
64, 67, 69, 70, 72, 73, 94,
100, 102, 103, 105, 112,
116-9, 121, 124, 128-30,
134, 145, 146, 149, 152, 154,
166, 168, 174, 179, 183, 185,
190, 194, 195, 197, 198, 203,
204, 207, 212, 215, 220, 223,
225, 231

Paixão, 10, 12-5, 17-23, 25,
232, 293-5
Paradigma, 2, 3, 5, 54, 85, 86,
148, 154-7, 221, 264, 286,
290, 303, 330
Predicação, 11, 66, 67, 84, 87,
204, 304-6, 310, 316, 322,
323, 328, 336, 339
Primeiro actante,10, 57, 59, 90,
91, 98, 207, 212, 294, 296,
310, 337

Realidade (princípio de), 3, 8,
256, 311
Realidade, 1, 3, 8, 14, 64, 84
106-8, 115, 119, 132, 150,
152-5, 158, 163, 184, 188,
189-92, 242, 249 ss., 253,
256, 272, 273, 286, 308-11,
316-8, 320, 325-7, 329, 338,
339
Referência, 44, 108, 320, 325,
328, 329

Segundo actante, 10, 203, 207,
295, 296, 311, 313
Semiótica objetal, 13, 66, 73,
74, 80, 81, 82, 97, 157, 197,
285, 287, 296, 304, 309
Semiótica subjetal, 63, 66, 67,
72-4, 195, 207, 285, 296,
303, 307, 316
Semiótica, 1, 13, 45, 46, 49, 50,
61, 72, 79, 82, 147, 148, 157,
192, 197, 198, 200, 216, 271,
296, 302, 304, 318, 334
Significação, significar,1, 2, 12,
44, 52, 61, 178, 180, 185,
196, 296, 327
Sujeito (ver primeiro actante),
10, 12, 13, 18-21, 23-5, 41,
49, 51-3, 55-9, 67, 72-4, 80,
90-2, 94, 96-98, 101, 104,
116, 121, 124, 126, 128, 130,
131, 133, 135-40, 148, 150,
151, 153, 156-9, 162-70,
172-6, 184-90, 192, 194,
196, 201-5, 207-9, 212, 217,
220, 223-6, 232, 237, 260,
272-6, 279-81, 283, 284,
286, 292-7, 301, 303, 304,
306-13, 315, 322, 323, 325,
328-39

Tempo, 2, 5, 18, 75 ss. 84, 85, 94, 95, 97, 98, 105, 106, 111 ss.

Terceiro actante (ver força)
– imanente, 10, 16-8, 23, 25, 112, 155, 281, 319
– transcendente, 10, 17, 18, 55, 57, 86, 208, 295, 296, 298, 301

Verdade, 37, 73, 95, 169, 179, 194-6, 209 ss., 216 ss., 251 ss., 271 ss., 307 ss., 318, 325, 326